O PODER DO SENTIDO

Emily Esfahani Smith

O poder do sentido

Os quatro pilares essenciais para uma vida plena

TRADUÇÃO
Débora Landsberg

Grafia atualizada segundo o Acordo Ortográfico da Língua Portuguesa de 1990, que entrou em vigor no Brasil em 2009.

Título original
The Power of Meaning: Crafting a Life That Matters

Capa
Estúdio Bogotá

Preparação
Luísa Ulhoa

Índice remissivo
Probo Poletti

Revisão
Arlete Sousa
Clara Diament

Dados Internacionais de Catalogação na Publicação (CIP)
(Câmara Brasileira do Livro, SP, Brasil)

Smith, Emily Esfahani
O poder do sentido : os quatro pilares essenciais para uma vida plena / Emily Esfahani Smith ; tradução Débora Landsberg. – 1ª ed. – Rio de Janeiro : Objetiva, 2017.

Título original: The Power of Meaning: Crafting a Life That Matters
ISBN 978-85-470-0006-6

1. Autorrealização (Psicologia) 2. Emoções 3. Sentido (Psicologia) 4. Significado (Psicologia) I. Título.

17-04587 CDD-152.1

Índice para catálogo sistemático:
1. Sentido : Psicologia 152.1

[2017]

EDITORA SCHWARCZ S.A.
Praça Floriano, 19 — Sala 3001
20031-050 — Rio de Janeiro — RJ
Telefone: (21) 3993-7510
www.companhiadasletras.com.br
www.blogdacompanhia.com.br
facebook.com/editoraobjetiva
instagram.com/editora_objetiva
twitter.com/edobjetiva

Aos meus pais, Tim e Fataneh, e irmão, Tristan,
conhecido pelo carinhoso apelido de T-bear, doostetoon daram.

Qual é o sentido da vida? Era apenas isso — uma pergunta simples; uma que tendia a envolver a pessoa no decorrer dos anos. A grande revelação nunca chegou. A grande revelação talvez nunca chegasse. Em vez disso, havia pequenos milagres diários, iluminações, fósforos riscados inesperadamente nas trevas; aqui estava um deles.

VIRGINIA WOOLF

Sumário

Introdução

Nas noites de quinta e domingo, um grupo de pessoas em busca de espiritualidade se reunia num cômodo espaçoso na casa da minha família no centro de Montreal, onde meus pais operavam um centro sufista. O sufismo é uma escola de misticismo associada ao Islã, e minha família era da Ordem Sufista Nimatullahi, que se originou no Irã no século XIV e hoje em dia tem centros no mundo inteiro. Duas vezes por semana, dervixes[1] — ou membros da ordem — se sentavam no chão e meditavam por horas a fio. De olhos fechados e queixo no peito, repetiam em silêncio um nome ou atributo de Deus enquanto escutavam música tradicional do sufismo iraniano.

Ter morado em um centro sufista quando criança foi encantador. As paredes de nossa casa eram decoradas com esculturas de letras árabes que meu pai entalhava em madeira. Havia sempre chá sendo preparado, perfumando o ar com o aroma de bergamota. Depois de meditar, os sufistas tomavam o chá, servido por minha mãe acompanhado de tâmaras ou doces iranianos feitos com água-de-rosas, açafrão, cardamomo e mel. Às vezes eu servia o chá, tomando cuidado ao equilibrar a bandeja cheia de copos, pires e cubos de açúcar ao me ajoelhar perante cada dervixe.

Os dervixes adoravam molhar o cubo de açúcar no chá, colocá-lo na boca e beber o chá através do açúcar. Adoravam cantar a poesia dos sábios e santos sufistas medievais. Havia Rumi: "Desde que fui podado de meu lar de juncos, cada nota que suspiro faria qualquer coração chorar".[2] E havia Attar: "Como o amor", ele escreve sobre a pessoa que busca a espiritualidade, "falou em sua alma, rejeite O Eu, redemoinho onde nossas vidas são arruinadas".[3] Adoravam também ficar sentados em silêncio, estar juntos, e se lembrar de Deus por meio da contemplação tranquila.

Os dervixes chamam o sufismo de "o caminho do amor". Quem está no caminho está em uma jornada em direção a Deus, o Adorado, que os invoca a renunciar ao self e a lembrar e amar a Deus a cada instante.[4] Para os sufistas, amar e adorar a Deus significa amar e adorar toda a criação e todo ser humano que faz parte dela. *Mohabbat*, ou bondade, é essencial à prática deles. Assim que nos mudamos para a nossa nova casa em Montreal, sufistas de toda a América do Norte apareceram e ficaram dias ajudando meus pais a transformar a casa de arenito pardo, antes uma firma de advocacia, em um espaço adequado a *majlis*, o nome das reuniões meditativas que aconteciam duas vezes por semana. Uma noite, quando um sem-teto bateu à nossa porta pedindo comida e um lugar para dormir, foi bem recebido. E quando meu pai elogiou o xale que um dervixe usava, ele o deu de presente ao meu pai com prazer. (Depois disso, minha família partia do princípio de que só se devia elogiar os pertences de outro dervixe com muita cautela.)

Em ocasiões especiais, como a visita de um sheik ou a iniciação de um novo dervixe na ordem, sufistas do Canadá e dos Estados Unidos passavam alguns dias no centro, usando almofadas finas para dormir na sala de meditação e na biblioteca — na verdade, em qualquer lugar onde tivesse espaço. Havia muito ronco durante a noite e filas para o banheiro durante o dia, mas ninguém parecia se incomodar. Os dervixes eram cheios de alegria e ternura. Embora passassem muitas horas meditando nesses finais de semana, também passavam tempo tocando música sufista clássica com instrumentos persas, como um tambor emoldurado chamado *daf* e o encordoado *tar*, sempre entoando poesia sufista ao som da música. Eu ficava escutando sentada em um tapete persa surrado, molhando meus cubos de açúcar no chá, assim como eles faziam — e tentando meditar, também como eles.

Ritos formais também regiam a vida sufista. Quando os dervixes se cumprimentavam, diziam *Ya Haqq*, "A Verdade", e se cumprimentavam de um jeito especial, juntando as mãos como um coração e beijando esse coração. Ao entrar ou sair da sala de meditação, "beijavam" o chão encostando os dedos no assoalho e depois levando-os aos lábios. Quando minha mãe e outros sufistas preparavam jantares iranianos, os dervixes se sentavam em torno da toalha de mesa estendida no chão. Eu ajudava a arrumar a mesa e esperava, com meus pais, que os outros dervixes se sentassem para depois procurar um lugar. Os sufistas comiam em silêncio. De modo geral, ninguém falava se o sheik não falasse antes — e entendia-se que todos deveriam terminar a comida antes que o sheik terminasse, assim ele não teria de esperar. (Mas volta e meia o sheik comia devagar, para que nenhum retardatário se constrangesse.) Esses ritos humildes eram importantes para os sufistas, ajudavam-nos a derrubar o self, que segundo o preceito sufista é uma barreira ao amor.

Tal estilo de vida interessava os dervixes, muitos tinham largado o Irã e outras sociedades repressivas para morar no Canadá e nos Estados Unidos. Alguns muçulmanos consideram os sufistas hereges místicos, e eles são muito perseguidos no Oriente Médio. Embora muitos dos sufistas que conheci tenham tido vidas complicadas, sempre olhavam para a frente. A prática espiritual rigorosa — com ênfase na abnegação, no serviço e na compaixão acima do benefício pessoal, do conforto e do prazer — os elevava. Fazia com que suas vidas parecessem ter mais sentido.

Os sufistas que meditavam na nossa casa faziam parte de uma longa tradição de busca espiritual. Desde que existem, os seres humanos almejam saber o que faz a vida valer a pena. A primeira grande obra literária da humanidade, a *Epopeia de Gilgamesh*, que tem 4 mil anos, fala da tentativa do herói de descobrir como ele deve viver sabendo que vai morrer.[5] E nos séculos desde que a história de Gilgamesh foi contada pela primeira vez, a necessidade dessa busca não esmoreceu. A ascensão da filosofia, da religião, das ciências naturais, da literatura e até da arte pode ser vista ao menos em parte como reação a duas perguntas: "Qual é o sentido da existência?" e "Como posso ter uma vida com sentido?".

A primeira pergunta toca em grandes questões.[6] Como o universo surgiu? Qual é o sentido e o propósito da vida? Existe algo transcendente — um ser divino ou espírito santo — que confira sentido à nossa vida?

A segunda pergunta diz respeito à busca de sentido da própria vida. Devo viver seguindo quais valores? Quais projetos, relações e atividade vão me realizar? Qual caminho devo escolher?

Historicamente, os sistemas religiosos e espirituais dão as respostas para ambas as perguntas. Na maioria dessas tradições, o sentido da vida está em Deus ou em uma realidade suprema com a qual a pessoa em busca da espiritualidade deseja se unir. Seguir o código moral e participar de práticas como meditação, jejum e atos caridosos ajuda a pessoa em busca da espiritualidade a se aproximar de Deus ou dessa realidade, dando relevância à vida cotidiana.

É claro que bilhões de pessoas ainda extraem sentido da religião. Porém, no mundo desenvolvido, a religião já não exerce mais o mesmo domínio.[7] Embora os habitantes dos Estados Unidos em sua maioria continuem a crer em Deus e muitos se considerem espiritualizados, menos pessoas frequentam igrejas, rezam com regularidade ou têm alguma afiliação religiosa, e o número de pessoas que acreditam que a religião é um elemento importante de suas vidas diminuiu.[8] Se antes a religião era o caminho padrão para o sentido, hoje é um entre diversos caminhos, uma transformação cultural que deixou muitas pessoas à deriva.[9] Para milhões de pessoas, com e sem fé, a busca de sentido aqui na Terra se tornou incrivelmente urgente — mas cada vez mais ilusória.

Minha família acabou se mudando do centro sufista. Viemos para os Estados Unidos, onde a agitação do dia a dia levou a melhor sobre os ritos de meditação, o canto e o chá. Mas nunca parei de buscar o sentido. Quando adolescente, essa busca me levou à filosofia. A questão de como levar uma vida com sentido já foi uma força motriz central dessa disciplina, com pensadores de Aristóteles a Nietzsche oferecendo suas visões do que uma boa vida exige. Mas, depois de chegar à faculdade, percebi logo que a filosofia acadêmica abandonara essa jornada havia muito tempo.[10] As questões que ela levantava eram esotéricas ou técnicas, como a natureza da consciência ou a filosofia da computação.

Enquanto isso, me via imersa na cultura de um campus que tinha pouca paciência para as questões que me atraíam na filosofia. Muitos de meus pares eram instigados pelo desejo de sucesso profissional. Haviam crescido em um mundo de competição intensa por símbolos de mérito que lhes garantiria o ingresso em uma faculdade impressionante, seguida de um mestrado acadêmico ou profissional de elite ou um emprego em Wall Street. Ao escolher suas matérias e atividades, era nesses objetivos que focavam.

Quando se formaram, essas mentes afiadíssimas já haviam adquirido conhecimentos especializados em temas ainda mais específicos do que suas áreas de concentração. Conheci gente capaz de partilhar suas ideias sobre como melhorar a saúde pública em países de terceiro mundo, como usar modelos estatísticos para prever resultados eleitorais e como "desconstruir" um texto literário. Mas tinham pouca ou nenhuma noção do que dá sentido à vida, ou a qual propósito maior podem almejar além de ganhar dinheiro ou conseguir um emprego de prestígio. Numa conversa ou outra com amigos, não tinha um ambiente no qual discutir ou se envolver profundamente com esses problemas.

Não eram os únicos. Com as altas mensalidades e o diploma universitário visto como um passaporte para a estabilidade econômica, hoje em dia muitas pessoas consideram a educação instrumental[11] um passo em direção a um emprego, e não uma oportunidade de crescimento moral e intelectual. A pesquisa American Freshman rastreia os valores dos universitários desde meados dos anos 1960.[12] No final da década de 1960, a maior prioridade dos calouros era "desenvolver uma filosofia de vida significativa". Quase todos — 86% — declararam que esse era um propósito de vida "essencial" ou "muito importante". Já nos anos 2000, a grande prioridade passou a ser "ser bem-sucedido financeiramente", enquanto apenas 40% afirmaram que o sentido era o objetivo principal. É claro que grande parte dos estudantes ainda experiente fixação pelo sentido.[13] Mas essa busca já não conduz sua educação.

Ensinar aos alunos como viver já foi essencial nas faculdades e universidades dos Estados Unidos.[14] Na primeira parte da história do país, universitários recebiam uma formação rigorosa em literatura clássica e teologia. Seguiam o currículo recomendado, projetado para lhes ensinar o que importa na vida, e a crença compartilhada em Deus e nos princípios cristãos servia como alicerce comum nesse empreendimento. Mas nos anos 1800, a fé religiosa que fundamentava os estudos se desgastava aos poucos. Naturalmente, de acordo com Anthony Kronman, crítico social e professor de direito de Yale, surgiu a discussão sobre ser "possível explorar o sentido da vida de modo premeditado e organizado mesmo depois de as bases religiosas serem postas em dúvida".

Muitos professores não só achavam possível como tinham a obrigação de conduzir os alunos nessa busca. A religião, era verdade, já não oferecia a todos os estudantes respostas definitivas para a principal questão da vida, mas certos educadores acreditavam que as ciências humanas poderiam intervir. Em vez de deixar que os alunos procurassem o sentido por conta própria, esses professores tentaram situá-los em uma tradição vasta e duradoura de filosofia e letras. Portanto, de meados ao final do século XIX, inúmeros alunos de graduação seguiam um currículo universitário que enfatizava as obras-primas da literatura e da filosofia — como a *Ilíada* de Homero, os diálogos de Platão, *A divina comédia* e as obras de Cervantes, Shakespeare, Montaigne, Goethe e outros autores.

Através da leitura desses textos, os estudantes ouviam e em última análise contribuíam para a "grande conversa" que vinha acontecendo fazia milhares de anos. À medida que se deparavam com opiniões conflitantes sobre o que era uma boa vida, os alunos conseguiam tirar as próprias conclusões sobre como viver. O Aquiles de Homero, movido pela glória, é um modelo melhor do que o peregrino no poema de Dante? O que podemos aprender sobre o propósito de nossas vidas a partir dos escritos de Aristóteles sobre ética? O que a *Madame Bovary* de Gustave Flaubert revela sobre amor e romantismo? E *Emma*, de Jane Austen? Não existe resposta certa. Mas, ao se utilizar dessas pedras de toque compartilhadas, os alunos estabeleciam um linguajar comum com o qual podiam discutir e debater o sentido da vida com seus pares, professores e os membros da comunidade.

No início do século XX, entretanto, a situação já havia mudado. Após a Guerra Civil, as primeiras universidades também dedicadas à pesquisa surgiam no cenário da educação americana. Essas instituições, inspiradas nas universidades alemãs, priorizavam a produção de conhecimento. A fim de facilitar tal conhecimento, foram criadas áreas de estudo separadas, cada uma delas com os próprios "métodos" rigorosos, sistemáticos e objetivos. Professores adotavam áreas de pesquisa altamente especializadas dentro desses campos, e os estudantes também escolhiam uma área de concentração — um curso — que os prepararia para uma carreira após a faculdade. Com o tempo, o currículo voltado para as ciências humanas se desintegrou, deixando os estudantes basicamente livres para escolher as disciplinas em um leque de opções — o que, é claro, ainda é o caso da maioria das faculdades hoje em dia.

O ideal da pesquisa desferiu um golpe na ideia de que viver com sentido é algo que se pode ensinar ou aprender em um ambiente acadêmico.[15] A ênfase na especialização mostrava que a maioria dos professores achava que a questão do sentido estava fora de seu escopo:[16] não acreditavam ter poder ou conhecimento para conduzir os alunos nessa busca. Outros achavam o tema ilegítimo, ingênuo ou até constrangedor. A questão de como viver, afinal, exige uma discussão de valores abstratos, pessoais e morais. Esses professores argumentavam que o questionamento não deveria estar nas faculdades e universidades dedicadas ao acúmulo de conhecimento objetivo. "Um consenso cada vez maior na academia", conforme um professor escreveu anos atrás, "é o de que membros do corpo docente não deveriam ajudar os alunos a discernir uma filosofia de vida significativa ou desenvolver o caráter, e sim ajudá-los a dominar o conteúdo e a metodologia de determinada matéria, e a aprender a pensar criticamente."[17]

Mas algo interessante aconteceu nos últimos anos. O sentido readquiriu um posto seguro em nossas universidades e sobretudo em um lugar inesperado — as ciências.[18] Ao longo das últimas décadas, um grupo de cientistas sociais começou a investigar a questão de como ter uma boa vida.

Muitos deles estão trabalhando em um campo chamado psicologia positiva[19] — uma disciplina que, assim como as ciências sociais de modo geral, é filha da pesquisa universitária e baseia suas descobertas em estudos empíricos, mas também se utiliza da rica tradição das ciências humanas.[20] A psicologia positiva foi fundada por Martin Seligman,[21] da Universidade da Pensilvânia, que, após décadas trabalhando como psicólogo pesquisador, passou a crer que sua área estava em crise. Ele e os colegas podiam curar a depressão, o desamparo e a angústia, mas ele percebeu que ajudar as pessoas a superar seus demônios não equivale a ajudá-las a viver bem. Embora os psicólogos sejam encarregados de cuidar da psique humana e estudá-la, pouco sabiam a respeito da prosperidade humana. E portanto, em 1998, Seligman convocou os colegas a investigarem o que faz a vida ser gratificante e valer a pena.

Cientistas sociais atenderam ao seu chamado, mas vários deles se concentraram em um tópico ao mesmo tempo óbvio e aparentemente fácil de mensurar: a felicidade. Alguns pesquisadores estudaram os benefícios da felicidade.[22] Outros estudaram as causas. Outros investigaram como aumentar sua frequência no cotidiano. Apesar de a psicologia positiva ter sido fundada para estudar uma boa vida de modo mais geral, foi a pesquisa empírica sobre felicidade que aflorou e se tornou a face pública do campo. No final dos anos

1980 e começo dos 1990, centenas de estudos sobre felicidade eram publicados todos os anos; em 2014, já eram mais de 10 mil por ano.[23]

Foi uma mudança estimulante para a psicologia e teve reação imediata do público. Grandes veículos de imprensa ficavam loucos para cobrir as novas pesquisas.[24] Em pouco tempo, empresários começaram a monetizá-las, fundando start-ups e programando aplicativos para ajudar gente comum a pôr em prática as descobertas da área. Foram seguidos por uma avalanche de celebridades, coaches pessoais e palestrantes motivacionais, todos ávidos para dividir o evangelho da felicidade. Segundo a *Psychology Today*, em 2000, o número de livros sobre felicidade publicados era de apenas cinquenta.[25] Em 2008, esse número tinha disparado para 4 mil. É claro que sempre houve interesse na busca pela felicidade, mas essa atenção toda gerou impacto: desde meados dos anos 2000, o interesse na felicidade, medido segundo a quantidade de pesquisas no Google, triplicou.[26] "O atalho para qualquer coisa que você queira na vida", escreveu a autora Rhonda Byrne em seu best-seller de 2006, *O segredo*, "é SER e SE SENTIR feliz agora!"[27]

E, no entanto, existe um enorme problema no frenesi da felicidade: ele não conseguiu cumprir sua promessa. Apesar de a indústria da felicidade continuar crescendo, como sociedade nunca fomos tão infelizes.[28] Aliás, os cientistas sociais revelaram uma triste ironia — a busca da felicidade, na verdade, torna as pessoas infelizes.[29]

Esse fato não deve surpreender estudantes da área humana. Os filósofos há muito questionam o próprio valor da felicidade. "É melhor ser um ser humano insatisfeito do que um porco satisfeito; melhor ser Sócrates insatisfeito do que um tolo satisfeito",[30] escreveu o filósofo do século XIX John Stuart Mill. Ao que Robert Nozick, filósofo de Harvard do século XX, acrescentou: "E embora talvez seja melhor ser Sócrates satisfeito, tendo tanto felicidade como profundidade, abriríamos mão de certa felicidade a fim de obter a profundidade".[31]

Nozick era um cético da felicidade. Inventou um experimento com pensamentos para enfatizar seu argumento. Imagine, disse Nozick, que você poderia viver em um tanque que "lhe daria qualquer experiência que desejasse". Parece algo saído de *Matrix*: "Neuropsicólogos bambambãs poderiam estimular seu cérebro de modo que você pense e sinta estar escrevendo um grande romance, ou fazendo uma amizade, ou lendo um livro interessante.

Durante todo esse tempo você estaria boiando em um tanque, com eletrodos ligados ao cérebro". Ele pergunta então: "Será que você não deve se conectar a essa máquina para sempre, pré-programando suas experiências de vida?".

Se a felicidade é de fato a meta principal da vida, a maioria das pessoas escolheria se sentir feliz dentro de uma bolha. Seria uma vida fácil, sem traumas, tristezas e perdas... eternamente. Você poderia se sentir sempre bem, talvez até importante. Vez ou outra, poderia sair da bolha e decidir quais novas experiências gostaria que programassem na sua cabeça. Se estiver dividido ou angustiado em relação à decisão de se conectar ou não, não deveria estar. "O que são alguns momentos de angústia", Nozick indaga, "em comparação com uma vida inteira de êxtase (se é essa sua opção), e por que sentir sequer um mínimo de angústia se sua decisão *é* a melhor?"

Se você escolhe viver no tanque e se sentir feliz a cada instante, em todos os momentos da sua vida, estará vivendo uma boa vida? É essa a vida que escolheria para si — para seus filhos? Se afirmamos que a felicidade é nosso maior valor na vida, assim como faz a maioria, a vida no tanque não saciaria todos os nossos desejos?[32]

Deveria. Porém, a maioria das pessoas diria não a uma vida agradável no tanque. A questão é: por quê? A razão de rejeitarmos a ideia de passar a vida no tanque, segundo Nozick, é que a felicidade que temos nele é vazia e imerecida.[33] Você pode se sentir feliz no tanque, mas não tem nenhum motivo real para estar feliz. Pode se sentir bem, mas a vida não é boa de fato. Uma pessoa "boiando no tanque", nas palavras de Nozick, é "uma bolha indefinida". Não tem identidade, não tem planos ou objetivos que dotem sua vida de valor. "Não nos importamos somente com a forma como sentimos as coisas internamente", conclui Nozick. "A vida não é só a sensação de felicidade."

Antes de seu falecimento, em 2002, Nozick trabalhou com Martin Seligman e outros na formulação dos objetivos e do enfoque da psicologia positiva. Logo perceberam que a pesquisa voltada para a felicidade seria sedutora e cativaria a imprensa, e tomaram a decisão consciente de tentar evitar que o campo se tornasse o que Seligman chamou de "feliciologia". Preferiram que a missão fosse jogar a luz da ciência sobre como as pessoas podem ter vidas profundas e satisfatórias. E ao longo dos últimos anos, foi exatamente isso o que um número cada vez maior de pesquisadores andou fazendo. Têm olhado para além da felicidade na busca pelo que faz a vida valer a pena. Uma das principais descobertas foi a de que há diferença entre vida feliz e vida significativa.[34]

Essa distinção tem uma longa história na filosofia, que por milhares de anos viu dois caminhos para a boa vida.[35] O primeiro é a *hedonia*, ou o que hoje chamamos de felicidade, seguindo os passos de Sigmund Freud.[36] Seres humanos, ele disse, "lutam pela felicidade; querem se tornar felizes e continuar assim" — e esse "princípio do prazer", como o denominou, é o que "decide o propósito da vida" para a maioria das pessoas. O filósofo da Grécia antiga Aristipo, aluno de Sócrates, considerava a busca do *hedonismo* a chave do bem-viver. "A arte da vida", escreveu Aristipo, "está em aproveitar prazeres à medida que aparecem, e os prazeres mais fortes não são intelectuais, tampouco são sempre morais."[37] Algumas décadas depois, Epicuro tornou popular uma ideia parecida, argumentando que a boa vida se baseia no prazer, que definiu como a ausência de dores corporais e mentais, como a ansiedade. Essa ideia entrou em declínio durante a Idade Média, mas sua popularidade ressurgiu no século XVIII, com Jeremy Bentham, o fundador do utilitarismo. Bentham acreditava que a procura do prazer era nossa principal força motriz. "A natureza pôs a humanidade sob a governança de dois mestres soberanos, a *dor* e o *prazer*", ele ficou famoso por escrever. "Cabe somente a eles mostrar o que precisamos fazer, bem como determinar o que devemos fazer."[38]

Alinhando-se a essa tradição, muitos psicólogos hoje definem a felicidade como um estado mental e emocional positivo. Uma ferramenta muito usada nas pesquisas das ciências sociais para avaliar a felicidade, por exemplo, é pedir ao indivíduo que reflita com que frequência sente emoções positivas tais como orgulho, entusiasmo e atenção e com que frequência sente emoções negativas como medo, nervosismo e vergonha.[39] Quanto maior a proporção de emoções positivas em relação às negativas, mais feliz é a pessoa.

Mas é claro que nossos sentimentos são fugazes. E, como a experiência com o pensamento de Nozick revelou, não são tudo. Podemos nos deleitar ao ler revistas de fofocas e sentir estresse ao cuidarmos de um parente enfermo, mas a maioria de nós concordaria que a última atividade é a mais relevante. Pode não dar uma sensação boa na hora, mas se nos esquivássemos dela mais tarde nos arrependeríamos da decisão. Em outras palavras, vale a pena porque é significativo.

O sentido é o outro caminho rumo à boa vida,[40] e é mais fácil de ser compreendido se nos voltarmos para o filósofo grego Aristóteles[41] e seu conceito de *eudaimonia*, a palavra do grego antigo para "prosperidade humana". *Eudaimonia* volta e meia é traduzida como "felicidade",[42] e por isso não raro atribuem a Aristóteles a declaração de que a felicidade é o bem supremo e a meta principal de nossas vidas. Mas na verdade Aristóteles tinha palavras bem ríspidas para quem buscava o prazer e "a vida de fruição".[43] Ele os chamava de "obsequiosos" e "vulgares", argumentando que a rota agradável em direção à boa vida que ele acreditava que "a maioria dos homens" seguia era mais "adequada a bestas" do que a seres humanos.

De acordo com Aristóteles, a *eudaimonia* não é uma emoção positiva passageira. É algo que se faz. Para ter uma vida *eudaimoníaca*, segundo Aristóteles, é necessário que a pessoa cultive suas melhores qualidades, do ponto de vista tanto moral como intelectual, e faça jus ao seu potencial.[44] Que tenha uma vida ativa, uma vida em que cumpra sua função e contribua para a sociedade, uma vida em que se envolva com a comunidade, uma vida, acima de tudo, que atinja seu potencial em vez de desperdiçar seus talentos.

Psicólogos captaram a distinção de Aristóteles.[45] Se a *hedonia* é definida como "sentir-se bem",[46] argumentam eles, então a *eudaimonia* é definida como "ser e fazer o bem"[47] — e como "buscar utilizar e desenvolver o que há de melhor em si"[48] de um modo adequado aos "princípios mais arraigados da pessoa". É a vida de uma pessoa de bom caráter. E gera dividendos. Conforme dizem três acadêmicos, "Quanto mais diretamente a pessoa almeja maximizar o prazer e evitar a dor, mais provável é que ela gere uma vida destituída de profundidade, sentido e comunidade".[49] Mas quem escolhe buscar o sentido acaba tendo uma vida mais plena... e mais feliz.

É difícil, claro, medir em laboratório um conceito como o sentido, mas, segundo os psicólogos, quando as pessoas afirmam que suas vidas têm sentido é porque três condições foram cumpridas: elas consideram suas vidas relevantes e dignas de valor — parte de algo maior; acreditam que suas vidas têm sentido; e sentem que suas vidas são guiadas por uma razão de ser.[50] Porém, certos cientistas sociais não creem que exista alguma diferença entre felicidade e sentido.[51] Mas pesquisas sugerem que a vida com sentido e a vida feliz não podem ser misturadas tão facilmente assim.[52] As diferenças entre as duas foram demonstradas em um estudo de 2013, em que uma equipe de psicólogos encabeçada por Roy Baumeister, da Florida State University, perguntou a quase quatrocentos americanos de 18 a 78 anos se eram felizes e se achavam que suas vidas tinham sentido.[53] Os cientistas sociais examinaram as respostas junto a outras variáveis, como níveis de estresse e padrões de gastos, e se os participantes tinham ou não tinham filhos. Descobriram que, embora a vida com sentido e a vida feliz coincidam sob certos aspectos e "se nutram uma da outra", elas "têm algumas raízes essencialmente diferentes".[54]

Baumeister e sua equipe perceberam que vida feliz é uma vida tranquila, em que nos sentimos bem na maior parte do tempo e passamos por pouco estresse ou preocupação. Também tem a ver com a boa saúde física e o poder de comprar as coisas necessárias e desejadas. Até aí, nada além do esperado. O surpreendente, no entanto, é que a busca da felicidade estava ligada ao comportamento egoísta — ser o "tomador" ao invés do "doador".

"A felicidade sem sentido", escreveram os pesquisadores, "caracteriza uma vida relativamente rasa, autocentrada ou até egoísta, em que as coisas vão bem, necessidades e desejos são facilmente saciados e obstáculos difíceis ou onerosos são evitados."

Levar uma vida com sentido, por outro lado, correspondia a ser o "doador", e sua característica definidora era a conexão e a contribuição para algo além de si. Ter mais sentido na vida se correlaciona a atividades como comprar presentes para os outros, cuidar de crianças e até mesmo discutir, o que os pesquisadores dizem ser um sinal de que se tem convicções e ideais pelos quais se está disposto a lutar. Como essas atividades exigem um investimento em algo maior, a vida significativa é associada a níveis mais altos de preocupação, estresse e ansiedade do que a vida feliz. Ter filhos, por exemplo, é um atributo inconfundível de uma vida com sentido, mas esse fator é famoso por sua associação a níveis mais baixos de felicidade, um veredicto que se confirmou com os pais desse estudo.

Sentido e felicidade, em outras palavras, podem estar em conflito.[55] Porém, pesquisas mostram que iniciativas relevantes também podem suscitar uma forma mais profunda de bem-estar mais adiante. Essa foi a conclusão de um estudo de 2010 feito por Veronika Huta, da Universidade de Ottawa, e Richard Ryan, da Universidade de Rochester.[56] Huta e Ryan instruíram um grupo de universitários a buscar ou sentido ou felicidade ao longo de um período de dez dias, fazendo ao menos uma coisa por dia para aumentar a *eudaumonia* ou a *hedonia*, respectivamente. No final de cada dia, os alunos participantes relatavam aos pesquisadores as atividades que tinham escolhido levar a cabo. Dentre algumas das mais populares informadas pelos alunos para exercer a condição do sentido estavam perdoar um amigo, estudar, pensar nos próprios valores e ajudar ou animar alguém. Aqueles sob a condição da felicidade, por outro lado, listaram atividades como dormir, jogar, fazer compras e comer doces.

Após o término do estudo, os pesquisadores contataram os participantes para ver como o bem-estar deles havia sido afetado. O que perceberam foi que os alunos no quesito felicidade tinham experimentado mais sentimentos positivos e menos negativos logo depois do estudo. Mas três meses depois a injeção de ânimo havia se dissipado. O segundo grupo de alunos — focados no sentido — não se sentiram mais felizes logo após o experimento, mas classificaram suas vidas como mais significativas. No entanto, passados três meses, a situação tinha mudado. Os alunos que buscaram o sentido declararam se sentir mais "completos", "inspirados" e "parte de algo maior que eles mesmos". Também relataram sentir menos desânimo. A longo prazo, ao que parecia, buscar o sentido melhorava a saúde psicológica.

O filósofo John Stuart Mill não teria se surpreendido.[57] "Só são felizes", ele escreveu, "aqueles que têm a ideia fixa em algum outro objetivo que não a própria felicidade: a felicidade dos outros, o progresso da humanidade, até mesmo alguma forma de arte ou ocupação, abraçada não como meio, mas como um fim ideal em si. Mirando, portanto, em algo mais, eles acham a felicidade no caminho."

Psicólogos como Baumeister e Huta fazem parte de um novo movimento crescente, que está basicamente reformulando nosso entendimento da boa vida. O trabalho deles mostra que a busca do sentido é bem mais satisfatória do que a busca da felicidade pessoal, e revela como as pessoas podem achar sentido em suas vidas.[58] Através de seus estudos, tentam responder a grandes questões: será que cada um tem de achar o sentido por conta própria, ou existem certas fontes universais de sentido com que todos podemos contar? Por que o povo de certas culturas e comunidades é mais propenso a considerar sua vida significativa do que o de outras? Que efeito levar uma vida mais significativa tem sobre a nossa saúde? Como é que podemos achar sentido perante a morte — e, aliás, isso é possível?

A pesquisa deles reflete uma guinada mais ampla na nossa cultura. Por todo o país — e por todo o mundo — educadores, magnatas, médicos, políticos e gente comum começam a dar as costas para o evangelho da felicidade e a se concentrar no sentido. À medida que me aprofundava nas pesquisas psicológicas, eu começava a procurar essas pessoas. Nas próximas páginas, vou lhes apresentar alguns desses indivíduos incríveis. Vamos conhecer um grupo de entusiastas da era medieval que encontram satisfação na comunidade idiossincrática que formam. Vamos saber da tratadora de animais de um zoológico o que dá sentido à sua vida. Vamos saber como um paraplégico usou uma experiência traumática para redefinir sua identidade. Vamos até seguir um ex-astronauta pelo espaço, onde descobriu sua verdadeira vocação.

Algumas dessas histórias são comuns. Outras são extraordinárias. Mas, ao seguir essas pessoas em busca da espiritualidade em suas jornadas, percebi que a vida de todas tinha algumas características importantes em comum, oferecendo um lampejo que a pesquisa agora confirma: existem fontes de sentido por todos os lados, e, ao explorá-los, todos podemos ter vidas mais ricas e mais satisfatórias — e ajudar os outros a fazerem a mesma coisa. Este livro revelará quais são essas fontes de sentido e como podemos aproveitá-las para aprofundarmos nossas vidas. No decorrer do caminho, saberemos quais são os benefícios de uma vida repleta de sentido — para nós mesmos, e para nossas escolas, ambientes de trabalho e a sociedade como um todo.

Ao entrevistar pesquisadores e ir atrás de histórias de pessoas procurando e encontrando sentido, me lembrei a todo momento dos sufistas que foram os primeiros a me lançarem nessa jornada. De modo geral, esses modelos de sentido levavam vidas modestas. Muitos lutaram em sua busca do sentido. Porém, a meta principal era tornar o mundo melhor para os outros. Um grande sufista disse uma vez que, se um dervixe dá apenas o primeiro passo no caminho da bondade e não segue em frente, ele não contribuiu para a humanidade se dedicando aos outros — e a mesma coisa pode ser dita sobre aqueles que se concentram em levar vidas com sentido. Eles transformam o mundo, de formas grandes ou pequenas, através da busca de propósitos e ideais nobres.

Aliás, assim como novas descobertas científicas nos levaram de volta à sabedoria das ciências humanas, escrever este livro reafirmou as lições que aprendi quando criança, morando em um centro sufista. Embora os dervixes tivessem vidas aparentemente normais como advogados, empreiteiros, engenheiros e pais, adotavam uma mentalidade voltada para o sentido que impregnava de significado tudo o que faziam— fosse ajudar a tirar a mesa de jantar ou cantar as poesias de Rumi e Attar, e viver segundo os ensinamentos deles. Para os dervixes, a busca da felicidade pessoal não vinha ao caso. Preferiam focar constantemente em como ser úteis aos outros, como ajudar os outros a se sentirem mais felizes e mais plenos, e como estabelecer uma conexão com algo maior. Construíram vidas significativas — o que nos deixa apenas uma pergunta: como fazer o mesmo?

1. A crise de sentido

Em um dia de outono em 1930, o historiador e filósofo Will Durant limpava as folhas do quintal de sua casa em Lake Hill, Nova York, quando um homem bem-vestido se aproximou.[1] O sujeito disse a Durant que planejava cometer suicídio, a não ser que o popular filósofo conseguisse lhe dar "um bom motivo" para viver.

Em estado de choque, Durant tentou reagir de modo a lhe trazer algum conforto — mas faltou inspiração à sua resposta: "Ordenei que ele arrumasse um emprego — mas ele já tinha; que comesse uma bela refeição — mas ele não estava com fome; ele foi embora visivelmente indiferente aos meus argumentos".

Durant, escritor e intelectual falecido em 1981, aos 96 anos, é famoso principalmente pelos livros que levavam filosofia e história ao grande público. *A história da filosofia*, lançada em 1926, se tornou best-seller, e sua obra em diversos volumes *A história da civilização*, que escreveu com a esposa, Ariel Durant, ao longo de quarenta anos, ganhou o Prêmio Pulitzer pelo décimo tomo, *Rousseau e a Revolução*. Durant era um pensador com interesses diversos. Escrevia com fluência sobre literatura, religião e política, e em 1977 recebeu uma das maiores honrarias concedidas a civis pelo governo dos Estados Unidos: a Medalha Presidencial da Liberdade.

Durant recebeu uma criação católica, frequentou uma instituição acadêmica jesuíta e planejava entrar para o sacerdócio. Mas na faculdade se tornou ateu após a leitura das obras de Charles Darwin e Herbert Spencer, cujas ideias "derreteram" sua "teologia herdada". Por muitos anos depois da perda da fé religiosa, ele "remoeu" a questão do sentido, mas nunca achou uma resposta satisfatória. Filósofo agnóstico e voltado ao empirismo, mais tarde Durant percebeu que não sabia ao certo o que dá às pessoas uma razão para continuar vivendo, mesmo em momentos de desespero. Esse homem sábio não tinha como dar uma resposta convincente ao suicida que o abordou em 1930 – o ano seguinte à queda da bolsa que deu início à Grande Depressão.

Assim, Durant resolveu escrever aos grandes luminares literários, filosóficos e científicos da época, de Mohandas Gandhi a Mary E. Woolley, passando por H. L. Mencken e Edwin Arlington Robinson, para lhes perguntar como acharam sentido e satisfação em suas vidas durante aquele período turbulento da história. "Você poderia interromper seu trabalho por um instante", Durant inicia sua carta, "e fazer o jogo da filosofia comigo? Estou tentando enfrentar a questão que nossa geração, quiçá mais que qualquer outra, parece estar sempre pronta para fazer e nunca para responder – Qual é o sentido ou o valor da vida humana?" Ele reuniu as respostas em um livro, *On the Meaning of Life* [Do sentido da vida], publicado em 1932.

A carta de Durant examina por que muitas pessoas de sua época tinham a sensação de viver em um vazio existencial. Afinal de contas, ao longo de milhares de anos os seres humanos acreditaram na existência do âmbito transcendental e sobrenatural, povoado de deuses e espíritos, que extrapolava o mundo sensorial das experiências cotidianas. Volta e meia sentiam a presença desse universo espiritual, que imbuía de sentido o mundo comum. Porém, argumentava Durant, a filosofia e a ciência modernas demonstraram que a crença em tal mundo – um mundo que não se pode ver ou tocar – é no mínimo ingênua e, no pior dos casos, uma superstição. Ao demonstrar tal fato, levaram ao desencanto geral.

Em sua carta, ele explica por que a perda dessas fontes tradicionais de sentido é tão trágica. "Astrônomos nos disseram que as relações humanas constituem apenas um momento na trajetória de uma estrela", escreve Durant; "geólogos nos disseram que a civilização é apenas um interlúdio precário entre eras glaciais; biólogos nos disseram que a vida inteira é guerra, uma batalha pela existência entre indivíduos, grupos, nações, coalizões e espécies; historiadores nos disseram que o 'progresso' é uma ilusão, cuja glória termina em declínio inevitável; psicólogos nos disseram que a vontade e o self são ferramentas inermes da hereditariedade e do ambiente, e que a alma, outrora incorruptível, é apenas uma incandescência do cérebro." Já os filósofos, com sua ênfase no alcance da verdade por meio da racionalidade, chegaram à conclusão de que a vida não tem sentido: "A vida se tornou, nessa perspectiva integral que é a filosofia, uma pululação espasmódica de insetos humanos na Terra, um eczema planetário que talvez seja curado em breve".

Em seu livro, Durant narra a velha história do policial que tentou impedir que um suicida pulasse de uma ponte. Os dois conversaram. Então ambos pularam do parapeito. "Foi a esse desfiladeiro que a ciência e a filosofia nos trouxeram", Durant constata. Ao escrever para essas mentes brilhantes, procurava uma resposta ao niilismo de sua época — uma resposta ao estranho abatido que o deixara atônito. Durant lhes implorava uma resposta para o que fazia a vida valer a pena — o que os impelia, o que lhes dava inspiração e energia, esperança e conforto.

As questões de Durant interessam hoje mais do que nunca. A desesperança e a infelicidade não estão apenas em alta: tornaram-se epidêmicas. Nos Estados Unidos, o número de pessoas que sofrem de depressão aumentou drasticamente desde 1960,[2] e entre 1988 e 2008 o uso de antidepressivos subiu 400%.[3] Essas estatísticas não podem ser atribuídas somente à disponibilidade cada vez maior de assistência à saúde mental. De acordo com a Organização Mundial de Saúde, as taxas globais de suicídios aumentaram 60% desde a Segunda Guerra Mundial.[4] Certas populações são especialmente vulneráveis. Nos Estados Unidos, a incidência de suicídios entre pessoas de 15 a 24 anos triplicou na segunda metade no século XX.[5] Em 2016, a taxa de suicídios atingiu seu ápice em quase trinta anos na população em geral, e para adultos de meia-idade ela cresceu mais de 40% desde 1999.[6] A cada ano, quarenta mil americanos tiram a própria vida,[7] e no mundo inteiro esse número chega perto de 1 milhão.[8]

O que está acontecendo?

Um estudo de 2014 feito por Shigehiro Oishi, da Universidade da Virginia, e Ed Diener, da Gallup, dá uma resposta para essa pergunta.[9] Apesar de ter sido um estudo enorme, envolvendo quase 140 mil pessoas em 132 países, ele também foi bem objetivo. Poucos anos antes, pesquisadores da Gallup indagaram aos entrevistados se eles estavam satisfeitos com suas vidas, e se sentiam que suas vidas tinham sentido ou propósito relevante. Oishi e Diener analisaram os dados segundo os países, relacionando os níveis de felicidade e sentido a variáveis como prosperidade, taxas de suicídios e outros fatores sociais.

Os resultados foram surpreendentes. As pessoas das regiões mais ricas, como a Escandinávia, declararam ser mais felizes do que as pessoas de regiões mais pobres, como a África subsaariana. Mas, no que diz respeito ao sentido, a história era outra. Lugares ricos como França e Hong Kong tinham algumas das taxas mais baixas de sentido, enquanto as nações pobres Togo e Níger tinham índices dos mais altos, embora suas populações estivessem entre as mais infelizes do estudo. Uma das descobertas mais perturbadoras envolvia o número de suicídios. As nações mais ricas, ao que consta, têm taxas de suicídios bem mais altas do que as mais pobres. A taxa de suicídios no Japão,[10] por exemplo, onde o PIB per capita era então de 34 mil dólares, era mais que o dobro que o de Serra Leoa, onde o PIB per capita era de 400 dólares. Essa tendência, à primeira vista, parece não fazer sentido. Os habitantes de países mais ricos tendem a ser mais felizes, e suas condições de vida são praticamente um paraíso se comparadas às de lugares como Serra Leoa, assolada por doenças endêmicas, pobreza atroz e o legado de uma guerra civil devastadora. Então, que razão teriam para se matar?

A estranha relação entre felicidade e suicídio também foi confirmada em outra pesquisa.[11] Países felizes como Dinamarca e Finlândia também têm altas taxas de suicídio. Alguns cientistas sociais acreditam que isso ocorre porque é especialmente penoso ser infeliz em um país em que tantas outras pessoas são felizes — enquanto outros indicam que os níveis de felicidade desses países são inflacionados porque as pessoas mais infelizes estão se retirando da população.

Mas o estudo de Oishi e Diener sugere outra explicação. Ao esmiuçar os números, descobriram uma tendência impressionante: felicidade e infelicidade não servem para prognosticar o suicídio. A variável que serve, segundo perceberam, era o sentido — ou, para ser mais exata, a falta dele. Os países com as taxas mais baixas de sentido, como o Japão, também têm algumas das taxas mais altas de suicídios.

O problema que muitas dessas pessoas enfrentam é o mesmo com que o homem suicida lutava há mais de oitenta anos, quando pediu a Durant uma razão para seguir em frente. Apesar das boas condições de vida, de modo geral, ele acreditava que não valia a pena viver. Hoje em dia, há milhões de pessoas que o acompanham nessa crença. Quatro em cada dez americanos não descobriram um propósito de vida satisfatório.[12] E quase um quarto dos americanos — cerca de 100 milhões de pessoas — não têm uma forte noção do que dá sentido às suas vidas.

É óbvio que a solução para esse problema não é os Estados Unidos se assemelharem mais a Serra Leoa. A modernidade, embora capaz de solapar o sentido da vida, tem seus benefícios. Mas como as pessoas que vivem em sociedades modernas encontram a realização? Se não conseguirmos transpor o abismo entre vivermos uma vida com sentido e vivermos uma vida moderna, nosso deslocamento continuará a ter um preço alto. "Todo mundo, de vez em quando", escreveu o estudioso das religiões Huston Smith, "se vê questionando se a vida vale a pena, o que equivale a questionar se, quando a barra fica pesada, faz sentido continuar vivendo. Quem conclui que não faz sentido desiste, se não de uma vez por todas, por meio do suicídio, então de modo gradativo, cedendo diariamente ao desconsolo invasor do passar dos anos"[13] — cedendo, em outras palavras, à depressão, à fadiga e ao desespero.

Era esse o caso do famoso romancista russo Leon Tolstói.[14] Na década de 1870, mais ou menos na época em que completou 50 anos, Tolstói caiu em uma depressão existencial tão forte e debilitante que foi tomado pelo desejo constante de se matar. A vida, ele concluiu, era totalmente desprovida de sentido, e essa ideia o enchia de horror.

Para quem visse de fora, a depressão do escritor talvez parecesse estranha. Tolstói, um aristocrata, tinha tudo: era rico; era famoso; era casado e tinha vários filhos; e suas duas obras-primas, *Guerra e paz* e *Anna Kariênina*, foram muito aclamados logo após o lançamento, em 1869 e 1878, respectivamente. Reconhecido internacionalmente como um dos maiores romancistas de sua época, Tolstói tinha poucas dúvidas de que suas obras seriam canonizadas como clássicos da literatura mundial.

A maioria das pessoas se daria por satisfeita com muito menos. Mas no auge da fama, Tolstói concluiu que esses êxitos eram as meras pompas de uma vida sem sentido – o que queria dizer que não significavam absolutamente nada para ele.

Em 1879, um Tolstói desesperado começou a escrever *Confissão*, relato autobiográfico de sua crise espiritual. Inicia *Confissão* narrando como, quando era universitário e mais tarde soldado, ele levou uma vida degenerada. "Mentindo, roubando, promiscuidades de todos os gêneros, bebedeiras, violência, assassinato – não há crime que eu não tenha cometido", ele escreve, talvez com certo exagero, "porém, apesar de tudo isso, fui elogiado, e meus colegas me consideraram e ainda consideram um homem relativamente digno."[15] Foi durante essa época da vida que Tolstói passou a escrever, motivado, ele alega, por "vaidade, interesse pessoal e orgulho" – o desejo de conquistar fama e dinheiro.

Ele logo se aproximou dos círculos literários e intelectuais da Rússia e da Europa, que construíram uma igreja secular em torno da ideia de progresso. Tolstói tornou-se um de seus adeptos. Mas depois, duas experiências dramáticas lhe revelaram o vazio de acreditar na perfectibilidade do homem e da sociedade. A primeira foi testemunhar a execução de um homem na guilhotina em Paris, em 1857. "Quando vi como a cabeça foi decepada do corpo e escutei o baque de cada parte cair dentro da caixa", ele descreve, "compreendi, não com o intelecto, mas com todo o meu ser, que nenhuma teoria da racionalidade da existência ou do progresso pode justificar tal ato." A segunda foi a morte sem sentido do irmão, Nikolai, causada por uma tuberculose. "Ele passou mais de um ano sofrendo", Tolstói relata, "e teve uma morte agonizante, sem nunca entender por que vivera e entendendo menos ainda por que estava morrendo."

Esses acontecimentos abalaram Tolstói, mas não o arruinaram. Em 1862, ele se casou e a vida doméstica afastou as dúvidas de sua mente. Assim como a escrita de *Guerra e paz*, no qual começou a trabalhar logo depois do casamento.

Tolstói sempre teve interesse na questão do que dá sentido à vida, um tema que permeia seus escritos. Liev, que muitos consideram uma representação autobiográfica de Tolstói, notoriamente luta com a questão em *Anna Kariênina*. Acaba concluindo que sua vida não é inútil: "minha vida, agora, toda a minha vida, a despeito de tudo o que possa vir a me acontecer, e cada minuto seu, não só não será absurda, como era antes, como terá também o incontestável sentido do bem, que cabe a mim infundir a ela".

No entanto, pouco depois de terminar *Anna Kariênina*, Tolstói tornou-se mais desanimado. A questão do sentido lançava uma sombra sobre tudo o que fazia. Uma voz dentro de sua cabeça começou a perguntar – Por quê? Por que estou aqui? Qual é o propósito de tudo o que faço? Por que eu existo? E, à medida que os anos passavam, a voz ficava mais alta e mais insistente: "Antes que pudesse me ocupar de meu terreno em Samara, da educação de meu filho ou da escrita de livros", ele declara em *Confissão*, "precisava saber por que estava fazendo isso". Em outro ponto de *Confissão* ele põe a questão em outras palavras: "O que virá do que faço hoje e amanhã? O que virá de toda a minha vida... Por que devo viver? Por que deveria querer algo ou fazer algo? Ou, em mais outras palavras: existe algum sentido na minha vida que não será destruído pela minha morte, que se aproxima de modo inexorável?". Como não conseguia responder ao "porquê" de sua existência, concluiu que sua vida não tinha sentido.

"Muito bem", ele escreve. "Você será mais famoso do que Gogol, Púchkin, Shakespeare, Molière, mais famoso do que todos os escritores do mundo – e daí?" Tolstói se sentia como o profeta do Eclesiastes, que afirmava: "Vaidade das vaidades; tudo é vaidade! Que proveito tem o homem de todo o trabalho que faz debaixo do sol? Uma geração vai, e outra geração vem; mas a terra para sempre permanece". A única verdade de que temos plena certeza, Tolstói acreditava, era de que a vida termina na morte e é pontuada pelo sofrimento e a tristeza. Nós e tudo o que estimamos – nossos entes queridos, nossas realizações, nossas identidades – acabarão perecendo.

Tolstói acabou encontrando o caminho do niilismo. Começou procurando gente que estivesse em paz com a própria vida a fim de ver onde haviam encontrado o sentido. A maioria das pessoas de sua convivência – aristocratas e a elite literária – levava uma vida superficial e nada sabia do sentido da vida, Tolstói argumentou. Portanto, olhou além de seu meio social e ficou perplexo ao se dar conta de que milhões de pessoas comuns ao seu redor tinham achado, ao que parecia, uma solução para o problema que o consumia. Essa "gente simples", conforme Tolstói os chamava, os camponeses sem instrução, obtinham o sentido da fé – fé em Deus e nos ensinamentos do cristianismo.

Embora Tolstói já tivesse se afastado da religião na faculdade, sua busca na meia-idade o levou de volta. Curioso quanto à fé tão indispensável para os camponeses, estudou diversas religiões e tradições espirituais, inclusive o islã e o budismo. Durante essa jornada espiritual, tornou-se cristão praticante. Primeiro se aproximou da Igreja Ortodoxa Russa em que fora criado, mas acabou se desligando dela e vivendo segundo sua própria versão despojada do cristianismo, focada na dedicação aos preceitos de Cristo no Sermão da Montanha.

A definição que Tolstói dá para "fé" é vaga: ele a vê como um "conhecimento do sentido da vida humana" essencialmente irracional. O que está claro, entretanto, é sua crença de que a fé liga o indivíduo a algo maior ou até "infinito" que existe para além do eu. "Independentemente de quais respostas determinada fé possa nos dar", ele afirma, "todas as respostas da fé dão sentido infinito à existência finita do homem, um sentido que não é destruído pelo sofrimento, privação e morte." Embora não acreditasse nos milagres ou nos sacramentos da Igreja, Tolstói encontrou sentido em viver "uma vida como Deus queria que vivêssemos", nas palavras de um de seus biógrafos — o que, para Tolstói, era a dedicação aos outros, principalmente aos pobres, como Cristo fizera.

O término de *Confissão* não marcou o fim da busca de sentido por Tolstói. Ele continuou a jornada nas últimas décadas de vida. Adotou um estilo de vida simples: abriu mão do álcool e da carne, renegou os títulos aristocráticos de "Sir" e "conde" e aprendeu o ofício de sapateiro, confiante de que o trabalho braçal era virtuoso. Grande parte de seu tempo era consagrada à melhoria das condições dos camponeses da comunidade, e ele chegou a tentar doar todas as suas propriedades aos pobres (um plano que a esposa rechaçou com amargura). Também defendia ideias progressistas como a abolição da propriedade privada, o pacifismo e a doutrina da não resistência ao mal. Com essas crenças, Tolstói atraiu um grupo de discípulos que seguiam seus ensinamentos como se fossem os de um guru.

Ao mesmo tempo, seus últimos anos não foram fáceis. A tentativa de ter uma vida com sentido virou sua vida de ponta-cabeça. O governo russo o denunciou como radical, a Igreja Ortodoxa Russa o excomungou e seu casamento ficou em frangalhos. Cansado das brigas constantes com a esposa e ávido por uma vida ainda mais espiritualizada, em outubro de 1910 ele fugiu da casa que dividiam e foi de trem para o Cáucaso. Esperava viver os anos que lhe restavam na solidão religiosa. Não estava em seu destino: ele morreu de pneumonia durante a viagem. Suas ideias, no entanto, continuaram a deixar marcas pelo mundo — e não somente por meio dos romances. Sua doutrina de não resistência ao mal inspirou a campanha política de Gandhi na Índia — que, por sua vez, ajudou a desencadear o movimento pelos direitos civis de Martin Luther King Jr.

Para Tolstói, o sentido da vida estava na fé. Mas muitas pessoas não creem em Deus ou não se comovem com preceitos religiosos. Outros têm fé, mas ainda estão em busca de respostas sobre como levar uma vida com sentido aqui na Terra. Essas pessoas talvez não se satisfaçam somente com a religião. É possível achar sentido na vida sem se valer da fé em algo infinito que dê sentido à nossa existência finita, parafraseando Tolstói? Para muita gente de hoje, essa é a questão.

Tolstói, ao que parece, teria respondido que não. Mas talvez haja outros caminhos para o sentido que ou complementam aqueles oferecidos pela fé ou, para os incrédulos, ajudam a substituí-los. Talvez possamos levar vidas significativas ainda que tudo pelo que trabalhamos, tudo e todos que amamos, e tudo o que somos e esperamos ser — nosso legado — pereçam e sejam esquecidos um dia. Isso é o que o intelectual e romancista francês Albert Camus se propôs a provar no ensaio "O mito de Sísifo".[16]

Não é nenhuma surpresa que Camus, que escreveu o ensaio aos vinte e tantos anos, sentisse atração pelo problema do sentido. Ao contrário de Tolstói, Camus não nasceu em uma família abastada. O pai, Lucien Camus, era trabalhador rural. A mãe, uma mulher parcialmente surda e analfabeta chamada Catherine, trabalhou em uma fábrica durante a Primeira Guerra Mundial e depois como faxineira. Casaram-se em 1910, ano em que Tolstói faleceu. Três anos depois, Catherine deu à luz Albert em uma cidadezinha litorânea da Argélia chamada Mondovi (hoje Dréan). Quando a Primeira Guerra começou, Lucien foi convocado pelo Exército francês. Não lutou por muito tempo: passado um mês, se feriu na carnificina da Batalha do Marne, e em pouco tempo sucumbiu aos ferimentos. Albert Camus não tinha nem um ano de vida quando o pai foi morto na guerra.

Cerca de dezesseis anos depois, a vida de Camus foi interrompida de novo. Em 1930, foi diagnosticado com tuberculose, o que na região pobre de Argel onde morava quase sempre significava a morte. Ainda adolescente, Camus foi obrigado a enfrentar a mortalidade e o controle frágil, arbitrário que cada um de nós tem sobre a vida. De cama, leu o filósofo estoico Epiteto, que volta e meia refletia sobre o tema — "Pois não é a morte ou a dor que deve ser temida", escreveu ele, "mas o temor da dor ou da morte" — e, à medida que se recuperava, tentava perceber alguma relevância no que estava suportando. O lado bom da doença, ele concluiu, era o fato de prepará-lo para o fim inevitável que o aguardava, que aguarda todos nós.

Quando voltou para a escola, Camus já havia decidido que a vida não fazia sentido, opinião que expressou na história autobiográfica publicada em um periódico literário chamado *Sud*: "Já não tenho mais nada, não acredito em nada, e é impossível viver assim, tendo matado a mortalidade dentro de mim. Não tenho mais finalidade, nenhuma razão para viver, e vou morrer". Depois de se matricular na Universidade de Argel, sua escrita se aprimorou e ele continuou explorando a questão do sentido através do estudo da filosofia. Formou-se em 1936. Na primavera do mesmo ano, fez uma anotação no diário manifestando interesse pela escrita de uma "obra filosófica" acerca do "absurdo".

Camus começou a escrever "O mito de Sísifo" quando outra guerra mundial tragava a Europa. Vivia em Paris quando os aviões nazistas lançaram uma chuva de bombas sobre a cidade, no começo de junho de 1940. Em meados do mês, as forças alemãs marcharam capital adentro, deixando a França sob a sombra da ocupação totalitária durante quatro anos. Camus fugiu poucos dias antes da chegada delas. Redigiu o ensaio no cruel inverno de 1940, em um apartamento sem calefação em Lyon — escrevendo partes do texto à mão, com os "dedos enrijecidos e empolados", nas palavras de um biógrafo —, e o finalizou em 1941.

Embora o interesse de Camus pelo sentido seja parte de uma extensa tradição da filosofia e da literatura, a época em que ele viveu deu uma urgência especial à sua busca.[17] No caos do colapso da França, na covardia do governo de Vichy e nos primeiros triunfos do fascismo pela Europa, o mundo parecia sem sentido e absurdo. "O mito de Sísifo" fala de como viver num mundo como esse. "Só existe um problema filosófico realmente sério", Camus afirma no famoso início do ensaio: "o suicídio. Julgar se a vida vale ou não vale a pena ser vivida é responder à questão fundamental da filosofia". Ninguém, ele alfineta, nunca morreu pelo argumento ontológico, uma prova da existência de Deus. Mas muitos morrem pelo sentido: alguns se matam porque consideram suas vidas desprovidas de valor, enquanto outros sacrificam a vida por seus ideais. Se a vida tem sentido é a única questão de vida ou morte que a filosofia já perguntou e tentou responder. Ela é, afinal, a questão mais importante de todas.

Conforme escreve Camus, ansiamos por explicações racionais sobre o mundo e procuramos ordem e unidade, mas o mundo é caótico, desordenado e insensato — não tem "princípio racional e razoável". Nos perguntamos por que existimos, como surgimos e com qual finalidade, mas o mundo reage com silêncio. Podemos tentar saciar nosso desejo ao darmos um salto para Deus, a religião ou alguma outra fonte transcendental de sentido que adotamos com fé. Mas se aceitamos como verdadeiro somente aquilo que sabemos sem a menor dúvida, então há "verdades", segundo Camus, mas não uma única Verdade.

Para Camus, o fato de seres humanos procurarem o sentido incessantemente mas não o acharem em nenhum lugar do mundo torna a vida absurda: tudo — dos acontecimentos históricos grandiosos ao enorme esforço que todos fazemos para vivermos nossas vidas — parece absurdo. A percepção de que não existe fonte externa de sentido, de que não há razão ou propósito para nada do que fazemos, nos inunda de "náusea", para usar a palavra de Jean-Paul Sartre, o filósofo existencialista que numa época foi amigo de Camus.

É claro que você não precisa ser um francês existencialista — aliás, tampouco precisa ser um romancista russo — para sentir o peso do absurdo sobre os ombros. Em 2013, no programa de Conan O'Brien, o comediante Louis C. K. descreveu a sensação de entrar em contato com algo como a náusea de Sartre, o absurdo de Camus e o horror de Tolstói. Assim como todos os grandes comediantes, C. K. é um filósofo disfarçado de palhaço: "Debaixo de tudo o que há na sua vida", ele disse a O'Brien, "existe aquela coisa, aquele vazio — vazio eterno. Aquela noção de que nada serve para nada e de que você está sozinho. Está lá no fundo. E às vezes, quando as coisas estão tranquilas, você não está assistindo a nada, está dentro do carro, você começa,

'Ih, lá vem. Agora que eu estou sozinho'. Ele passa a te visitar. Uma tristeza. A vida é de uma tristeza tremenda, só o fato de estarmos nela".

Quando um Tolstói inconsolável chegou a esse ponto do raciocínio, ele concluiu que o suicídio era a única fuga razoável do despropósito da vida. Tolstói, é claro, acabou tomando outro rumo. Achou o sentido na fé. Mas Camus rejeita tanto a fé quanto o suicídio como soluções para o problema da falta de sentido da vida. Para Camus, é impossível saber se Deus existe ou se qualquer uma das crenças que adotamos como fé é verdadeira. A partir disso, precisamos aprender a levar vidas significativas "sem apelar" a Deus ou à fé. Porém, cometer suicídio seria se render às forças ocultas de um mundo sem sentido. Seria se entregar ao absurdo e, ao fazê-lo, se somar a ele.

Pode parecer bastante macabro, mas o absurdo da vida, Camus argumenta, não leva inevitavelmente ao desespero. Na verdade, abre novas oportunidades. "Mesmo dentro dos limites do niilismo", declara Camus, "é possível encontrar os meios para se seguir para além do niilismo." Não sendo mais o sentido imposto a nós por uma fonte externa, temos a liberdade de criá-lo para nós mesmos. Conforme escreve Sartre, "A vida não tem sentido a priori... Cabe a você dar-lhe sentido, e o valor nada é além do sentido que você escolhe".[18]

Camus ilustra esse ponto terminando o ensaio com uma ode a Sísifo, herói da Grécia antiga, condenado pelos deuses a empurrar uma pedra até o alto da montanha e vê-la cair rolando logo antes de chegar ao cume. Ele cumpre essa tarefa inútil por toda a eternidade. É difícil imaginar uma existência mais desprovida de sentido do que aquela que Sísifo leva. Mas Camus quer que vejamos que a vida de Sísifo é extremamente valiosa. Na verdade, serve de modelo para todos nós.

Para Camus, ter uma vida significativa exige a adoção de uma postura desafiadora em relação ao absurdo, exatamente o que Sísifo faz. Sísifo, que está sendo castigado por enganar os deuses e tentar fugir da morte, não lamenta seu destino ou espera uma vida melhor. Na verdade, peitando os deuses que querem atormentá-lo, ele incorpora as três qualidades que definem uma vida compensadora: revolta, paixão e liberdade.

Sempre que volta ao sopé da montanha, ele tem de lidar com uma escolha: desistir ou seguir trabalhando. Sísifo opta pela luta. Aceita a tarefa e se joga no esforço exaustivo de empurrar a pedra montanha acima. Após desdenhar os deuses, ele se torna mestre do próprio destino. "Sua pedra é seu negócio", nas palavras de Camus — é o que dá sentido e propósito à sua vida. Embora seus esforços possam parecer inúteis, são dotados de sentido graças à atitude triunfante com que os aborda. "A luta em si, em direção ao cume", declara Camus, "basta para encher o coração de um homem. Devemos imaginar Sísifo feliz."

A luta *em si*. Quando Camus nos pede que imaginemos Sísifo feliz, não se refere a um tipo de felicidade prazerosa. Está falando de uma sensação de missão cumprida e contentamento resultante da dedicação a uma tarefa difícil, mas compensadora. Camus quer que vejamos que, assim como Sísifo, podemos viver a vida com plenitude aceitando a luta com dignidade — aceitando, nas palavras que ele usa em seus cadernos, o "sofrimento e a magnitude do mundo".

Camus viveu obedecendo esse fundamento. Enquanto redigia "O mito de Sísifo" em Paris, em 1940, escreveu uma carta a um amigo explicando seu estado de espírito: "Feliz? Não vamos entrar nesse assunto... Mas, embora minha vida seja complicada, não deixei de amar. A esta altura não há distância entre minha vida e meu trabalho. Levo ambos adiante ao mesmo tempo, e com igual entusiasmo". Se Tolstói encontrou o sentido no infinito, Camus o acha no finito, na tarefa diária de viver. A epígrafe de "O mito de Sísifo" é um verso de Píndaro, o poeta grego antigo: "Ó minha alma, não aspira à imortalidade: esgota o campo do possível".

Em vez de desistir do mundo, podemos enfrentá-lo diretamente e com entusiasmo, e criar um sentido a partir da dor, da perda e das lutas a que resistimos. "À questão de como viver sem Deus", Olivier Todd, biógrafo de Camus, declara, "Camus tinha três respostas: viver, agir e escrever."

Assim como a pedra de Sísifo era o "negócio" que dava sentido à vida dele, o "negócio" de Camus era a escrita. Todo mundo, Camus acreditava, precisa de um "negócio", um projeto ou objetivo ao qual resolve dedicar a vida, seja uma rocha enorme — ou uma rosa pequenina. Pense na adorada história infantil *O pequeno príncipe*, um manifesto maravilhoso dessa sabedoria.[19] O príncipe vive em um planetinha minúsculo onde passa o tempo cuidando das plantas e flores de seu jardim. "É um trabalho muito maçante", ele diz, "mas muito fácil." Um dia, repara em uma rosa que cresce em sua superfície — uma flor diferente de todas que já viu no seu planeta. O príncipe se apaixona pela enigmática rosa, que ele zelosamente rega e protege do vento. Mas ela era uma flor vaidosa e carente, e o príncipe acaba se cansando dela, resolvendo abandonar seu planeta e explorar o vasto universo.

Ele está em busca de conhecimento e entendimento, e vê muitas coisas estranhas durante as viagens. Depois de visitar alguns outros planetas, o príncipe vai em direção à Terra, onde se depara com um roseiral. Apesar de ter largado sua rosa para trás, o príncipe ainda tem carinho por ela, e ao ver as outras rosas fica desconsolado; imaginara que a rosa *dele* era a única flor daquela espécie no universo, mas então ele percebe que há outras centenas iguais a ela.

No momento em que chega ao fundo do poço, uma raposa sábia o chama. A raposa ensina diversas lições ao príncipe, porém a mais importante diz respeito à rosa que o príncipe abandonou. A rosa não é só mais uma rosa entre várias, ela diz ao príncipe: ela é especial pelo que o príncipe deu à rosa: "É o tempo que você perdeu com sua rosa que torna sua rosa tão importante... Você fica responsável para sempre pelos laços que cria. Você é responsável por sua rosa".

Quando o príncipe volta ao roseiral, leva consigo a sabedoria da raposa e se dirige às flores: "São bonitas, mas são vazias", ele lhes diz. "Não se pode morrer por vocês. Claro, minha rosa, um passante comum julgaria que ela é parecida com vocês. Mas ela sozinha é mais importante do que todas vocês, pois foi ela que eu reguei. Pois foi ela que coloquei sob a redoma. Pois foi ela que protegi com o anteparo. Pois foi por ela que removi e matei as lagartas (exceto duas ou três para as borboletas). Pois foi ela que escutei a se queixar, a se gabar ou até, às vezes, se calar. Pois é *minha* rosa."

Em outras palavras, o tempo, a energia e o cuidado que o príncipe investiu na rosa eram o que a tornava especial — e que davam sentido à relação entre os dois.

Não se trata somente de moda literária ou filosófica. Cientistas sociais também descobriram que quando nos empenhamos para construir algo nossa tendência é valorizá-lo mais — fenômeno que os psicólogos chamam de "efeito IKEA".[20] Montar móveis da IKEA faz com que as pessoas gostem mais deles, e o que é verdade para mobília barata de loja sueca também se aplica à nossa vida de forma mais geral. Quando nos dedicamos a tarefas difíceis que valem a pena — seja cuidar de uma rosa ou buscar um objetivo nobre — a vida parece mais significativa.

Claro que o inverso também é verdadeiro. As partes mais importantes da vida exigem trabalho duro e sacrifício. Essa é a lição que muitos de nós aprendem quando crianças, nas primeiras tentativas de praticar um esporte, ao enfrentar uma matéria difícil, ao aprender a tocar um instrumento ou descobrir como cultivar e preservar grandes amizades. Infelizmente, à medida que crescemos, a tendência é esquecermos a lição. A agitação da vida adulta torna sedutoras as soluções rápidas e fáceis para problemas difíceis da vida. Mas para viver bem, precisamos levar a sério as ideias sábias que aprendemos quando éramos mais novos. Somente ao encarar os desafios podemos realmente encontrar sentido em nossas vidas.

Embora o sentido da vida talvez continue obscuro, todos podemos e precisamos achar nossas próprias fontes de sentido na vida. Foi essa a grande sacada de pensadores existencialistas como Camus — e, uma década antes do lançamento de "O mito de Sísifo", Will Durant já havia chegado a essa mesma conclusão. Depois de ler todas as respostas às cartas que enviara aos amigos e colegas, ele descobriu que cada um deles achava sentido à própria maneira. Gandhi escreveu que encontrou sentido colocando-se "a serviço de tudo o que vive". O padre francês Ernest Dimnet o encontrou ao olhar além do interesse pessoal. "Você pergunta o que a vida fez por mim? — Ela me deu algumas oportunidades de me libertar do meu egoísmo natural e por isso tenho uma profunda gratidão." O cineasta Carl Laemmle, um dos fundadores da Universal Studios, mencionou os filhos: "Você pergunta 'em último caso, onde está o meu tesouro?' — Acho que está no desejo quase frenético de ver meus filhos e os filhos dos meus filhos bem cuidados e felizes". Owen C. Middleton, que cumpria sua prisão perpétua, achava sentido em simplesmente ser parte do mundo: "Não sei a que grande final o Destino nos leva, nem ligo muito para isso. Bem antes desse final, terei interpretado o meu papel, dito minhas falas e desaparecido. Só o que me interessa é como interpreto esse papel. Saber que sou parte inalienável desse movimento notável, maravilhoso, ascendente chamado vida, e que nada, nem a peste nem o tormento físico, tampouco a depressão — tampouco a prisão — pode me tirar meu papel, é o meu consolo, minha inspiração e meu tesouro".

Em 1930, o ano em que o suicida abordou Durant no quintal, várias pessoas escreveram ao filósofo para expressar o desejo que sentiam de se matar.

Durant respondia as cartas, explicando, da melhor forma possível, por que ele acreditava que a vida valia a pena. Mais tarde, ele sintetizou as respostas em uma única declaração que encerra *On the Meaning of Life*.

Para Durant, o sentido surge da transcendência do self. "Se, conforme dissemos desde o princípio", ele escreve, "uma coisa só tem significado pela relação que estabelece como parte de um todo maior, então, apesar de não nos ser possível atribuir um sentido metafísico e universal à vida em geral, podemos dizer sobre qualquer vida em particular que seu sentido jaz na relação com algo maior do que ela." Quanto mais você estabelece uma ligação e contribui com algo, acreditava Durant, mais sentido tem sua vida. Para Durant especificamente, esse "algo" era o trabalho e a família.

Algumas das pessoas que escreveram para Durant estavam sem dúvida desempregadas por causa da Grande Depressão. Não eram os únicos que andavam sem sorte. As taxas de desemprego dispararam durante a Grande Depressão e atingiram o ápice de 25% em 1933.[21] Ao mesmo tempo, o número de suicídios nos Estados Unidos foi o mais alto de todos os tempos. Pesquisadores descobriram que ao longo da história a taxa de suicídios tende a aumentar com o desemprego[22] — e é fácil entender o porquê: o trabalho é uma grande fonte de identidade, valor e objetivo para as pessoas.[23] Ele lhe dá algo para fazer com o tempo, uma sensação de utilidade e a oportunidade de contribuir para a sociedade e sustentar a família. Quando as pessoas perdem o emprego, perdem não apenas o meio de subsistência, mas uma fonte vigorosa de sentido.

Durant aconselhava quem não acreditava que sua vida tinha sentido a achar algum tipo de trabalho, mesmo se fosse auxiliar em uma fazenda em troca de comida e cama até que algo melhor surgisse. Ser produtivo e servir aos outros era o primeiro passo rumo ao novo envolvimento com a vida. "Voltaire comentou", ele declara, "que poderia ter, numa ocasião ou outra, se matado, caso não tivesse tanto trabalho nas mãos."

Em 1988, cerca de cinquenta anos depois de Durant publicar seu livro, a revista *Life* incumbiu-se de aventura similar.[24] Os editores escreveram para mais de uma centena de indivíduos influentes da época — de Dalai Lama, Rosa Parks e Dr. Ruth a John Updike, Betty Friedan e Richard Nixon — perguntando sobre o sentido da vida. Os editores da revista só souberam do projeto de Durant quando já estavam mergulhados na coleta e na edição das respostas, e, assim como Durant, notaram que os entrevistados tiravam sentido de uma grande variedade de fontes.

A psicóloga e bióloga celular Joan Borysenko, por exemplo, contou a história de uma de suas pacientes, que descobriu o sentido da vida quando chegou perto da morte, ao ver os momentos mais importantes de sua vida passarem pela mente como se fosse um filme. "Ela ficou perplexa", explica Borysenko, "porque seus feitos como advogada tinham pouca relevância; o destaque do 'replay' foi um encontro casual que teve anos antes com um adolescente que trabalhava como caixa no supermercado onde ela fez as compras. Percebendo a tristeza no olhar do menino, ela segurou sua mão e lhe sussurrou palavras reconfortantes. Com a troca de olhares compassivos, se esqueceram momentaneamente da ilusão de que eram desconhecidos e dividiram um instante de conexão profunda." Para a advogada, o sentido era incitado por centelhas de amor, empatia e entendimento na fila do caixa.

Jason Gaes, um menino de doze anos com câncer, contribuiu com uma explicação comovente do que dava sentido à vida dele. "Eu costumava me perguntar", ele escreveu para a *Life*, "por que Deus me escolheu para me dar cânsur. Vai ver que foi porque ele queria que eu fosse um dr. que cuida de crianças com cânsur, assim quando falarem 'dr. Jason, às vezes eu fico com medo de morrer' ou 'você não sabe como é estranho ser a única criança careca da escola inteira', eu posso responder, 'Ah sei sim. Quando eu era pequeno também tive cânsur. E olha só o meu cabelo agora. Um dia seu cabelo também vai crescer'." Para Gaes, enfrentar a morte o ajudou a descobrir seu propósito na vida.

Para a romancista Madeleine L'Engle, o sentido vinha de ser uma contadora de histórias, de pegar os fios da experiência humana e tecê-los em uma narrativa coerente. Ecoando Camus, ela escreveu: "A única certeza é de que estamos aqui, neste momento, neste *agora*. Cabe a nós: viver plenamente, vivenciando cada momento, cientes, alertas e atentos. Estamos aqui, cada um de nós, para escrever nossa própria história — e que histórias fascinantes nós criamos!".

O rabino Wolfe Kelman escreveu sobre a marcha histórica pelos direitos civis de Selma a Montgomery, em 1965. Martin Luther King Jr. caminhava à frente deles, e ao atravessar a ponte Edmund Pettus, em Selma, o imenso grupo cantava junto. "Nos sentimos conectados, através da música, ao transcendental, ao inefável." Kelman escreveu para a *Life*. "Sentimos o triunfo e a celebração. Sentimos que as coisas mudavam para melhor e que nada ficava engessado para sempre. Foi uma experiência estimulante, transcendental, espiritual. Sentido, objetivo, missão não são as palavras certas: o sentido *era* a emoção, a música, o momento de avassaladora satisfação espiritual. Vivenciávamos o que [o rabino Abraham Joshua] Heschel chamou de sentido para além do mistério."

Cada uma das respostas à carta de Durant e à pesquisa da *Life* foi diferente, um reflexo dos princípios, experiências e personalidades singulares dos entrevistados. Porém, alguns dos temas se repetem. Quando as pessoas explicam o que torna suas vidas relevantes, falam em estabelecer uma conexão e uma intimidade positivas com os outros. Discutem a descoberta de algo em que vale a pena gastar o tempo. Mencionam a criação de narrativas que são úteis para que se entendam e entendam o mundo. Falam das experiências místicas de se perderem.

À medida que eu conduzia as pesquisas para este livro, quatro temas ressurgiam sem parar nas conversas com pessoas que levam vidas plenas de sentido e aquelas ainda em busca dele. Essas categorias também estão presentes nas definições de vida com sentido oferecidas tanto por Aristóteles como pelos psicólogos mencionados na introdução — que argumentam, de modos diversos, que o sentido surge de nossas relações com os outros, de ter uma missão que contribua com a sociedade, de compreender nossas experiências e quem somos no decorrer da narrativa, além da conexão com algo maior. Também me deparei com elas nas pesquisas emergentes nas ciências sociais sobre vida plena de sentido e como as pessoas podem viver assim. E as descobri em obras de filosofia, literatura, religião e cultura popular — em ensinamentos budistas, no Transcendentalismo Americano, em romances e em filmes.

Os quatro pilares do sentido são: pertencimento, propósito, narrativa e transcendência.

Para Laemmle e a paciente de Borysenko, por exemplo, o sentido vinha de amar os outros e se conectar a eles com compaixão e empatia. Para Gandhi, assim como para o jovem Jason, levar uma vida significativa abarca fazer algum tipo de bem no mundo para que os outros tenham vidas melhores. Tem também L'Engle, que vê sentido em entender a vida como uma história.

O rabino Kelman e Middleton, por outro lado, encontraram o sentido ao se perderem em algo maior, uma realidade espiritual ou o enigma do mundo palpável.

Esses pilares são essenciais aos sistemas religiosos e espirituais, e são os motivos pelos quais essas tradições historicamente conferiam (e continuam a conferir) sentido à vida das pessoas. Situavam os indivíduos dentro da comunidade. Davam-lhes um objetivo pelo qual batalhar, como chegar ao céu, se aproximar de Deus ou servir aos outros. Ofereciam-lhes explicações do porquê o mundo é como é, e por que eles são do jeito que são. E lhes davam oportunidades de transcendência durante ritos e cerimônias. Todos esses pilares marcavam presença na vida dos sufistas que eu conheci, e por isso a vida deles era tão cheia de sentido.

No entanto, a beleza dos pilares está no fato de serem acessíveis a todos. Com ou sem religião, os indivíduos podem estabelecer cada um desses pilares em suas vidas. São fontes de sentido que permeiam todos os aspectos de nossa existência. Podemos encontrar pertencimento no trabalho ou com nossas famílias, ou vivenciar a transcendência fazendo uma caminhada na praça ou visitando um museu de arte. Podemos optar por uma carreira que nos ajude a servir os outros ou fazer um rascunho da nossa história de vida a fim de entender como chegamos onde estamos. Podemos nos mudar de cidade, de emprego e perder o contato com amigos com o passar dos anos, mas podemos continuar encontrando o sentido explorando os pilares de novas formas sob novas circunstâncias. E quando temos em mente os pilares, achamos sentido até nos lugares mais inesperados, estejamos a caminho do trabalho, dentro do presídio, no alto de uma montanha no Texas — ou em uma ilha no meio da baía de Chesapeake.

2. Pertencimento

Aonde quer que se vá na ilha de Tangier, no estado da Virginia, há túmulos.[1] Há túmulos nas entradas e nos quintais das casinhas da ilha, onde as pessoas enterram os parentes mortos. Há cemitérios perto da praia, ao lado da igreja, à sombra da torre d'água azul-bebê; coladas às ruas estreitas, as lápides apinhadas. E há o cemitério da velha ilha, agora quinze metros abaixo da superfície da água. Durante tempestades violentas, os esqueletos e fragmentos de caixões são lançados da costa.

Ao contrário de comunidades suburbanas e urbanas modernas, em que cemitérios são marginalizados, os cemitérios de Tangier são, por necessidade, parte do cotidiano. São um lembrete constante do passado. Para os quase quinhentos residentes da ilhota, é assim que deve ser. A comunidade, dizem eles, inclui não somente os vivos, mas também os mortos. Muitos dos ilhéus de hoje conseguem rastrear seu parentesco com os colonos originais que chegaram em Tangier no século XVIII. Muitos deles ainda carregam o sobrenome dos ancestrais: Crockett, Pruitt, Park, Thomas.

Tangier fica no meio da baía de Chesapeake e a uma hora de balsa das costas da Virginia e de Maryland. Com apenas três quilômetros quadrados, ela emerge da água como pouco mais que um banco de areia, o porto cercado de um labirinto de embarcadouros, onde os barqueiros da ilha guardam os barcos de pesca. Nas docas há barracos caindo aos pedaços, com armadilhas de arame para caranguejos ou "potes", como os barqueiros as chamam, amontoadas do lado de fora. Considerada a capital mundial dos caranguejos de carapaça mole, Tangier também é uma das últimas comunidades desse estilo.

A Swain Memorial Methodist Church é o centro físico, comunitário e espiritual de Tangier. Nas manhãs de domingo, uma série de carrinhos de golfe, o principal meio de transporte da ilha, se enfileiram diante do prédio de tábuas brancas. A congregação, reduzida com o passar dos anos mas ainda vibrante, ocupa metade dos bancos da igreja. Fui a um culto na esperança de ter um vislumbre da comunidade em ação, e na manhã em que estive lá a cerimônia começou com um memorial em homenagem aos recém-falecidos: o pastor celebrou o "primeiro aniversário no céu" de um antigo pároco e convidou os congregados a se recordarem daqueles que haviam perdido. Todos se referiam uns aos outros, e aos seus mortos, pelo primeiro nome.

O culto foi íntimo, mais parecia uma reunião de família do que uma congregação religiosa. Como forasteira, me senti constrangida e deslocada. No final, tentei sair de fininho da igreja, sem chamar a atenção. Mas antes que eu escapasse, meia dúzia de pessoas se aproximaram de mim e fizeram fila. Todos estenderam a mão para me cumprimentar. "Você deve estar hospedada no Bay View", disse uma mulher. "Bom, é uma satisfação recebê-la aqui em Tangier." Estranhos não passam despercebidos em Tangier. Tampouco são mal acolhidos.

"Aqui nós vivemos como uma grande família", declarou Peggy Gordy, que passou a vida inteira em Tangier. "Quando alguém está de luto, ficamos de luto juntos. Quando alguém está comemorando, comemoramos juntos. Quando fazem um evento para arrecadar fundos, todo mundo vai. Quando tem um chá de panela, todo mundo ajuda. Mesmo se for com vinte dólares, todo mundo contribui." É inconcebível para os habitantes da ilha que as pessoas do continente tenham vizinhos cujos nomes desconhecem. "Esta ilha tem 480 pessoas", explicou Gordy, "e todos nos conhecemos."

Os congregantes falavam com um sotaque lírico que é peculiar ao povo de Tangier. Apesar de viajantes ao longo dos anos terem atribuído o sotaque a vestígios remanescentes da Inglaterra elisabetana, é provável que a explicação seja bem mais simples: fisicamente isolada do mundo, os costumes idiossincráticos de Tangier conseguiram sobreviver às ondas que homogeneizaram linguagem e cultura.

Entretanto, apesar do isolamento, as forças culturais e econômicas andaram batendo na costa da ilha de Tangier nos últimos anos. A distância entre a ilha e o continente é galgada com muito mais facilidade hoje em dia do que no passado, em grande medida graças à recente adoção da internet sem fio e ao crescimento da televisão por satélite. O influxo de mídia não significa apenas expor a ilha a novas ideias, mas também lhe dar outra visão do que é viver bem. As gerações mais novas veem pessoas na televisão indo a shoppings e passeando de carro e — apesar de amarem Tangier — resolvem que é esse o estilo de vida que desejam. Bem ou mal, Tangier está entrando na era moderna.

A economia também não favoreceu Tangier. A atividade principal da ilha é a pesca e a caça de caranguejos. Mas o estado da Virginia estabeleceu um limite para as licenças de pesca e decretou restrições à caça a fim de preservar o estoque limitado de peixes e caranguejos, tornando quase impossível que pretendentes a barqueiros entrassem no negócio. "Os caras mais novos", o prefeito de Tangier, James Eskridge, apelidado Ooker, me contou, "só conseguem tirar licença para caçar caranguejo se alguém mais velho largar o negócio."

Portanto, eles vão embora. Atualmente, os rapazes que se formam no ensino médio geralmente vão trabalhar operando rebocadores em cidades como Baltimore, enquanto várias das mulheres vão fazer faculdade. Poucos voltam para a terra natal. Antigamente, quem era criado em Tangier passava a vida inteira em Tangier. Mas, a cada ano que passa, isso vai diminuindo. Cinquenta anos atrás, havia cerca de novecentos moradores e quase cem alunos na única escola da ilha. Hoje, são menos de quinhentos os ilhéus e apenas sessenta alunos na escola primária.

Tangier já foi chamada de "a ilha evanescente" devido à erosão que acabou com quase oito metros de sua costa nos últimos anos. Mas ela está sumindo também de outra forma. A comunidade de Tangier — seu povo e seu estilo de vida — vem desaparecendo aos poucos.

Edward Pruitt é um dos que foram embora. Mas, em 2013, voltou para o Memorial Day. Essa data é importantíssima em Tangier, já que os residentes se reúnem para relembrar e celebrar os ilhéus que serviram ao Exército — e morreram pelo país. Naquela manhã, bandeiras dos Estados Unidos esvoaçavam nas ruas estreitas. Alguém distribuía copos de papel cheios de limonada aos que passavam. Um punhado de crianças com roupas vermelhas, brancas e azuis corriam pelas frestas que se abriam na multidão reunida em frente à igreja metodista. Pruitt, um sargento da Marinha de 32 anos que tinha acabado de voltar de uma temporada no Oriente Médio, estava parado no alpendre da igreja em seu uniforme branco e quepe de marinheiro, olhando o rosto das centenas de vizinhos e amigos. Todos os ilhéus, ao que parecia, estavam ali para ouvi-lo.

O discurso de Edward foi sobre a importância da comunidade. Quando se preparava para ir embora para a faculdade, ele declarou, a bibliotecária da escola — agora diretora do colégio — lhe deu um conselho. Ela lhe disse que não tivesse medo de dizer aos outros que era de uma ilha e não temesse dizer aos outros que era de Tangier. De qualquer modo, eles saberiam que era de um lugar fora do comum por causa do sotaque, segundo ela, e quando lhe perguntassem como era a ilha ele provavelmente deveria responder com orgulho que a ilha de Tangier era um lugar especial.

"Não tenha vergonha da sua terra natal", Edward lembrou que ela lhe disse, "porque é um lugar único, do qual vale a pena falar."

Edward demorou para dar atenção à sensata recomendação. Ele foi embora de Tangier em 1998 para frequentar a Christopher Newport University, em Newport News, na Virginia, a três horas da ilha. Foi a primeira vez que ficou longe de casa — e foi uma transição desconfortável. Newport News era enorme em comparação com Tangier, e ele não estava acostumado a ter tantas opções e tanta liberdade. "Em Tangier", ele explicou, "só existe um mercado. Fora de Tangier, são milhões."

Mas a adaptação mais complicada foi aprender a fazer amigos. Edward cresceu já conhecendo todas as crianças da ilha; eram como irmãos. O ambiente escolar era cômodo e protegido. Havia sete pessoas em sua classe, e, visto que todas as crianças de Tangier frequentam a mesma escola, seus professores do jardim de infância continuavam por perto quando ele estava no ensino médio. "É como crescer no meio de uma família enorme", ele disse.

Por mais incrível que fosse essa comunidade tão unida, ela tinha uma enorme desvantagem: quando Edward chegou à faculdade, não tinha muita experiência em conhecer pessoas novas. "Eu era tímido", declarou, "e ficava constrangido com meu sotaque porque a maioria das pessoas caçoa de você por isso." Edward conheceu algumas pessoas por intermédio do colega com quem dividiu o quarto no primeiro ano — outro jovem de Tangier, alguns anos à frente dele nos estudos —, mas não criou vínculos verdadeiros com ninguém. Portanto, de vez em quando Edward ficava, nas palavras dele, com "depressão universitária" — ele se sentia sozinho. Tinha saudades dos amigos e da família. Tinha saudades de Tangier.

Em Tangier, Edward explicou, achava-se sempre alguém para passar um tempo. De noite, os jovens se reuniam na cabana de frutos do mar chamada Lorraine's ou na Spanky's, uma sorveteria. Juntos, não faziam muita coisa. Comiam, conversavam e às vezes, mais tarde, perambulavam pela ilha. Na faculdade, entretanto, não havia equivalentes do Lorraine's ou da Spanky's, não havia uma comunidade preexistente na qual se sentisse confortável. "Você não se dá conta de como essas interações do dia a dia são importantes até ir embora", constatou. "São dessas conversas banais e que não significam muita coisa que você sente falta — as coisas do cotidiano, não as grandiosas. O mesmo acontece com as conversas que você tinha na escola todas as manhãs, com as mesmas pessoas. Na faculdade, isso não existia, e eu não sabia como suprir esse vazio."

Edward só se tornou bom em fazer amizades ao ingressar na Marinha, após se formar. "A Marinha obriga você a conhecer as pessoas", explicou Edward. "Transferem você de lugar a cada dois anos, mais ou menos, então você tem que criar novas relações o tempo todo." À medida que foi ficando mais velho e mais confiante, Edward tornou-se menos acanhado do que logo após sua partida.

"Muita gente que vai embora da ilha de Tangier", declarou Edward, "perde o sotaque e tenta passar despercebido. Mas, depois da faculdade, me dei conta de que isso poderia servir de assunto para entabular uma conversa, um jeito fácil de quebrar o gelo com alguém. As pessoas te ouvem e perguntam de onde você é. Tem quem pense que você é do sul ou da Austrália ou da Inglaterra. Então você tem que explicar que vem de uma ilha, e começa a falar da sua terra... e a conversa flui. As pessoas falam da terra natal delas, e uma amizade pode nascer daí."

Os amigos mais próximos de Edward ainda são os de Tangier, mas ele encontrou um senso de comunidade em outros lugares além da pequena ilha. Faz mais de uma década que está na Marinha e criou laços de amizade na instituição. "As relações que você estabelece em um navio, quando está destacado, é diferente de tudo", ele disse. "Você entende o que os outros deixaram para trás e a dificuldade de estar longe, mas vocês se unem para completar a missão." Quando ele vê os colegas de bordo de um destacamento anterior, se sente próximo deles, ainda que não fossem bons amigos no navio, por causa da experiência compartilhada.

E, em 2010, Edward se apaixonou por uma moça de Iowa. A relação teve seus momentos complicados — algumas semanas após o noivado, em 2009, Edward teve de passar um ano no Iraque. Mas, apesar de estarem a meio mundo de distância, ele e Katie se falavam quase todos os dias. Edward declara que essas conversas lhe davam conforto. Eles se casaram em 2011. Hoje moram em Norfolk, Virginia, onde se conheceram, e têm uma filha de três anos chamada Laura.

Edward visita Tangier a cada cinco ou seis semanas, apesar de achar difícil que um dia volte a morar lá. Ainda assim, ele disse, "é sempre bom estar em casa".

Todos precisamos nos sentir compreendidos, reconhecidos e confortados por nossos amigos, parentes e companheiros. Todos precisamos dar e receber afeto. Todos precisamos achar nossa tribo. Em outras palavras, todos precisamos do sentimento de pertencimento.

Pesquisas mostram que, dos benefícios decorrentes de se estar em uma relação ou um grupo, a sensação de pertencimento é a mais importante como acionadora de sentido.[2] As pessoas sentem-se integradas, segundo psicólogos, quando duas condições são cumpridas.[3] Primeiro, manter relações baseadas no carinho mútuo: todos se sentem amados e valorizados, assim como Edward se sentia com as ligações frequentes de Katie durante seu destacamento. Quando as pessoas acham que você é relevante e o tratam como tal, você também acredita ser relevante. Segundo, têm interações frequentes e prazerosas com os outros. Esses momentos podem ser felizes e divertidos, como por exemplo quando pais brincam com os filhos, ou mais neutros do ponto de vista emocional, como quando um casal satisfeito assiste televisão junto. Mas o ponto principal é que acontecem regularmente e não são negativos. Quando Edward morava em Tangier, via e falava com os amigos todos os dias, na escola e pela ilha. Na faculdade, essas interações diárias eram menos numerosas, e por isso ele se sentia sozinho.

Embora todos tenhamos essa necessidade de pertencimento, nas primeiras décadas do século XX diversos psicólogos e médicos influentes — aqueles guardiões da mente e do corpo — não reconheciam esse aspecto fundamental da natureza humana.[4] A ideia de que as crianças precisavam do amor e do cuidado dos pais para ter uma vida plena e relevante não era apenas considerada perigosa da perspectiva médica, mas era repudiada, vista como imoral e piegas. Mas os frutos do trabalho deles demonstram como nos é essencial a integração desde nossos primeiros instantes neste mundo.

A desconfiança dos médicos em relação ao cuidado dos pais era uma reação natural ao terrível fato de que as crianças não paravam de morrer. Mais de um quarto das crianças nascidas nos Estados Unidos entre 1850 e 1900 morreu antes de completar cinco anos. No entanto, graças ao trabalho pioneiro de cientistas como Louis Pasteur, os médicos começaram a entender que patógenos microscópicos causavam certas doenças, ideia conhecida como "teoria microbiana". Profissionais da medicina "ainda não entendiam totalmente como essas infecções invisíveis se espalhavam", explica a escritora especializada em ciências Deborah Blum, mas sua "reação lógica era dificultar que os germes passassem de uma pessoa para outra". Médicos criaram ambientes antissépticos nas alas infantis dos hospitais onde, conforme declarou um pediatra de Nova York em 1942, "enfermeiros e médicos mascarados, encapuzados e limpíssimos circulam com muito cuidado para não agitar as bactérias. A visita dos pais é estritamente proibida e o manuseio das crianças pela equipe é reduzido ao mínimo possível". Também se recomendava aos pais que minimizassem a quantidade de afeto dado aos filhos em casa. Beijos, carícias, abraços — tudo era uma forma de espalhar doenças e, portanto, desaconselhável em nome da saúde da criança.

Ao mesmo tempo, a psicologia comportamental entrava na moda, e psicólogos acadêmicos começavam a voltar a atenção para a educação infantil. Em 1928, John B. Watson, ex-presidente da Associação Americana de Psicologia e fundador do behaviorismo, lançou um livro importante intitulado *Psychological Care of Infant and Child* [Cuidado psicológico de bebês e crianças]. Na obra, Watson advertia sobre os "riscos do amor materno excessivo". Encher a criança de afeto, ele declara, corrompe seu caráter por criar "fraquezas, reservas, temores, cautelas e inferioridades". Atividades que hoje achamos naturais — abraçar o filho, beijá-lo, deixá-lo se sentar no colo dos pais —

eram asperamente criticadas por Watson por serem "sentimentalismo". O amor dos pais era tão destrutivo que Watson "sonhava com um criadouro de bebês em que centenas de crianças ficariam longe dos pais e seriam criadas segundo princípios científicos", relata Blum.

As pessoas levavam as ideias de Watson a sério. O livro dele se tornou best-seller e foi muito elogiado pela imprensa. Mas o que o livro de Watson omitia era que lugares bem parecidos com criadouros de bebês já existiam. Eram chamados de orfanatos. No início do século XX, a taxa de mortalidade infantil em orfanatos podia se aproximar dos 100% — ou seja, quase todas as crianças dos orfanatos morriam antes de completar um ou dois anos. A fim de poupar as crianças dos patógenos que sem dúvida causariam mortes precoces, cuidadores atentos à ciência instituíram condições de total esterilidade e limpeza, o mesmo tipo de condições que médicos implementavam nas alas hospitalares e que a comunidade médica defendia que os pais implementassem em casa. Os assistentes dos orfanatos isolavam as crianças de praticamente qualquer contato humano. Separavam as camas das crianças, cobriam os berços com mosquiteiros, e só tocavam nelas quando era absolutamente necessário, ou seja, quase nunca.

As crianças que viviam em tais ambientes realmente se saíam melhor. Porém, mesmo após os hospitais e orfanatos tomarem essas medidas drásticas, inexplicavelmente muitos bebês continuavam adoecendo e morrendo. Tinham comida boa, abrigo bom e a maior proteção possível contra doenças contagiosas, mas ainda assim tinham infecções e febres que não passavam. O que estava acontecendo?[5]

Foi então que René Spitz entrou em cena. Em 1945, Spitz publicou os resultados de um estudo seminal sobre o papel crucial exercido pelo amor no desenvolvimento saudável das crianças.[6] Spitz, que se mudou para os Estados Unidos após fugir da Europa para escapar dos nazistas, não era apenas um pioneiro de sua área de pesquisa, era um renegado. No estudo que conduziu, comparou dois grupos de crianças carentes — as que viviam em um orfanato anônimo e as que frequentavam a creche de um presídio no norte do estado de Nova York, onde suas mães estavam encarceradas.

As crianças do orfanato, todas com menos de três anos, eram mantidas sob o que Spitz chamou de "prisão em solitária". Todas as medidas eram tomadas para evitar a propagação de germes. Lençóis pendurados separavam os berços. Os assistentes usavam luvas e máscaras. Raramente encostavam nas crianças.

A creche do presídio era um ambiente bem diferente. As crianças eram livres para brincar juntas e para escalar o berço umas das outras. Havia brinquedos espalhados. E, o mais importante, as mães podiam passar tempo com os filhos na creche, e era comum que brincassem com eles e os confortassem.

Ao contrário do orfanato, a creche era caótica, uma incubadora perfeita para doenças. Mas quando Spitz olhou as taxas de mortalidade infantil de cada grupo, ficou perplexo. Das 88 crianças do orfanato, onde se evitava o contato humano, 23 haviam morrido ao final do estudo. Nenhuma das crianças da creche havia falecido.

A descoberta implodiu a ideia de que as crianças nos orfanatos morriam por simples exposição aos germes. Na verdade, argumentava Spitz, morriam por falta de amor, o que comprometia sua saúde. É provável que outros fatores também estivessem em jogo, como a falta de um ambiente estimulante, mas era inegável que as crianças analisadas por Spitz não tinham uma pessoa central em suas vidas, com quem poderiam formar um laço duradouro, íntimo — em cuja companhia se sentiam à vontade, seguras, aprovadas, acolhidas e totalmente cuidadas. Eram impedidas de ter qualquer sensação de pertencimento. O resultado era que definhavam e sofriam.

Em 1947, durante uma reunião na Academia de Medicina de Nova York, Spitz mostrou aos colegas filmagens de crianças psicologicamente depauperadas no orfanato anônimo que estudara.[7] O filme em preto e branco, tosco e granuloso, foi intitulado *Grief: A Peril in Infancy* [Sofrimento: um perigo na infância]. Em um dos primeiros intertítulos, lia-se "Durante a primeira infância, a soma total de relações humanas do bebê é representada por mãe ou seus substitutos". Então os colegas de Spitz viram uma menininha chamada Jane, que acabava de ser deixada no orfanato pela mãe. No início, Jane era feliz e cheia de vida. Quando Spitz se curvou sobre seu berço, sorrindo e brincando, ela retribuiu o sorriso e deu risadas alegres.

Em seguida, o filme passa imagens da menina uma semana depois. Ela virou uma criança totalmente diferente, de expressão deprimida e inquiridora. Quando uma assistente se aproximou do berço para brincar, como Spitz fizera uma semana antes, Jane olhou para a moça e desatou a chorar. Quando Spitz chegou perto e tentou acalmá-la, ela continuou inconsolável. Ao longo dos três meses em que foi observada, Jane parecia estar de luto, gemendo com lágrimas nos olhos.

As outras crianças também sofriam. Ao entrar no orfanato, sorriam, brincavam e exploravam o mundo ao redor — eram crianças normais. Mas depois de um tempo no orfanato, suas personalidades mudavam. Os olhos se tornavam inexpressivos. Pareciam assustadas e preocupadas. Uma bebê tremia no berço como se sofresse um surto psicótico. Outra criança evitava contato visual com a assistente que tentava brincar com ela, enfiando a cabeça no berço. Em vez de chorar, as crianças soltavam "uma lamúria fraca".

Os bebês estavam, disse Spitz, em desespero. Era como se desistissem da vida. Aqueles cujas vidas terminavam prematuramente morriam do que quase parecia ser coração partido. Pesquisas modernas ajudam a explicar o motivo: a solidão crônica, cientistas descobriram, compromete o sistema imunológico e leva à morte precoce.[8] As crianças que viviam sofriam física e psicologicamente. Eram menores, menos confiantes e menos adaptadas socialmente do que as crianças da creche no presídio.

Mais à frente, o filme exibiu um intertítulo onde se lia: "A cura — dar mãe de volta ao bebê". Jane voltava à tela, agora reunida com a mãe. A criança retomava a felicidade de antes. Em vez de rejeitar o afeto do pesquisador através do choro, ela o recebia de bom grado, saltitando e sorrindo nos braços de uma assistente. Mas os psicólogos e médicos que assistiram ao vídeo sabiam que Jane era a exceção, não a regra. A maioria das crianças em orfanatos jamais receberia nada parecido com o carinho dos pais.

O vídeo foi chocante e de cortar o coração. Levou ao menos um dos colegas teimosos de Spitz às lágrimas. Também ajudou a desencadear uma mudança na forma como os psicólogos entendiam a natureza humana. Com o tempo, em consequência de estudos como o de Spitz, psicólogos passaram a examinar e confirmar a importância vital do apego na primeira infância. Constataram que as pessoas, tanto novas como velhas, precisam de algo além de alimento e abrigo para ter uma vida plena e saudável. Precisam de amor e carinho. Precisam ter laços com alguém.

Nosso modo de saciar a necessidade de pertencimento se transforma no decorrer da vida. Na infância, o amor de um cuidador é essencial; à medida que crescemos, encontramos o pertencimento em nossas relações com amigos, parentes e pares românticos. O que continua igual, no entanto, é a importância vital desses vínculos.

Mas infelizmente muitos de nós acabam não tendo relações íntimas. Em uma época em que estamos mais digitalmente conectados do que nunca, os índices de isolamento social aumentam. Cerca de 20% de pessoas consideram a solidão uma "grande fonte de infelicidade na vida"[9] e um terço dos americanos a partir dos 45 anos se declaram solitários.[10] Em 1985, quando o General Social Survey perguntou aos americanos com quantas pessoas tinham discutido assuntos importantes nos últimos seis meses, a resposta mais comum era três.[11] Quando a pesquisa foi feita de novo em 2004, a resposta mais comum foi zero.

Esses números revelam mais do que o aumento da solidão — revelam a falta de sentido na vida das pessoas. Em pesquisas, listamos nossas relações mais próximas como nossas fontes de sentido mais importantes.[12] E as pesquisas mostram que as pessoas que estão solitárias e isoladas sentem que suas vidas têm menos sentido.[13]

Émile Durkheim, o pai da sociologia, morreu há um século, porém agora suas percepções sobre isolamento social e sentido são mais relevantes do que nunca. Em seu estudo empírico pioneiro, *O suicídio* (1897), Durkheim examinou a questão do porquê as pessoas se matam.[14] Por que certas sociedades europeias, ele questionava, têm taxas de suicídios maiores que outras? Para responder, Durkheim investigou a relação entre suicídio e variáveis como casamento, grau de instrução e orientação religiosa. Descobriu que o suicídio não é apenas um fenômeno individual que surge de problemas pessoais. É também um problema social.

Aqui no Ocidente, consideramos o individualismo e a liberdade fundamentais à boa vida. Mas a pesquisa empírica de Durkheim traçou um retrato mais complexo. Ele viu que as pessoas ficam mais predispostas ao suicídio quando são marginalizadas de suas comunidades e livres de todas as restrições sociais que essas comunidades lhes impõem. Lugares onde o individualismo é muito valorizado; lugares onde as pessoas são excessivamente autossuficientes; lugares que parecem bastante os Estados Unidos, o Canadá e a Europa do século XXI — as pessoas não florescem nesses ambientes, mas o suicídio, sim.

Durkheim analisou as estatísticas de várias nações europeias — entre elas, França, Suécia, Áustria e Itália — para examinar como pessoas "integradas" lidavam com suas diversas redes sociais. Ao olhar para a família, viu que o número de suicídios era sempre mais alto entre solteiros do que entre casados e entre as pessoas que não tinham filhos em comparação com as que tinham. Voltando-se para a religião, descobriu que protestantes se matavam mais do que católicos e judeus, que viviam em comunidades mais unidas e tinham mais deveres religiosos. A educação também tem a ver com o suicídio. As pessoas mais instruídas, como os protestantes analisados, tendiam a sair de casa para cursar faculdade e trabalhar — e, graças à educação, também era mais provável que desafiassem valores tradicionais. Nadar contra a corrente pode ser solitário. Mas estar integrado à comunidade neutraliza esse efeito. Os judeus estudados por Durkheim, por exemplo, tinham alto nível educacional, mas os laços fortes e as crenças tradicionais os protegiam contra o suicídio.

Por outro lado, fatores que uniam as pessoas e lhes impunham mais deveres, como viver em uma nação em guerra ou ter uma família numerosa, estavam associados a taxas menores de suicídios. Sem os limites e as tradições da comunidade, Durkheim argumentou, a sociedade cai em uma situação de falta de objetivo e de normas a que ele dava o nome de *anomia*, em que as pessoas se sentem sem rumo e desesperançadas.

Pesquisas empíricas recentes confirmam os argumentos de Durkheim. No primeiro capítulo, descrevi um estudo feito por Shigehiro Oishi e Ed Diener demonstrando que países ricos têm taxas de suicídios mais altas do que os pobres e que é menos provável que seus habitantes considerem suas vidas significativas — mas não expliquei o porquê.[15] Além de perguntar aos entrevistados sobre o sentido, os pesquisadores também coletaram dados demográficos e sociais de cada um dos países nos quesitos religiosidade, educação, fertilidade e individualismo. Em países mais ricos, as pessoas são mais instruídas e individualistas, têm menos filhos e são menos religiosas. Países mais pobres exibiam o padrão oposto: de modo geral, a população era menos instruída e individualista, mais religiosa e tinha mais filhos. Oishi e Diener constataram que esses fatores, com a religiosidade na dianteira, levavam os indivíduos a classificarem suas vidas como mais significativas.[16]

De modo similar, um estudo de 2010 investigou o que acarretava o aumento de transtornos mentais em alunos dos ensinos médio e universitário.[17]

Os pesquisadores descobriram que a probabilidade de os jovens analisados terem uma saúde mental fraca era significativamente maior do que a das gerações mais velhas na época de estudantes — e que esse fato estava ligado à menor preocupação com o sentido da parte dos alunos e a um aumento no desapego social da sociedade como um todo. E, quando os pesquisadores australianos Richard Eckersley e Keith Dear olharam aspectos sociais prognosticadores da incidência de suicídio juvenil, perceberam que estavam ligados a diversos indicadores de individualismo, assim como controle e liberdade pessoal, conforme Durkheim havia sugerido.[18]

Na nossa era de isolamento, mais do que nunca é essencial tomarmos a iniciativa de procurar grupos sociais e nos empenharmos para estabelecer relações próximas, sobretudo porque muitas formas tradicionais de criar comunidades estão se dissolvendo. Pessoas como Edward vão embora da cidade natal — e às vezes do país — para cursar a faculdade ou achar trabalho, ou porque almejam ver e experimentar o mundo. Na sociedade como um todo, as pessoas passam menos tempo com os amigos e vizinhos e mais tempo em frente à televisão, ao celular e às telas de computador — estamos "privatizando nossos momentos de lazer", nas palavras do sociólogo Robert Putnam.[19] Ao mesmo tempo, a vida movimentada, cada vez mais móvel, dificulta nossa integração com grupos locais. O americano médio se muda onze vezes ao longo da vida;[20] muitos mudam de emprego pelo menos o mesmo número de vezes, se não mais.[21] Estamos nos afastando dos outros de muitas formas relevantes. O desafio que enfrentamos, portanto, é descobrir como construir relações apesar dessas tendências. Felizmente, ainda existem maneiras de cultivar amizades criadoras de sentido.

No outono de 2015, viajei para Cleveland, Ohio, para ver como as pessoas se juntam para estabelecer propositalmente uma comunidade.[22] Ao me aproximar da grandiosa igreja gótica de St. Stanislaus, no sul da cidade, vi algumas centenas de pessoas de todas as faixas etárias reunidas em grupinhos, rindo, conversando e se cumprimentando com alegria.

"Já faz... o que... uns 25 anos?", um homem indagou, puxando um velho amigo para um abraço. "Que maravilha ver você."

Poderia ser a reunião de uma antiga turma de universidade — porém as pessoas vestiam brocados e bombachas e alguns dos homens portavam escudos. Eram membros da Sociedade do Anacronismo Criativo, uma organização internacional de entusiastas e recriadores da era medieval.[23] Durante a semana, seus membros levam vidas normais como contadores, estudantes, empreiteiros, pais e cientistas. Mas em vários finais de semana, se vestem com fantasias esmeradas, adotam personalidades medievais e entram em um mundo fictício de combates armados, competições pela coroa e corte real. Nesse dia, em Cleveland, cerca de três mil pessoas como essas vieram de todo o Meio-Oeste para presenciar a coroação de Nikolai e sua esposa, Serena, como czar e czarina do Médio Império.

Dentro da igreja, mulheres de vestidos esvoaçantes se abanavam nos bancos enquanto esperavam o início da coroação. Cavaleiros com espadas penduradas nos cintos de couro se acomodavam ao lado das senhoras de véus brancos e grinaldas delicadas. Um conde de bombacha conversava com o duque de chapéu de abas largas e pluma sobre o banquete comemorativo que aconteceria naquela noite. E uma pequena trupe de músicos em vestes de linho combinadas tocavam na flauta doce canções da corte do século XIV. Ali perto estavam dois tronos de madeira para o rei e a rainha que em breve seriam coroados. Ainda naquela manhã, Nikolai se ajoelharia sob a espada e solenemente prestaria seu juramento de rei.

A Sociedade foi fundada em maio de 1966, quando Diana Paxson, aluna de pós-graduação da UC Berkeley, fez uma festa de tema medieval com direito a competição e banquete no quintal de casa. Cerca de cinquenta pessoas participaram, todas em trajes de época ou algo parecido. Depois que o vencedor da competição surgiu e coroou sua dama a mais bela de todas, o grupo achou uma boa ideia fazer uma manifestação — tratava-se, afinal, da Berkeley nos anos 1960. Assim, cruzaram a Telegraph Avenue "para protestar contra o século XX".

O grupo original, com cinquenta membros, se transformou, seis décadas depois, em uma organização com sessenta mil membros espalhados mundo afora. À medida que a sociedade crescia, os membros se dividiam em regiões geográficas ou "reinos", como o Médio Império, que abarca Ohio, Michigan, Indiana, Illinois, além de partes de Iowa, Kentucky e Ontario. Vinte reinos formam o "Mundo Conhecido", cada um deles governado por um rei e uma rainha que fazem eventos como o que presenciei em Cleveland. No verão, os membros de todos os reinos do Mundo Conhecido se reúnem por duas semanas no retiro às margens de um lago da Pensilvânia para acampar, duelar, ensinar e ter aulas, usar arco e flecha, dançar, exibir o talento artístico e rever velhos amigos. Mais de dez mil membros da sociedade vão à "Guerra Pensica" todo ano. Quando chegam, são recebidos no portão por um recepcionista que lhes diz: "Bem-vindos ao lar".

A Sociedade é uma organização fora do comum com um domínio extraordinariamente forte sobre seus membros. Existem algumas razões para a comunidade ser tão vibrante — e saber quais são lança uma luz em como todos podemos construir novas relações e fortalecer as antigas.

Em primeiro lugar, a estrutura da Sociedade incentiva as pessoas a investir tempo e esforço na comunidade. Muitos membros estão envolvidos na organização há décadas; muitos criam os filhos na organização; muitos comparecem a algo entre vinte e cinquenta eventos por ano. A frequência dos eventos da Sociedade é de extrema importância, pois pesquisas descobriram que as pessoas passam a gostar das outras naturalmente quando as veem com regularidade.[24] Os membros ficam bastante tempo juntos, o que contribui para a sensação de proximidade. Nossa cultura torna fácil descartarmos possíveis amigos ou parceiros com base em uma única interação: se duas pessoas em um primeiro encontro não sentem sintonia imediatamente, é raro que invistam tempo em se conhecer melhor depois. Os membros da Sociedade do Anacronismo Criativo não têm esse suposto luxo, o que lhes dá uma vantagem na hora de fazer amigos.

Em segundo lugar, as pessoas são mais propensas a fazer amizade com aquelas com as quais dividem experiências e valores comuns.[25] Além do fascínio pela história medieval, os membros da Sociedade também compartilham uma série de princípios centrados nas virtudes cavalheirescas da cortesia, assistência, lealdade e honra. Os que são modelos dessas virtudes cavalheirescas ganham prêmios, ou título de "amigo do reino". A Ordem da Cavalaria é concedida aos que se destacam no combate armado. A Ordem dos Louros reconhece quem domina uma área das artes e ciências medievais, como os vitrais do século XIII. E a Ordem do Pelicano é para quem é um exemplo de virtude assistencial. Essas virtudes inspiram os membros da Sociedade a tratar os outros, tanto dentro como fora do grupo, com dignidade e respeito, mesmo quando seus piores instintos os incitam a agir da forma oposta.[26] Essa é uma das principais razões pelas quais os membros têm uma forte sensação de pertencimento na comunidade: eles sabem que os pares tentarão tratá-los com dignidade e respeito aconteça o que acontecer. "Tenho que me lembrar", uma baronesa me contou, "que minha função é amar os outros mesmo quando estão me jogando para baixo ou me incomodando."

Howard — que adota o nome Sir Laurelen — é um oftalmologista que mora em Cleveland. É membro ativo da Sociedade há mais de quarenta anos. "Eu era excluído, um nerd, fui geek durante todo o ensino fundamental e o médio. Quando fui para a faculdade", ele me relatou sob o retinido do combate com armaduras pesadas que acontecia ali perto, "tive a chance de me questionar 'Quem é que eu vou ser?' Eu tinha escolha." Howard escolheu ser ele mesmo — um geek desde muito antes de isso ser moda. Um dia, no segundo ano da faculdade, Howard estava a caminho de casa ao sair do treino da equipe universitária de esgrima quando um homem num ônibus notou as espadas saltando de sua mochila e entabulou uma conversa. O sujeito era da Sociedade, e depois de conversarem sobre esgrima e lutas medievais ele logo recrutou Howard para a organização.

"Quando eu era criança", Howard declarou, "dizia às pessoas que queria ser cientista e cavaleiro quando crescesse. Hoje sou os dois."

Kat, um fiscal bancário federal de Chicago, conheceu a esposa através da Sociedade do Anacronismo Criativo. Ela se associou há mais de trinta anos, aos quinze anos, conheceu o futuro marido três anos depois e se casou com ele aos 24. "Sem o interesse em comum pela época histórica da Sociedade", ela explicou, "jamais teríamos nos conhecido." A melhor coisa da Sociedade, segundo Kat, é que ela valoriza as pessoas cujos interesses fogem à norma. "Tenho um amigo", contou Kat, "que adora a carpintaria do século XIV. Um outro adora a maneira como a roupa era lavada naquela época. Outro gosta da cerimônia do chá japonesa. Seja qual for seu interesse, nós o prezamos porque você está aprendendo e dividindo o conhecimento com os outros."

A Sociedade também constrói o pertencimento dando às pessoas uma rede grande de amigos. Na coroação, conheci um membro chamado James, de St. Louis, Missouri. James, que declarou ter sido "esquisito e socialmente inapto" antes de se tornar parte da Sociedade, luta contra a depressão. Volta e meia se sente incapaz e fracassado. Ele afirmou ter precisado de quase vinte anos para terminar a faculdade, e hoje é professor adjunto em uma faculdade comunitária, "que não é onde eu queria estar". Mas na Sociedade é organizador de eventos, função que o leva a se sentir capaz e estimado pelos colegas. A Sociedade, ele disse, lhe dá confiança de que não só pode ser bem-sucedido ao socializar com um grupo de pessoas como também de que tem alguma contribuição a dar.

Alguns anos atrás, em uma de suas fases depressivas, James se internou na ala psiquiátrica e ficou sob vigilância constante para evitar o suicídio. Ao receber alta, uma das primeiras atitudes que tomou foi se reunir com os amigos da Sociedade para jantar. Um deles lhe disse, "Sabe, James, se você fosse embora deste mundo, todos nós aqui ficaríamos muito tristes". Foi uma declaração simples — um pequeno gesto de apoio. Mas James o leva consigo. Quando começa a duvidar de que sua vida vale a pena, traz a frase à mente e, com a lembrança de que tem quem se preocupe com ele, se sente reconfortado.

Assim como todas as comunidades muito unidas, a Sociedade do Anacronismo Criativo ajuda seus membros a estabelecer relações próximas com um grupo pequeno de pessoas. Mas também cria uma rede de confiança e apoio entre todos os membros. Sejam melhores amigos ou apenas conhecidos, eles levam suas relações com os outros a sério e se ajudam em momentos de necessidade. Há alguns anos, um dos membros do Médio Império foi diagnosticado com uma doença grave. Tinha plano de saúde, mas como estava doente demais para trabalhar passava por dificuldades para pagar as contas. Quando os membros do império descobriram, resolveram arrecadar dinheiro para ele fazendo um leilão silencioso dos artesanatos medievais que tinham feito. Acabaram levantando mais de dez mil dólares. Quando o furacão Katrina atingiu New Orleans, os membros da Sociedade do país inteiro juntaram dinheiro e mandaram alimentos e suprimentos aos amigos desconhecidos de Louisiana. Alguns chegaram a custear a própria viagem a New Orleans a fim de auxiliar os atingidos a reconstruir suas casas e vidas.

O dever que os membros consideram ter de servir e ajudar uns aos outros não somente surge da comunidade — também a preserva. E são esses laços, tanto quanto os adereços medievais, que levam pessoas como James a voltarem sempre. "Esta aqui", anunciou, "é a minha tribo." Ele olhou o combate de floretes que acontecia na antessala abafada da igreja e abriu um sorriso.

Embora relações próximas sejam essenciais para uma vida com sentido, não são os únicos vínculos sociais importantes que precisamos cultivar.

Psicólogos também descobriram o valor de breves instantes de intimidade. "Conexões de alta qualidade", conforme uma pesquisadora as chama, são interações positivas, de curta duração, entre duas pessoas, como o momento em que um casal anda de mãos dadas ou quando dois estranhos têm uma conversa empática no avião.[27] Às vezes ficamos distraídos ou arredios quando estamos com alguém, mas, em uma conexão de alta qualidade, um está atento ao outro e ambos retribuem o respeito e o cuidado positivos. Em consequência, ambos se sentem valorizados. Conexões de alta qualidade são relevantes, é claro, para tornar significativas nossas relações próximas com amigos ou parceiros românticos — mas também têm potencial para destravar o sentido em nossas interações com conhecidos, colegas e estranhos.

Jonathan Shapiro, um empresário de Nova York, segue uma rotina matinal definida.[28] Todos os dias, a caminho do trabalho, compra jornal do mesmo ambulante, cuja banca fica ao lado de uma estação de metrô movimentada no Upper West Side. Embora tanto Jonathan como o vendedor tenham todos os motivos do mundo para acelerar a transação e seguir em frente, sempre tiram um instante para uma conversa rápida.

Comprar o jornal, um café ou passar em um mercado pode parecer algo mecânico e impessoal. É comum estarmos tão absortos nas nossas vidas, tão apressados e atarefados, que reconhecemos as pessoas com quem interagimos em um nível meramente instrumental — ou como um meio para a obtenção de um fim. Não os vemos como indivíduos. Mas Jonathan e o vendedor — mesmo com centenas de pessoas passando por eles no horário mais movimentado do dia em uma das maiores cidades do mundo — aproveitam o momento para desacelerar. Saem dos casulos e formam um breve laço. Um mostra que o outro é ouvido, visto e estimado... que é relevante. Um ajuda o outro a se sentir um pouco menos sozinho em uma cidade enorme e indiferente.

Um dia, quando Jonathan foi comprar o jornal, se deu conta de que só tinha notas altas. Como não tinha troco para a nota de vinte dólares de Jonathan, o vendedor abriu um sorriso largo e disse, "Não se preocupa, amanhã você paga". Mas Jonathan ficou tenso e fez que não. Insistiu em pagar o jornal, por isso entrou em uma loja e comprou algo de que não precisava para trocar o dinheiro. Entregou um dólar ao ambulante e disse: "Aqui, só para ter certeza de que eu não vou esquecer".

Naquele instante, a dinâmica da relação mudou. O vendedor pegou o dinheiro de Jonathan com relutância e recuou, entristecido.

"Agi errado", Jonathan explicou depois. "Não aceitei a gentileza dele. Ele queria fazer algo significativo, mas eu tratei o gesto como uma transação."

O vendedor não é a única pessoa, óbvio, que já foi dilacerada pela rejeição. Psicólogos demonstraram que a exclusão social — mesmo no contexto de uma interação com um desconhecido durante uma pesquisa — é uma ameaça ao sentido.[29] Em um experimento, alunos de graduação foram levados ao laboratório, divididos em grupos pequenos e instruídos a socializar por quinze minutos.[30] Em seguida, cada estudante era conduzido a uma sala separada onde lhe pediam que indicasse duas pessoas para interagir novamente. Essas indicações não foram usadas. Na verdade, à metade dos estudantes, escolhida aleatoriamente, foi dito que todos queriam revê-los. A outra metade foi avisada de que ninguém queria. É fácil imaginar a sensação que essas respostas provocaram nos estudantes. Aqueles instigados a se sentirem rejeitados e excluídos — a acreditar que não eram bem-vindos — tinham uma probabilidade bem maior de dizer que a vida de modo geral não fazia sentido. Outra pesquisa mostrou que os participantes rejeitados também classificaram suas vidas como menos significativas.[31]

Talvez seja surpreendente, mas psicólogos também descobriram que a rejeição social pode levar o rejeitado *e também* o rejeitador a se sentirem isolados e insignificantes.[32] Conforme Jonathan aprendeu em uma esquina movimentada do Upper West Side, um mínimo instante de rejeição pode destruir o sentido de uma conexão tão facilmente quanto um mínimo instante de integração pode fortalecê-lo. Depois que Jonathan recusou a proposta de confiança mútua do vendedor, ambos se sentiram diminuídos.

Por sorte, os dois conseguiram reparar a relação. Da vez seguinte em que viu o vendedor, Jonathan lhe trouxe um chá. E da vez seguinte em que o vendedor lhe ofereceu o jornal, Jonathan agradeceu e aceitou humildemente o gesto bondoso. Eles continuam batendo um papo rápido todos os dias.

Jane Dutton, psicóloga organizacional da Universidade de Michigan, cunhou a expressão "conexão de alta qualidade" junto com a colega Emily Heaphy. Dutton estuda as formas de interação no ambiente de trabalho, e descobriu que as conexões que temos nesse espaço causam um impacto significativo não só na nossa experiência no trabalho, mas em nossas vidas como um todo. Visto que é no trabalho que muitas pessoas passam boa parte das horas em que estão acordadas, a revelação não deveria surpreender. Mas isso quer dizer que se a gente não tiver uma sensação de pertencimento no emprego tanto o emprego como a vida parecerão ter menos sentido.

Em um estudo, Dutton e os colegas entrevistaram a equipe de zeladores e faxineiros de um enorme hospital do Meio-Oeste dos Estados Unidos.[33] Escolheram se concentrar nos faxineiros porque eles são vitais para o funcionamento do hospital, mas geralmente são ignorados e desrespeitados. Via de regra, o chamado "trabalho sujo" não é valorizado pela sociedade. Fala-se do quão significantivo é ser enfermeiro, que cuida dos enfermos, ou médico, que salva a vida das pessoas; raramente fala-se do significado de limpar os banheiros.

Dutton e os colegas selecionaram aleatoriamente 28 faxineiros e os entrevistaram sobre os deveres do trabalho, a relevância que acreditam que seus trabalhos têm e a relação mantida com outras pessoas do trabalho, inclusive médicos, enfermeiros, pacientes e visitantes. Os pesquisadores estavam interessados principalmente em saber se os faxineiros se sentiam respeitados e estimados pelos colegas — se a necessidade de pertencimento deles era saciada.

Os faxineiros contaram cerca de duzentas histórias sobre momentos no trabalho. Quando analisaram tais relatos, os pesquisadores descobriram a função contundente que o pertencimento exerce no modo como as pessoas vivenciam seu trabalho.[34] Interações breves, eles perceberam, podiam causar mágoas profundas. Quando os faxineiros se sentiam desvalorizados pelos colegas, viam menos sentido no trabalho.

O mais comum era que os faxineiros se sentissem desmerecidos quando ignorados. Os médicos eram os vilões mais notórios. Um faxineiro chamado Harry declarou, "os médicos tendem a nos olhar como se nem existíssemos, tipo, estamos trabalhando no corredor e, sabe, não existe nem um pingo de reconhecimento pelo que você está fazendo". O faxineiro pode estar varrendo o corredor, mas o grupo de médicos fica parado no meio do caminho, o que significa, segundo Harry, que "você tem que pedir para eles saírem, todo santo dia, os mesmos médicos todo santo dia". Vários outros fizeram relatos parecidos. Os médicos, sentiam os faxineiros, não tinham "nenhuma consideração" por eles ou pelo que faziam. Era como se dissessem aos faxineiros que eles não existiam e o trabalho deles não tinha importância. Conforme uma faxineira chamada Sheena disse aos pesquisadores: "Às vezes temos a impressão de que, sabe, eles se acham mais importantes do que nós. E, assim, o trabalho deles é importantíssimo, mas limpar o hospital também é muito importante".

Os faxineiros falaram bastante de como os médicos e enfermeiros, pessoas que viam e com as quais trabalhavam todos os dias, passavam por eles no corredor sem nem dar oi. Uma faxineira afirmou que ser ignorada lhe dava a sensação de que era "uma pessoa invisível, que meio que está do lado de fora e olha para dentro". Outro falou que os pacientes e os visitantes também os ignoravam. Informou que, não raro, as visitas cruzavam a área do assoalho que estava limpando. "Acho que isso demonstra que não ligam para a equipe de limpeza", ele concluiu.

A sorte é que esses não são os únicos tipos de interação que os faxineiros têm. Um bom-dia de um paciente pode ser repleto de sentido. "Eles te olham como pessoa, entende?", disse Kevin sobre pacientes que reconhecem sua presença quando está limpando os quartos. Outro falou de como era significativo quando os pacientes manifestavam gratidão. "Eles não têm a obrigação de agradecer", ele disse, sua função é limpar os quartos, afinal. "Acho que me sinto valorizado com essas coisas."

Experiências positivas com colegas também ajudam os faxineiros a sentir pertencimento. Um faxineiro chamado Ben contou a história de quando foi para o trabalho com uma dor de estômago terrível. Tentava varrer o chão, mas a dor era tão lancinante que se debruçou sobre a vassoura, desesperado. Um médico se aproximou e perguntou o que estava acontecendo e Ben lhe contou. O médico disse a Ben que talvez ele tivesse úlcera (e, descobriram, tinha mesmo). Foi uma gentileza do médico parar e conversar com Ben, mas o foco da história era o modo como o médico o tratou após o encontro. Sempre que o médico se deparava com Ben no hospital, perguntava: "Ei, Ben, como é que você está? Está se sentindo melhor?". O médico mostrou-se preocupado com Ben, que se sentiu valorizado.

Outro faxineiro chamado Corey mencionou como os enfermeiros com quem trabalhava o faziam se sentir parte da equipe. Quando trocavam os pacientes de uma cama para outra ou de um quarto para outro, ele ajudava — e, por sua vez, ele era incluído não somente em tarefas profissionais, mas também em reuniões sociais: "Quando eles dão uma festinha ou um jantar, ou quando tem rosquinha, ou pãozinho, ou o que seja, ou café, eles me convidam... Eles demonstram que gostam de mim e que sou agradável".

Quando os faxineiros do hospital experimentavam essas conexões de alta qualidade, a relação com o trabalho mudava.[35] Eles se viam como cuidadores em vez de meros faxineiros e se sentiam mais ligados à missão do hospital, de curar os pacientes. Pequenos gestos descorteses, por outro lado, os levavam a repensar a relevância do trabalho, a capacidade de executar suas tarefas com competência e, o que era ainda mais grave, o valor deles mesmos como pessoas.

A beleza da abordagem da conexão de alta qualidade é que você não precisa reestruturar a cultura do ambiente de trabalho a fim de criar sentido. Qualquer um, em qualquer cargo, pode mudar a maneira como se sente e como os colegas se sentem simplesmente fomentando momentos breves de conexão. Os resultados seriam transformadores. Dutton descobriu que conexões de alta qualidade podem revitalizar funcionários emocional e fisicamente, além de ajudar as organizações a funcionar melhor. Levam os funcionários a se sentirem mais energizados e envolvidos no trabalho, mais resistentes ao lidar com contratempos ou frustrações e auxiliam equipes a serem mais coesas ao trabalharem juntas. Sentir-se parte do grupo dá a impressão de que até as tarefas mais mundanas são valiosas e merecem ser bem-feitas. Sim, interações breves podem ser humilhantes — mas também podem ser dignificantes.

Não temos como controlar se alguém fará uma conexão de alta qualidade conosco, mas temos como optar por iniciá-la ou retribuí-la. Podemos tomar a decisão de reagir com gentileza, em vez de hostilidade, a um colega irritante. Podemos dar oi a um estranho na rua em vez de desviar o olhar. Podemos escolher valorizar os outros em vez de desmerecê-los. Podemos convidar as pessoas à integração.

Relações próximas e conexões de alta qualidade têm em comum uma característica importante: exigem que nos concentremos nos outros. Pense em René Spitz e na sua tentativa de confortar a bebê Jane, ou nos membros da Sociedade do Anacronismo Criativo que ampararam seus conhecidos em New Orleans, ou no médico do estudo feito por Dutton que sempre falava com Ben. Todos colocaram as necessidades dos outros acima das suas e os ajudaram numa época ou momento difícil de suas vidas; todos se comoveram com a situação que o outro enfrentava e fizeram algo para deixar a vida da pessoa um pouquinho melhor. Os alvos da gentileza, por sua vez, foram enaltecidos.

A compaixão é o cerne do pilar do pertencimento. Quando abrimos o coração para os outros e nos aproximamos com amor e bondade, honramos aqueles que nos cercam e a nós mesmos — e as ondas de atos compassivos persistem até muito depois de partirmos. Uma história da vida do Buda serve de parábola instrutiva.[36] Após alcançar a iluminação debaixo da árvore de Bodhi, Buda dedicou a vida a viajar pela Índia ensinando às pessoas de todas as classes o dharma, os princípios básicos do budismo — de que a vida é cheia de sofrimento, provocado pelas nossas ânsias infindáveis, e de que podemos nos libertar do sofrimento cultivando a sabedoria, vivendo moralmente e disciplinando nossa mente através da meditação.

Aos oitenta anos, Buda ainda atravessava o interior de robe e pés descalços, mas não tinha mais a energia da juventude. "Estou velho e cansado", ele declarou, "como uma carroça dilapidada amarrada com tiras finas."

Ao se aproximar de um minúsculo vilarejo, Buda estava muito debilitado e fraco. Quando chegou, um ferreiro chamado Cunda, num gesto de devoção e hospitalidade, lhe ofereceu uma comida que, segundo se conta, o Buda sabia estar estragada. Entretanto, o Buda não quis magoar Cunda negando a generosa e amável oferta de comida. Assim, comeu apesar de saber que ficaria doente. "E logo depois de o Abençoado ter ingerido o alimento oferecido por Cunda, o ferreiro, uma indisposição terrível se abateu sobre ele, e até mesmo disenteria, e ele sofreu dores lancinantes e fatais."

Quando ficou óbvio que morreria, o Buda mais uma vez exibiu uma compaixão heroica por Cunda. "Pode ser", Buda disse a seu auxiliar, "que alguém cause remorso em Cunda, o ferreiro, dizendo: 'Não é nenhuma conquista sua, amigo Cunda, mas sim um dano, que tenha sido de você que o Buda aceitou o último prato como doação, e em seguida tenha chegado ao seu fim.'"

O Buda instruiu o auxiliar a refutar o remorso de Cunda lhe dizendo que exercera um papel indispensável na vida de Buda. Afinal de contas, dera ao Buda sua última refeição: "Existem duas ofertas de alimento", o Buda explicou ao auxiliar, "que são de igual fruição, de igual consequência, excedendo em magnificência a fruição e a consequência de quaisquer outras ofertas de alimento. Quais duas? Aquela da qual compartilha o Buda antes de se tornar pleno de ímpar e suprema Iluminação; e aquela da qual compartilha o Buda antes de alcançar o estado de Nirvana em que não subsiste nenhum elemento do apego". Em outras palavras, o prato que Cunda preparara foi um dos mais importantes da vida do Buda.

O Buda não precisava conceder sua compaixão a Cunda em seus derradeiros instantes. Sofria um mal-estar fatal e sentia muita dor. Em vez de se preocupar com o ferreiro que sem querer o envenenara, o Buda poderia ter dedicado seu precioso tempo se preparando para a morte ou meditando ou contemplando o legado do budismo. Mas não agiu assim. Preferiu voltar a atenção para Cunda e assegurá-lo de que o laço que os dois criaram era significativo.

A história de Buda contém uma lição para todos nós. A busca do sentido não é uma jornada filosófica solitária, como volta e meia é retratada e eu a imaginava na faculdade — e o sentido não é algo que criamos dentro de nós e por nós. Na verdade, em grande medida, o sentido jaz nos outros. Apenas nos concentrando nos outros construímos o pilar do pertencimento tanto para nós como para eles. Se quisermos achar sentido nas nossas vidas, temos de começar estendendo a mão.

3. Propósito

Ashley Richmond[1] passa a maior parte do tempo de trabalho limpando cocô de baias. Seu horário é brutal, e raramente folga nos feriados. Ela ganha bem menos que a maioria das pessoas de sua faixa etária que concluíram a graduação. E é normal seu corpo doer no final do dia. No entanto, ela declara, esse é o emprego com que sonhava: "Não me imagino fazendo outra coisa".

Ashley cuida dos animais do zoológico de Detroit, e é responsável por girafas, cangurus e outros marsupiais. Trata-se de um papel que ela soube que queria exercer desde pequena. Uma de suas primeiras lembranças é de um safári no Canadá, que fez aos três anos. Quando a camioneta da família atravessou o parque, uma girafa se aproximou do veículo e de repente enfiou a enorme cabeça pela janela aberta. "Todo mundo – todas as minhas irmãs – gritava, mas eu ri e tentei enfiar a mão na boca da girafa", ela contou. "Sempre tive uma atração forte pelos animais." Quando Ashley tinha seis anos, um vizinho incubou um pintinho para um projeto de ciências da escola. Ashley ficou fascinada. Queria crescer, ela se lembra de ter pensado, para ter aula de biologia e ganhar a oportunidade de cuidar de um ovo – ser "a razão para ele ter sido chocado". Poucos anos depois, ela se encarregou de cuidar e treinar os cachorros de estimação da família.

Quando Ashley tinha nove anos, um parente que percebera seu gosto por animais lhe disse que ela devia pensar em ser tratadora de zoológico quando crescesse. Foi a primeira vez que Ashley ouviu falar em cuidar de animais em zoológico como profissão, mas, quando descobriu mais sobre o assunto, concluiu que seria a profissão certa para ela. Na sexta série, quando foi incumbida de fazer uma redação a respeito de como gostaria que sua vida estivesse dali a cinco, dez e quinze anos, Ashley escreveu que queria se matricular na Michigan State University, se formar em zoologia e trabalhar no Zoológico de Detroit.

Ela se formou em zoologia pela Michigan State em 2006 e trabalha no Zoológico de Detroit desde então.

Quando conheci Ashley em uma plataforma de alimentação com vista para o habitat das girafas no zoológico, suas mãos estavam cheias de terra e ela carregava em um braço só um monte de galhos. "Desculpe, estou toda suja", ela disse. Jogou os galhos no chão, pegou um deles e o suspendeu.

"Pega um da pilha", ela pediu, "e segura forte com as duas mãos."

Uma girafa chamada Jabari galopou em nossa direção. Suas manchas geométricas eram castanhas e brilhavam ao sol de outubro.

"Jabari é tranquilo. Mas", Ashley disse quando levantei a mão para acariciar seu focinho, "não gosta de carinho." Na outra ponta do habitat estavam a parceira de Jabari, Kivuli, e o filhote de um ano deles, Mpenzi, cujo nome é "amor" em suaíli. Jabari cheirou meu galho cheio de folhas e bufou. Foi embora galopando.

Ashley farfalhou seu galho e chamou Jabari para atraí-lo de volta. Ele retornou e examinou meu galho outra vez. Mordeu as folhas no alto do galho, quase arrancando o pedaço de madeira da minha mão. Em questão de segundos, havia acabado com toda a folhagem. Pus o galho no chão e prestei atenção no meu caderno. Jabari curvou o pescoço sobre a cerca de madeira da plataforma de alimentação e passou o focinho na margem do papel onde eu escrevia. Levantou a cabeça e olhou nos meus olhos, o pescoço comprido e musculoso torcido como uma onda. A ponta do nariz praticamente encostava no meu rosto.

"Ele é um cara muito curioso", Ashley explicou.

O exercício de alimentação é um exemplo do que na comunidade de zoólogos é visto como "enriquecimento".[2] No ambiente do zoológico, a vida é fácil para animais selvagens como girafas. São alimentadas regularmente, protegidas de doenças, e não enfrentam predadores. Embora por isso os animais tenham vida mais longa, essa vida talvez não seja tão interessante quanto seria na selva. A função de Ashley no zoológico, ela me explicou, é fazer o possível para tornar a vida dos animais que supervisiona – que não escolheram viver em cativeiro, ela destacou – mais saborosa, feliz e empolgante. "Não tenho como recriar a selva para eles", declarou, "mas posso tentar ajudá-los a levar uma vida meio normal."

O enriquecimento é uma forma de os tratadores do zoológico e a equipe tentarem atingir esse objetivo. Mudar pedras ou galhos de lugar para criar um ambiente diferente que os animais possam explorar, esconder comida para que os animais tenham de procurá-la ou dar aos animais objetos que possam manipular ajuda a tornar a vida no zoológico mais imprevisível e, assim, mais estimulante. O enriquecimento também ajuda os animais a terem uma sensação de controle sobre o ambiente, crucial para seu bem-estar. Jabari escolheu participar da atividade de alimentação, por exemplo, mas Kivuli e Mpenzi preferiram não o fazer.

"Tentamos oferecer oportunidades para que ajam de forma natural", disse Ashley. "As girafas passam boa parte do tempo comendo, então tento inventar formas de alimentá-las que sejam novas e desafiadoras para elas." É um desafio também para Ashley: ela precisa sempre pensar em novos métodos de inovar o ambiente deles para que os animais não se entediem.

Os tratadores sabem que seus animais estão bem quando os veem agindo naturalmente. Já no final de nossa conversa, por exemplo, o filhote Mpenzi bateu a lateral do corpo em Jabari, que retribuiu o gesto da jovem girafa. O pescoço de Mpenzi balançou para a esquerda com a força do golpe dado pelo pai. Em seguida, os dois se estapearam com o pescoço. Perguntei a Ashley o que estavam fazendo e ela explicou: "Estão trocando pescoçadas. Jabari está mostrando ao filho como ser menino. É o que eles fariam na selva".

Ashley foi trabalhar no Zoológico de Detroit em um momento decisivo. Ao longo das últimas quatro décadas, os zoológicos sofreram uma enorme mudança de objetivo. Antigamente, a principal missão dos zoológicos era divertir o público, e os animais eram os meios de se atingir esse fim. Ainda na década de 1980, o Zoológico de Detroit tinha um show de chimpanzés extremamente popular, em que os primatas, com trajes de palhaço, faziam acrobacias bobas como pedalar triciclos e beber de xícaras de chá. Hoje em dia, os zoológicos mais importantes, como o de Detroit, definem como metas garantir o bem-estar animal e contribuir para a preservação das espécies e dos habitats naturais mundo afora. Um show de chimpanzés — ou coisa parecida — seria considerado uma violação inaceitável da dignidade dos animais e uma distorção da natureza.

Essa missão — de priorizar os animais — está sempre em primeiro plano para Ashley. E não só para ela. De acordo com os cientistas sociais Stuart Bunderson e Jeffery Thompson, os tratadores de zoológico têm um senso de propósito extraordinário.[3] Não raro descrevem o trabalho como uma vocação — como algo que estavam destinados a fazer desde pequenos devido a uma capacidade sobrenatural de se conectar, de entender e de cuidar dos animais. Segundo descobriram os pesquisadores, tratadores estão dispostos a sacrificar dinheiro, tempo, conforto e status porque acreditam ter o dever de usar seu dom para ajudar criaturas vulneráveis em cativeiro a levar vidas melhores. E extraem um enorme sentido colocando esse objetivo em prática.

Ashley compartilha dessa mentalidade. Passa apenas 20% do tempo fazendo trabalhos divertidos ou intelectualmente desafiadores, como treinar os animais ou dar-lhes enriquecimento. Os outros 80% são dedicados a tarefas bem menos glamorosas, como limpar os habitats. Mas até as atividades servis têm sentido para Ashley, já que estão ligadas a um propósito maior. "Deixar os viveiros e as baias limpos é importante", justificou Ashley, "porque isso ajuda os animais. Mantém a saúde deles. Minha meta de todo dia é garantir que estejam gostando do ambiente — e boa parte disso depende de terem um espaço limpo para viver."

Propósito soa grandioso — grandioso como *acabar com a fome no mundo* ou como *extinguir armas nucleares*. Mas não precisa ser. Também podemos ver um propósito em ser um bom pai para os filhos, criar um ambiente mais alegre no escritório ou tornar mais prazerosa a vida de uma girafa.

Segundo William Damon, psicólogo do desenvolvimento em Stanford, o propósito tem duas dimensões relevantes.[4] Primeiro, o propósito é uma meta "estável e de longo alcance". A maioria de nossas metas são mundanas e imediatas, como chegar ao trabalho na hora, ir à academia ou lavar a louça. O propósito, por outro lado, é uma meta pela qual estamos sempre trabalhando.

É a seta apontada para a frente que motiva nosso comportamento e serve de princípio organizador da nossa vida.

Em segundo lugar, o propósito envolve uma contribuição ao mundo. É, conforme Damon escreve com os colegas, "parte da busca do sentido individual, mas também contém um elemento externo, o desejo de fazer diferença no mundo, de contribuir com questões que vão além do self". Pode ser promover os direitos humanos ou se esforçar para desfazer o abismo de rendimento na educação, mas funciona também em uma escala menor. Adolescentes que ajudam a família em tarefas como faxinar, cozinhar e cuidar dos irmãos, por exemplo, também sentem um senso maior de propósito.[5]

Pessoas que têm propósito creem que suas vidas são mais cheias de sentido[6] e mais satisfatórias.[7] São mais flexíveis e motivadas, e têm garra para enfrentar as coisas boas e ruins da vida a fim de atingir suas metas.[8] Quem não consegue ver propósito nas atividades do dia a dia, no entanto, tende a viver sem rumo. Ao examinar minuciosamente novos adultos de doze a 22 anos em um grande estudo que conduziu com os colegas entre 2003 e 2007, Damon descobriu que apenas 20% deles tinham um propósito pró-social, plenamente desenvolvido, pelo qual batalhavam assiduamente.[9] Jovens com propósito são mais motivados na escola, obtêm notas melhores[10] e são menos predispostos a adotar condutas de risco como uso de drogas.[11] Mas oito em cada dez jovens que Damon analisou ainda não tinham uma ideia clara do rumo que suas vidas tomavam.[12] Muitos tinham conseguido certo avanço em definir metas de longo prazo, mas não sabiam como iriam buscar essas metas ou se suas aspirações tinham um sentido pessoal para eles. Um quarto dos novos adultos estavam "desmotivados, exprimindo praticamente propósito nenhum".[13]

Vinte anos atrás, Coss Marte era uma dessas crianças sem propósito. Coss foi criado no Lower East Side de Nova York nas décadas de 1980 e 1990 com os pais, duas irmãs mais velhas e um irmão caçula. Quando criança, era travesso e se metia em encrencas. Passou por quatro escolas, sendo que de três delas foi expulso por delitos como fumar e brigar. Ainda assim, se formou como um dos primeiros da classe. "Me saía bem na escola sem tentar", ele explicou. Era inteligente, ambicioso e — quando queria — bastante esforçado.

O pai de Coss, um imigrante dominicano, administrava uma bodega, e Coss trabalhava lá como caixa, faxineiro e estoquista. Também juntava latas e garrafas para vender. Coss odiava ser pobre e queria desesperadamente mudar isso. "Estava sempre com energia", ele disse. "Via que os outros meninos tinham coisas melhores do que eu e queria as coisas. Tinha fome de ganhar dinheiro."

Com sua garra e inteligência, poderia ter cursado faculdade como os irmãos, que acabaram trabalhando em empresas como Goldman Sachs e IBM. Mas ele começou a vender drogas.

Nos anos 1980 e 1990, a criminalidade em Nova York estava no auge,[14] e o Lower East Side era um dos epicentros do comércio de drogas.[15] Coss lembra que as pessoas formavam fila nas esquinas para comprar drogas. O traficante no apartamento lá em cima pendurava um balde em uma corda e o enchia de drogas para descê-lo até o comprador lá embaixo, que enchia o balde de dinheiro antes que o vendedor o puxasse para cima.

Em pouco tempo, Coss se juntou à turma. Começou a fumar maconha aos onze anos. Aos treze, já estava vendendo. Poucos anos depois, passou a vender também crack e cocaína. Com dezesseis anos, herdou a lucrativa esquina da Eldridge com a Broome de um traficante respeitado e passou a gerenciar os outros vendedores que vinham com a esquina.

Coss era empreendedor por natureza — um empresário de visão — e percebeu que o Lower East Side sofria um processo de gentrificação. Em 2000, jovens profissionais das áreas do direito e das finanças afluíam para o bairro, e Coss se deu conta de que, se expandisse seu mercado para atendê-los, seu negócio cresceria muito. Imprimiu dez mil cartões de visitas com seu número de telefone sob as palavras "Fornecedor para festas: nenhum evento é grande ou pequeno demais 24h por dia". Em seguida, vestiu um belo terno e gravata e se dirigiu ao Happy Ending, um bar novo badalado da região, para entregá-los aos yuppies. Criou, nas palavras dele, um "serviço de entregas particular" de cocaína e maconha. Os clientes faziam pedidos por telefone e os funcionários de Coss saíam em carros de luxo para entregar as drogas.

Aos dezenove anos, Coss ganhava dois milhões de dólares por ano.[16] Tinha roupas boas, usava sapatos caros, dirigia um carro sofisticado e dividia o tempo entre vários apartamentos em Nova York. Uma década depois de tomar a decisão de não ser mais um garoto pobre do gueto, ele realizava seu sonho. Mas realizar o sonho, como Coss perceberia logo, não equivale necessariamente a descobrir seu propósito de vida.

O sonho acabou em uma noite de abril de 2009. Coss, com 23 anos, tentava falar com os funcionários, mas ninguém atendia o telefone. "Então fiquei me perguntando o que diabos estava acontecendo", disse Coss. "Saí de casa com um pacote para entregar pessoalmente." A polícia federal estava à sua porta, pronta para fazer uma batida no apartamento. Coss tentou fugir, mas os agentes o apanharam e reviraram o apartamento, onde acharam quase um quilo de cocaína e cinco mil dólares em espécie. Ele e oito membros da operação foram detidos em uma das maiores batidas contra o tráfico de Nova York daquele ano.[17]

Coss foi condenado a sete anos de prisão. Não se preocupou muito. Entrava e saía de reformatórios desde os treze anos e imaginou que seria "só mais uma viagem". Mas quando chegou na penitenciária, no norte do estado, os médicos lhe deram uma notícia preocupante: era provável que ele morresse antes de ser solto. Tinha colesterol alto, pressão alta, e era bem possível que sofresse um infarto caso não adotasse uma dieta mais saudável. Coss, de 1,72 metro, pesava 104 quilos.

O prognóstico foi um alerta. Coss nunca fizera exercícios. Mesmo em Nova York, ia de carro à loja da esquina, a seis metros de casa, e estacionava em fila dupla. "Eu pagava as multas", ele disse. "Era muito arrogante." Na cadeia, Coss começou a malhar e a se alimentar melhor. No começo, os outros presidiários riam dele — que não conseguia fazer sequer uma flexão na barra fixa. Mas ele persistiu. Começou fazendo de dez a quinze minutos de exercícios aeróbicos por dia. Em poucos meses, já fazia duas horas de exercícios sem pausas. No final das contas, perdeu 32 quilos.

O estilo de vida mais saudável trouxe uma nova ideia: ele queria uma vida diferente daquela que estava levando. Mas querer e fazer não são a mesma coisa. Na prisão, Coss continuava a traficar drogas e vendia destilados feitos a partir de frutas fermentadas.

Quando não estava trabalhando no mercado negro, assumia o papel de personal trainer do cárcere, ensinando aos presidiários exercícios que poderiam fazer na cela. "Ajudar os outros", declarou Coss, "era fortalecedor só de as pessoas chegarem perto de você e pedirem sua opinião sobre como fazer uma coisa e eu dividir meu conhecimento de como fazer." Ele ajudou mais de vinte presidiários a superarem a obesidade. Um homem, cuja circunferência de 145 quilos inspirou o apelido "Big Papi", perdeu mais de 36 quilos com

Coss. "Ele chorou de verdade", contou. "Falou: 'Obrigado, eu nunca fiquei tão em forma. Eu era um dos meninos gordos.'"

Tais experiências eram gratificantes, mas Coss precisou chegar ao fundo do poço para se dar conta de seu verdadeiro propósito de vida. Logo antes da soltura, Coss acabou cumprindo trinta dias de solitária após uma discussão com um policial. Na solitária, recebeu apenas uma caneta, papel, envelope e a Bíblia. Usou a caneta e o papel para escrever uma carta de dez páginas para a família explicando que não voltaria para casa conforme planejara e lhes dizendo que "dessa vez tinha feito merda de verdade". Ao terminar a carta, no entanto, se deu conta de que não poderia enviá-la. Não tinha selo.

Com o passar dos dias, Coss se preocupava obsessivamente em encontrar uma forma de fazer a carta chegar às mãos da família. Então recebeu uma carta da irmã, uma católica devota. Na carta, ela sugeria que Coss lesse o Salmo 91, um belo poema sobre Deus zelando pelo rebanho em momentos de perigo e caos. "Não acreditava em Deus ou em religião", explicou Coss, "e falei, 'Droga nenhuma, não vou ler nada. É perda de tempo.'" Mas ele repensou. "Me dei conta de que a única coisa que eu tinha era tempo", ele declarou, "então resolvi pegar a Bíblia." Ele folheou até chegar no Salmo 91. "Quando abri nessa página, caiu um selo de dentro da Bíblia. Fiquei todo arrepiado. Para mim, foi um momento sobrenatural."

Esse instante mudou a vida de Coss. "Lia a Bíblia de cabo a rabo", contou, "e entendi que eu estava ferrando com tudo. Não estava fazendo nada para ajudar a sociedade. Antes, eu não via problema em vender drogas. Achava que era um trabalho como outro qualquer. Só pensava em ganhar dinheiro. Mas percebi que estava afetando minha família e as pessoas para as quais eu vendia drogas. Pensei, 'Ferrei com tantas vidas e não sei como reparar o que fiz.'"

A essa altura ele entendeu que *estava* começando a reparar o que fizera — incentivando outras pessoas a entrarem em forma e a terem uma vida melhor. Ajudar os outros a progredir através da boa forma, ele resolveu, era a contribuição singular que poderia dar à sociedade. A ideia o motivou. Ele escreveu um plano de negócios para uma academia de ginástica. "Usei a lateral da Bíblia como régua e fiz uma planilha", ele disse. "Usei os dados nutricionais da embalagem do leite que eles tinham me dado para bolar um plano nutricional para as pessoas." Ao sair da solitária, ele jurou para si mesmo que nunca mais venderia drogas. Cumpriu mais um ano de pena no presídio e depois foi para casa, em março de 2013.

De volta a Nova York, não tinha nada. Seu dinheiro se esgotara quando estava na prisão e o governo confiscara a maioria de seus bens. Ficou dormindo no sofá da mãe enquanto reconstruía sua vida. "Fui a um monte de ONGS pedindo ajuda, e antes eu jamais entraria numa", ele disse. "Mas fui muito humilde e comecei a pedir ajuda." Ele conseguiu um emprego na Legião da Boa Vontade, onde fazia tarefas de escritório, e no tempo livre pensava em como abrir seu negócio.

Uma das ONGS que encontrou foi a Defy Ventures, cuja missão é ajudar empreendedores da rua a se tornarem empreendedores legítimos — para "mudar a energia".[18] Ofereciam um programa de educação empresarial, que Coss terminou. Também faziam uma competição de negócios. Dois meses após ser solto, Coss já tinha conquistado o primeiro lugar na disputa graças ao plano de negócios que começara a elaborar na solitária.

Com o dinheiro da premiação, abriu, em 2014, a Coss Athletics, um estúdio de ginástica no Lower East Side especializado em exercícios ao estilo dos feitos na prisão. A malhação criada por ele depende exclusivamente do peso corporal e foi concebida para espaços pequenos, como uma cela de presídio — ou um apartamento na cidade. Da primeira vez que conversei com Coss, em 2014, ele tinha 350 clientes e trabalhava na LBV em período integral para se sustentar. Na conversa subsequente, um mês depois, sua clientela já havia dobrado e ele esperava levantar dinheiro com investidores particulares. Em 2016, já tinha atraído mais de cinco mil clientes e arrecadado 125 mil dólares. Ele mudou o nome da empresa para ConBody e deixou o emprego na LBV para administrá-lo em tempo integral.

"Sempre quis ter meu negócio e me afastar das drogas, mas estava encantado com a ideia de ganhar muita grana", ele me explicou. Hoje em dia, o foco é usar seu talento para criar um produto que contribua positivamente para a comunidade. Os clientes de Coss são, de modo geral, jovens profissionais — "as mesmas pessoas para as quais eu vendia drogas", ele declarou. Porém, agora ele muda suas vidas de uma maneira bem diferente.

A história de Coss contém uma lição importante: para se viver com propósito, é preciso autorreflexão e autoconhecimento.[19] Todos temos pontos fortes, talentos, ideias e experiências diferentes que nos moldam. Portanto, todos teremos propósitos diversos, que se encaixam no que somos e no que valorizamos — adequados à nossa personalidade.

Erik Erikson, famoso psicólogo do século XX, definiu a identidade como algo complexo e multifacetado: envolve não só quem a pessoa é, mas também de onde vem, para onde vai e como se ajusta à sociedade e ao mundo.[20] Aquela pessoa que tem uma ótima compreensão da própria identidade está ciente de seus princípios fundamentais, seus valores e objetivos de vida, e também sabe da influência que seus grupos e comunidades exerceram sobre si. Consegue responder à pergunta fundamental que surge no início da fase adulta, que é a seguinte: *que tipo de pessoa eu sou e que tipo de pessoa quero ser?* E, no entanto, a identidade não é estática. A cada fase da vida, ela precisa revisitar essas questões. No final da vida, isso significa não perguntar *Que tipo de pessoa quero ser?*, mas *Que tipo de pessoa eu fui, e estou satisfeito com isso?* Quem viver segundo os próprios valores e alcançar seus objetivos de vida sentirá "integridade do ego", nas palavras de Erikson, em vez de "desespero".[21]

Pesquisadores da Texas A&M University examinaram o vínculo estreito entre identidade e propósito, e descobriram que o autoconhecimento é um dos indicadores mais importantes do sentido na vida.[22] Em um estudo, um grupo de psicólogos chefiados por Rebecca Schlegel[23] pediu que alunos de graduação listassem dez características que mais representavam quem, no fundo, eles eram, o "verdadeiro self",[24] em contraste com a personalidade artificial que às vezes mostravam aos outros.

Após cerca de um mês, os estudantes voltaram ao laboratório para completar a segunda parte do estudo. Enquanto eles cumpriam tarefas aleatórias no computador, os pesquisadores exibiam na tela, durante quarenta milissegundos — rápido demais para que ocorressem o registro visual e o processamento consciente —, as palavras que os estudantes tinham usado para descrever suas personalidades verdadeiras. Os estudantes subconscientemente relembrados de suas verdadeiras características subsequentemente classificaram suas vidas como tendo mais sentido do que tinham antes do estudo.[25] Ser lembrado de sua autêntica personalidade, mesmo de forma subconsciente, faz com que a vida pareça ter mais sentido.

Existe uma razão para isso. "Como as fontes de sentido culturalmente compartilhadas estão minguando", disse Schlegel, "as pessoas têm de se voltar para dentro a fim de descobrir a melhor forma de viverem a vida. Conhecer o verdadeiro self é o primeiro passo dessa jornada." Quem se conhece pode escolher caminhos alinhados aos seus valores e habilidades. Alguém cujos pontos fortes são o amor e a vivacidade, por exemplo, talvez se transforme em um grande educador.[26] Mas não é preciso mudar de carreira para botar os talentos em ação. A mesma pessoa também poderia empregar esses dons para se conectar e servir a seus clientes sendo advogado.[27] Pesquisas mostram que quando as pessoas usam suas qualidades no trabalho encontram mais sentido no emprego e acabam se saindo melhor.[28] E quando buscam metas coerentes com seus valores e interesses, se sentem mais satisfeitas e competentes. Também é mais provável que perseverem em meio aos desafios e realmente cumpram essas metas — isto é, são mais determinadas.[29]

A história de Manjari Sharma, fotógrafa que mora no Brooklyn, revela o papel central que a identidade exerce na descoberta do nosso propósito.[30] O propósito de Manjari como artista tem muito a ver com o que ela é e de onde veio, e sua jornada dá algumas pistas de como as pessoas passam a se conhecer.

Manjari nasceu em Mumbai, na Índia. Cresceu em uma família hindu onde o divino era uma presença constante. A casa onde passou a infância era repleta de imagens de divindades — assim como os programas que via na televisão, como *Mahabharat* e *Ramayan*, ambos baseados nos antigos épicos hindus cujos mitos a cativaram quando estava crescendo. Nas férias de família em que viajou pela Índia com os pais, a mãe sempre a levava para visitar os templos hindus dos arredores, alguns deles construídos havia mais de cinco mil anos, onde ela ficou admirada com as pinturas e esculturas de divindades como Vishnu, o majestoso protetor do universo, e Shiva, seu feroz destruidor e transformador, volta e meia retratado dançando atrás de um demônio.

Ver essas figuras quando criança inspirou um *darshan* em Manjari. *Darshan* é a palavra em sânscrito para "vislumbre" ou "aparição"; significa ver a essência de algo. No hinduísmo, *darshan* é ter uma ligação passageira com o divino durante o culto. Manjari só teve tais experiências uma vez ou outra, em templos, mas eles deixaram uma marca na sua imaginação.

Apesar de ter dedicado sua vida adulta à arte, Manjari não tinha a menor intenção de virar artista quando era mais nova: queria ser nutricionista. Mas ao entrar na faculdade, em Mumbai, e ver os livros grossos que teria de ler, com listas intermináveis de contagem calórica, ela perdeu o brilho no olhar. Resolveu estudar comunicação visual, embora não tivesse uma noção clara do que gostaria de fazer com essa formação.

Mas então o acaso bateu à porta. Com a ajuda de um mentor, Manjari começou a descobrir sua vocação. Uma matéria de fotografia do primeiro ano exigia que ela tirasse umas fotos de vez em quando. No final do ano, o professor lhe concedeu o prêmio equivalente ao de "melhor aluno do ano" em fotografia.

Ela ficou perplexa. "Sério? Fui mesmo tão boa assim?", ela se questionou. "Fui pega totalmente desprevenida. Estava só tirando umas fotos sem prestar muita atenção", ela explicou. "E se eu começasse a prestar mais atenção?"

Até hoje, Manjari, cujo trabalho já foi exibido em exposições internacionais, considera o prêmio de seu professor o reconhecimento mais significativo que já recebeu como artista. Ele não apenas despertou a vocação artística de Manjari como também a incentivou a ir para os Estados Unidos estudar fotografia, o que ela fez em 2001, na Columbus College of Art and Design, em Ohio.

Lá, ela "sentiu o choque cultural", declarou. Para começar, suas ideias sobre os Estados Unidos vinham de Hollywood. Quando chegou em Columbus, olhou ao redor e pensou, "Cadê todo mundo?". Estava sozinha e sentia saudade de casa, mas acabou se adaptando — e logo percebeu que esse sentimento de estranhamento poderia ser transformado em algo artisticamente produtivo. "Quando você é posto para fora da sua zona de conforto — quando vivencia o estranhamento —, coisas incríveis acontecem", ela declarou. A mudança para os Estados Unidos impulsionou Manjari a desenvolver uma visão artística ligada às experiências da infância.

Depois que saiu de casa, Manjari não continuou praticando regularmente o hinduísmo. Embora o ritual religioso fosse parte fundamental de seu cotidiano na Índia, nos Estados Unidos seu foco mudou para a imersão na arte, abarcando das aulas de história da arte que fez aos projetos artísticos nos quais se envolvia, passando pelos museus que visitava com os colegas de turma. "Fui de um país em que a arte era cultuada nos templos a um país em que a arte era venerada e posta em um pedestal nos museus", comparou. Os museus de arte lembravam os templos hindus que visitara quando criança, nas viagens de carro com a família. Assim como em um templo, havia um elemento ritualístico na ida aos museus: enfrentar a fila, a expectativa, a conexão com uma obra de arte. "Tinha todos os ingredientes do *darshan*", disse Manjari.

Essa sacada desencadeou o projeto mais ambicioso de Manjari até hoje. *Darshan*, como é intitulado, é uma série de nove grandes representações fotográficas de deuses e deusas hindus. Essas imagens, Manjari me explicou, têm como intuito agitar o espectador da mesma forma que estar em um templo, cercado pela presença do divino, eletriza o peregrino.

A criação de *Darshan* não envolveu apenas tirar fotografias de nove modelos em roupas chiques. Foi em si um ritual. Para cada retrato, Manjari trabalhou com uma equipe de mais de trinta artesãos para criar um elaborado diorama que então fotografou. Todos os objetos que aparecem no retrato final — das joias e vestimentas aos acessórios e cenários — são feitos à mão, pintados, costurados e montados em uma representação tradicional da divindade em uma oficina da Índia. Os artesãos, pintores, operários e modelos não eram apenas auxiliares contratados — o mais importante para Manjari era que todos os que trabalhassem no projeto partilhassem de sua ideia. "Queria que todos tivessem uma relação especial com o cenário que estávamos construindo juntos. Assim, cada membro da equipe teria um envolvimento pessoal com o projeto. Muitas pessoas podem se unir para criar algo magnânimo", disse Manjari.

A série é repleta de cores fortes, vivas, e imagística psicodélica, e cada retrato, assim como cada divindade, é totalmente único. O primeiro retrato que Manjari terminou com sua equipe foi a imagem radiante da deusa Lakshmi sentada em uma flor de lótus rosa e com elefantes enfeitados com joias atrás de si. Lakshmi é a deusa da sorte material e espiritual e, na imagem, moedas douradas caem da palma de sua mão. Em outro retrato, Saraswati, a deusa da arte, da música e da educação, está sentada em uma rocha cor de barro no meio da selva e toca um instrumento de cordas com um pavão a seus pés. E em outro, Hanuman, o deus-macaco, segura uma montanha com a mão enquanto seu rabo flutua no ar.

Hanuman é a divindade que mais impressionava Manjari quando ela era nova. A história diz que Hanuman era muito travesso quando criança, usando seus poderes especiais de voar e se transformar para dar susto nos sábios em meditação e perturbá-los pregando peças. Um dia, os sábios o puniram com uma maldição: Hanuman esqueceria de seus dons e poderes especiais e só se lembraria quando realmente precisasse deles para fazer o bem. Esse mito ensinou a Manjari uma lição valiosa sobre propósito. "Somos capazes de algo único, todos nós, mas levamos um tempo para descobrir de quê", ela disse. "Tem um monte de camadas que encobrem nosso verdadeiro potencial, e é só na hora certa que a gente vai descobrir quem devemos nos tornar ou no que devemos nos transformar. Assim como Hanuman."

A jornada de autodescoberta de Manjari durou quase uma década e envolveu diversas reviravoltas. Com a ajuda do mentor, ela se dedicou à busca da arte. Em seguida, mudando-se para um lugar desconhecido, os Estados Unidos, seus limites se ampliaram e ela teve a oportunidade de adquirir mais clareza sobre quem ela era — o que, por sua vez, ajudou-a a criar uma série de temas para abordar com sua arte. Ela era, se deu conta, alguém com forte conexão com a mitologia, a religião e a espiritualidade, e sua obra carrega a marca de sua identidade. "Aprendi que meu tino artístico vem do fato de que amo os mitos e as histórias das pessoas", ela declarou. "Adoro contar, escutar, aprender com elas e recriá-las em retratos."

Manjari olhou para as cópias presas nas paredes brancas de seu estúdio — imagens da mãe usando sári em uma praia da Índia, do deus Vishnu emergindo das nuvens como Vênus surge do mar, e de um pai segurando o filho recém-nascido contra o peito debaixo do chuveiro. "Esse é o meu propósito", ela disse, "contar uma história significativa, que comova as pessoas assim como eu me comovi com essas histórias."

É claro, o autoconhecimento não basta por si só. Coss sabia de seus pontos fortes desde jovem e os usou para atingir seus propósitos como traficante de drogas. Manjari levou mais tempo para descobrir seus dons excepcionais e só percebeu seu propósito como artista ao se dar conta de que sua obra tinha a capacidade de inspirar os outros. Para ambos, a descoberta do propósito exigiu algo além do autoconhecimento: o uso desse conhecimento para entender qual seria a melhor forma de contribuírem para a sociedade. Hoje, utilizam suas habilidades para ajudar os outros a ter vidas melhores — Coss os ajuda a manter a saúde, e Manjari cria uma experiência arrebatadora para seu público.

Embora viver com propósito possa nos deixar mais felizes e mais determinados, no fundo a pessoa movida pelo propósito não está preocupada com os benefícios pessoais, mas em tornar o mundo um lugar melhor. Na verdade, vários grandes pensadores argumentaram que, a fim de levar vidas significativas, os indivíduos têm de cultivar as qualidades, talentos e habilidades existentes dentro deles e usá-los em prol dos outros.

Essa ideia foi exprimida de modo convincente pelo filósofo alemão do século XVIII Immanuel Kant.[31] Ele pede que imaginemos um homem — como tantos de nós hoje em dia — que "acha em si um talento que, por meio de certo cultivo, pode torná-lo um ser humano útil sob todos os aspectos. No entanto, ele se vê em circunstâncias confortáveis e prefere se entregar ao prazer em vez de se empenhar em ampliar e aprimorar suas auspiciosas predisposições naturais". O que esse homem deve fazer? Deve abandonar o cultivo dos talentos naturais em troca de uma vida de diversão e tranquilidade? Ou deve buscar seu propósito?

Essas questões são a força motriz por trás do filme *Gênio Indomável*, de 1997. A história começa com Will, um sujeito de vinte anos de South Boston que tem problemas psicológicos. Will vive sem propósito, trabalhando como zelador do MIT e passando boa parte de seu tempo livre bebendo com os amigos, apesar de ser um gênio capaz de resolver problemas de matemática que os alunos de pós-graduação do MIT não conseguem solucionar. Quando se mete em apuros por agredir um policial, Will tem um golpe de sorte: um professor do MIT, Gerald Lambeau, intercede em seu favor. O juiz concorda em deixar Will solto, supervisionado por Lambeau, sob a condição de que se encontre regularmente com o professor para debater a matemática.

Como Lambeau quer que Will faça bom uso de seu talento, dá o melhor de si para orientá-lo e lhe arruma entrevistas de emprego com patrões prestigiosos. Mas Will é rebelde. Não tem interesse em desenvolver sua genialidade matemática. Zomba dos entrevistadores durante as reuniões e ofende Lambeau, dizendo que sua pesquisa é uma piada. Mais tarde, quando Chuckie, o melhor amigo de Will, pergunta como vão as entrevistas, Will dá a entender que não pretende ser "rato de laboratório". Prefere ficar em South Boston e trabalhar com construção.

Mas Chuckie, assim como Lambeau, não quer que Will desperdice seu potencial — e diz ao amigo que sua postura é egoísta. "Você não deve isso a si mesmo. Deve a mim. Porque amanhã", declara Chuckie, "eu vou acordar com cinquenta anos e vou continuar fazendo essa merda. E não tem problema, tudo bem." Will, por outro lado, tem a chance de ter uma vida melhor botando seus talentos para funcionar — talentos que os amigos, explica Chuckie, dariam tudo para ter. Mas ele tem muito medo. Seria uma "ofensa a nós se você ainda estiver no mesmo lugar daqui a vinte anos", diz o amigo, e uma perda de tempo.

Será que Will deve jogar fora seus dons porque não quer cultivá-los, ou deve se esforçar obstinadamente a fim de aperfeiçoar suas habilidades e dominar o ofício, conforme desejam Lambeau e Chuckie?

Para Kant — assim como para Chuckie e Lambeau — a resposta é clara: uma pessoa racional, explica Kant, "necessariamente almeja que todas as suas habilidades sejam desenvolvidas, já que lhe servem e lhe são concedidas para todos os tipos possíveis de propósitos". Isto é, esses talentos podem trazer benefícios aos outros e à sociedade, e por isso ele tem o dever moral de cultivá-los. As ideias de Kant, como destaca o filósofo contemporâneo Gordon Marino, contrariam frontalmente o imperativo cultural atual, tão ouvido na época das formaturas, de "fazer o que você ama". Na opinião de Kant, a questão não é o que faz alguém feliz. A questão é como cumprir seu dever, como dar uma grande contribuição — ou, nas palavras do teólogo Frederick Buechner, sua vocação está "onde sua alegria mais profunda e a fome mais profunda do mundo se encontram".[32]

Nem todo mundo tem uma vocação tão óbvia quanto a de Will Hunting, é claro. No mundo real, a maioria tem de escolher empregos de acordo com suas qualificações e que, espera-se, bastem para o sustento próprio e da família. As ocupações mais comuns nos Estados Unidos são as de vendedor de varejo, caixa, cozinheiro e garçom, e auxiliar de escritório, empregos que pagam mal e geralmente são maquinais, que não alardeiam "trabalho com sentido" — pelo menos não de cara.[33]

Mesmo quem tem mais alternativas volta e meia se vê à deriva na hora de achar uma carreira gratificante. Amy Wrzesniewski, professora do Departamento de Pós-graduação em Administração de Yale e destacada pesquisadora a respeito do sentido no trabalho, me falou que percebe uma enorme angústia em seus alunos e clientes. "Pensam que a vocação deles está debaixo de uma pedra", ela disse, "e se virarem um bom número de pedras vão descobrir qual é."[34] Se não acham a verdadeira vocação, ela prosseguiu, sentem que falta algo em suas vidas e que jamais encontrarão um trabalho que os satisfaça. E, no entanto, vai apenas de um terço à metade o número de pessoas entrevistadas que enxergam seus trabalhos como vocações.[35] Isso quer dizer que o resto terá carreiras em que não verá sentido e propósito?

Adam Grant, professor da Wharton School of Business que estuda como as pessoas encontram sentido no trabalho, argumentaria que não é o caso. Grant ressalta que aqueles que sempre classificam o trabalho como relevante têm algo em comum: veem no trabalho uma forma de ajudar os outros.[36] Em uma pesquisa com mais de dois milhões de indivíduos com mais de quinhentos tipos diferentes de trabalhos, os que relataram ter encontrado mais sentido na carreira foram sacerdotes, professores de inglês, cirurgiões, diretores de atividades e educação em organizações religiosas, administradores de escolas de ensinos fundamental e médio, radioterapeutas, quiropráticos e psiquiatras.[37] Essas funções, escreve Grant, "são todas assistenciais. Cirurgiões e quiropráticos promovem a saúde física. Sacerdotes e diretores religiosos promovem a saúde espiritual. Educadores promovem a saúde social e mental. Caso esses empregos não existissem, os outros estariam pior".

A pesquisa de Grant dá uma pista de como as pessoas de qualquer setor podem encontrar sentido no trabalho: adotando uma mentalidade assistencial. Em um estudo, Grant e os colegas acompanharam o grupo de telefonistas de uma universidade responsável por arrecadar fundos.[38] Cada um de seus membros conheceu um estudante cuja bolsa de estudos era financiada por esse trabalho. Os telefonistas assumiram uma postura diferente em relação ao trabalho: ver o impacto que causavam na vida alheia levou os arrecadadores de fundos a terem mais propósito — e serem mais eficazes — do que o grupo de controle. Passavam 142% mais tempo ao telefone com possíveis doadores e arrecadavam 171% mais dinheiro.

Em um estudo supervisionado por Jochen Menges, Grant e os colegas descobriram que um fenômeno parecido ocorreu com mulheres que trabalhavam em uma fábrica de processamento de cupons no México.[39] Tipicamente, trabalhadores que não acham seu trabalho interessante são menos motivados e têm menos propósito, e portanto são menos produtivos no serviço. Processar cupons é uma função chata e repetitiva, por isso é de esperar que as mulheres da fábrica que achavam o trabalho enfadonho fossem menos produtivas do que as mulheres que o achavam recompensador. Foi isso, aliás, o que Grant e Menges constataram. Mas a tendência foi revertida em certo subgrupo de mulheres — o que adotou a mentalidade assistencial. As mulheres que achavam o trabalho chato eram tão produtivas e vigorosas quanto as que o achavam recompensador, mas somente caso vissem no trabalho um modo de sustentar a família. Até as tarefas mais entediantes podem ser imbuídas de propósito quando beneficiam quem amamos.

Talvez os pais saibam melhor do que ninguém o valor da mentalidade assistencial. Criar filhos é uma das missões mais estressantes e mais cruciais que alguém pode exercer — e, embora as crianças sejam motivo de alegria,[40] uma revelação muito citada da pesquisa psicológica acerca da parentalidade é a de que criar filhos torna os pais infelizes.[41] Os pais sacrificam o tempo e o espaço pessoais em prol dos filhos, perdem o sono em função dos filhos, e estão sempre envolvidos em atos cansativos como trocar fraldas e impor disciplina. Ao mesmo tempo, porém, muitos estudos mostram que criar filhos é uma enorme fonte de sentido.[42] Conforme me disse uma mãe: "É uma carnificina e às vezes tenho vontade de arrancar meus cabelos". Mas, acrescentou, também é "tremendamente recompensador".[43] A parentalidade dá às pessoas a oportunidade de deixar de lado os próprios interesses pelo bem alheio. Todo o trabalho difícil e tedioso da parentalidade jaz na dedicação ao propósito maior — ajudar a criança a virar um adulto responsável.

No último parágrafo de *Middlemarch*, a romancista George Eliot presta homenagem a essas pessoas que fazem o mundo avançar de maneiras triviais mas indispensáveis: "O bem crescente do mundo em parte depende de atos não históricos; e se as coisas não estão muito mal com você e comigo como poderiam estar, parte disso se deve aos inúmeros que viveram fielmente uma vida oculta e descansam em túmulos que não recebem visitas".[44]

Esses muitos milhões de pessoas, apesar de não serem relembrados ou conhecidos por nós, fizeram a diferença para as pessoas com que se encontraram no dia a dia.

A capacidade de ver propósito nas tarefas cotidianas da vida e do trabalho é um grande passo na construção do sentido. Foi essa a atitude, por exemplo, adotada pelo zelador com que John F. Kennedy se deparou na Nasa em

1962.[45] Quando o presidente lhe perguntou o que fazia, parece que o zelador respondeu que "ajudava a botar um homem na Lua". Foi essa postura adotada por um peão que direcionava o fluxo do tráfego perto de onde se faziam reparos, em um trecho da estrada do Colorado, alguns anos atrás.[46] Parado ao sol, volta e meia virava uma placa que de um lado dizia "Pare" e "Devagar" do outro. "Eu garanto a segurança das pessoas", ele disse a um motorista que perguntou como ele aguentava um trabalho tão tedioso. "Gosto desses caras aqui atrás de mim", ele prosseguiu, "e garanto a segurança deles. Também garanto a sua segurança e a de todo mundo que está nos carros atrás de você." E foi a atitude adotada pelo dono de uma carrocinha de comida uns anos atrás, quando meu amigo se deu conta, depois de fazer o pedido, de que se esquecera da carteira. "Minha função não é tomar seu dinheiro", ele disse ao meu amigo. "Minha função", continuou, entregando o taco nas mãos do meu amigo, "é te alimentar."[47]

Nem todo mundo vai descobrir sua vocação. Mas isso não impede que descubramos um propósito. O mundo está cheio de vendedores, separadores de cupons, contadores e estudantes. Está cheio de sinalizadores, pais e mães, burocratas do governo e atendentes de bar. E está cheio de enfermeiros, professores e sacerdotes que se afundam na papelada e em outras tarefas do dia a dia e às vezes perdem de vista a missão principal. Porém, seja lá o que ocupe nossos dias, quando repensamos nossos deveres como oportunidades de ajudar os outros, nossa vida e nosso trabalho parecem mais relevantes. Todos nós temos um círculo de pessoas — na família, na comunidade e no trabalho — cujas vidas podemos melhorar. É um legado que qualquer pessoa pode deixar.

4. Narrativa

Erik Kolbell se lembra vivamente do verão de 2003, quando a filha, Kate, arrumou o primeiro emprego.[1] Kate, que na época tinha catorze anos e morava com a família em Nova York, foi contratada para auxiliar uma mãe nos Hamptons. Estava animada de se mudar para Long Island e assumir algumas das responsabilidades da vida adulta. Mas a vida da menina e de Erik parou de forma contundente duas semanas após ela começar a trabalhar. Em 31 de julho, Erik recebeu um telefonema da esposa: "Kate foi atropelada por um carro".

"Depois disso, só me lembro", relatou Erik, "de estar no carro a caminho do Stony Brook Hospital e não saber da gravidade da situação, da condição em que ela estava, onde tinha sido atingida ou se estava viva." Acabou descobrindo que ela estava sendo operada por um neurocirurgião pediátrico. A partir disso, Erik obteve três informações: "Um: ela estava viva. Dois: era grave. Três: neurocirurgião. Ela sofreu lesão cerebral".

No hospital, Erik foi levado a uma sala de espera particular, onde o neurocirurgião foi conversar com ele e a esposa. "Ela está em coma induzido", explicou o médico. "Os sinais vitais estão estáveis. Tivemos que extrair um pedaço do crânio", ele prosseguiu, "a fim de aliviar a pressão na cabeça, no cérebro." A operação nunca tinha sido feita em uma criança, contou Erik, mas era a "última cartada do médico. Era só isso que ele podia fazer". Não bastou. Naquela mesma noite, a pressão intracraniana disparou. Ela teve de ser levada para fazer outra cirurgia cerebral.

Erik contava essa história no microfone, em cima de um palco com cortinas de veludo em uma sala aconchegante forrada de lambris, parte de uma noite de narrativa de histórias organizada por um grupo chamado The Moth. Olhava para a plateia de quase trezentas pessoas sentadas em fileiras abarrotadas e lhes disse que pensamento lhe passou pela cabeça quando soube que Kate estava sendo levada para a segunda cirurgia cerebral da noite: "O que existe de bom nisso tudo?".

Apenas vinte minutos antes, durante o intervalo para as bebidas, o ambiente era tomado por risadas e barulho. Agora a plateia estava apreensiva, num silêncio arrebatador, enquanto Erik compartilhava sua história.

Quando Kate saiu da segunda cirurgia cerebral, Erik prosseguiu, eram cinco horas da madrugada, e seu quadro era estável. Os médicos acabaram transferindo a menina para o Mount Sinai Hospital, na cidade de Nova York, onde passou por séries intensivas de fisioterapia. Por causa do acidente, não conseguia mais falar ou fazer operações matemáticas, sua percepção de profundidade ficou comprometida e ela perdeu quase toda a memória. Mas em outubro já conseguiu voltar à escola em meio período e continuou indo à fisioterapia. Em novembro, estava tão bem que voltou a Stony Brook para que os médicos reconstruíssem a parte do crânio que haviam retirado em julho. Seria a terceira cirurgia cerebral. "Foi uma reentrada triunfal", declarou Erik. "É meio que uma forma de fechar a porta e dizer, 'É, ela vai sobreviver.'"

Ainda assim, Erik seguia em busca do sentido de tudo o que acontecera: "Sinto gratidão por ela estar viva", ele pensou na véspera de terceira cirurgia cerebral. "Não sei até que ponto vou tê-la de volta. O que há de bom nisso?".

Ele descobriu depois de Kate sair da cirurgia. Os dois estavam na sala de recuperação pós-operatória. Kate "continuava grogue" por causa da anestesia quando uma série de visitantes começou a chegar e se aproximar da cabeceira da cama.

O primeiro foi um médico. "Kate, você não se lembra de mim", ele disse. "Sou o médico que te atendeu no pronto-socorro naquele primeiro dia."

Instantes depois, foi a vez de uma enfermeira: "Kate, você não se lembra de mim, mas sou a enfermeira que estava aqui quando a primeira equipe de cirurgiões veio e começou a cuidar de você".

"Kate, você não se lembra de mim", declarou outra visita, "mas eu era o capelão que estava de plantão quando você chegou e passei um tempo com os seus pais."

"Kate", disse a pessoa seguinte, "você não se lembra de mim, mas sou a assistente social que supervisionou o seu caso."

"Kate", disse mais outra, "você não se lembra de mim, mas sou a enfermeira que estava de plantão no segundo ou terceiro dia."

Foi, rememorou Erik, "um desfile de rostos sorridentes". A última visita foi de uma enfermeira chamada Nancy Strong, que supervisionou a estadia de Kate na unidade de tratamento intensivo durante o verão. "Puxei-a de lado e perguntei: 'Sabe, eu acho ótimo que vocês tenham vindo aqui desejar boa sorte a Kate. Mas tem algo mais acontecendo aqui, não tem?'".

"É", confirmou Nancy, "tem sim."

"O que é que está acontecendo?"

"Erik", ela disse, "de cada dez crianças que nós atendemos com esse tipo de lesão, nove morrem. Só existe uma Kate. A gente precisa voltar para vê-la porque é ela que nos faz vir trabalhar neste lugar todo dia."

"Esta é a redenção", Erik percebeu. "Este é o bem."

Quando jovem, George Dawes Green, fundador do The Moth, passava várias noites na casa de uma amiga, Wanda, na ilha de St. Simon, Geórgia, onde foi criado.[2] Ele e os amigos se sentavam na varanda da casa de Wanda, tomavam uísque e contavam histórias de suas vidas — como a vez em que um deles, Dayton, ficou bêbado e deixou seis mil frangos fugirem do celeiro pelo qual era responsável, ou a vez em que outro, Kenny, se esqueceu de tomar o lítio e atravessou um quilômetro e meio de mar nadando completamente nu até ser apanhado pela guarda costeira. Segundo o relato, Kenny pediu ao guarda que o deixasse em paz: "Ah, eu estou ótimo", ele insistiu; "sou uma baleia". Enquanto se revezavam nas narrativas, Green recorda, "uma trupe de mariposas vacilava em torno da luz e as cigarras acompanhavam o ritmo nos carvalhos".

Anos depois, Green estava morando em Nova York. Havia lançado dois romances, e um deles, *A jurada*, se tornou um best-seller internacional, adaptado ao cinema com um filme estrelado por Demi Moore e Alec Baldwin. Green ganhara dinheiro, morava em Manhattan e ia a coquetéis na cidade. Para quem via de fora, levava o tipo de vida que a maioria dos escritores sonha viver.

Mas faltava alguma coisa. Uma noite, em um recital de poesias "especialmente chato" no sul de Manhattan, Green se deu conta de que tinha saudades daquelas noites encantadas na varanda da casa de Wanda. Por mais literária que fosse, Nova York não tinha um lugar onde pessoas comuns, como os vizinhos de Green na Geórgia, podiam subir ao palco e simplesmente narrar uma história pessoal bem articulada, bem contada. Assim Green resolveu chamar umas pessoas para irem a seu loft em Nova York, onde tentou recriar a experiência vivida na casa de Wanda.

Em 1997, sua ideia já tinha se transformado em uma organização sem fins lucrativos batizada em homenagem às mariposas das quais se recordava das noites na ilha de St. Simon. Vinte anos depois, The Moth já fazia parte da cena cultural de Nova York e era um fenômeno internacional. Hoje, são mais de quinhentos shows por ano em cidades como Londres, Los Angeles e Louisville — teve até um no Tadjiquistão. Além dos shows ao vivo, que já levaram aos palco mais de mil e quinhentas histórias como a de Erik, The Moth faz um podcast semanal e um programa de rádio que já ganhou um prêmio Peabody. Em 2013, publicou sua primeira coletânea de histórias.

Sob a liderança da diretora artística Catherine Burns, The Moth seleciona com cuidado histórias que falem de sentido. Acham essas narrativas de diversas formas: através do site da organização; em StorySLAMS — competições em que os microfones ficam abertos para quem quiser falar; e, é claro, do boca a boca. Seja qual for a fonte, Burns e a equipe buscam histórias com conflito e resolução — histórias que mostram como o narrador se tornou a pessoa que é hoje — e procuram histórias de mudanças, histórias que poderiam terminar da mesma maneira que o escritor irlandês Frank O'Connor terminou o conto "Guests of the Nation" [Convidados da nação]: "E tudo que me aconteceu depois nunca me causou aquela mesma sensação".

As histórias mais comoventes, Burns notou, têm suas raízes na vulnerabilidade, mas não têm muita emoção à flor da pele. Elas devem vir, nas palavras dela, "de cicatrizes e não de feridas". É preciso que tenham se assentado na mente do narrador para que ele ou ela possa refletir sobre a experiência e extrair seu sentido. "Às vezes", disse Burns, "quando você fala com alguém ao telefone, a pessoa acha que a história está bem resolvida, mas dá para perceber que ela ainda não foi digerida."

Depois de achar uma boa história, Burns e sua equipe assumem o papel de diretores. Trabalham junto com os contadores de histórias no ensaio, ajudando-os a descobrir os principais marcos narrativos rumo ao clímax e à resolução, e volta e meia dão sugestões sutis quanto à elocução, como fazer uma pausa a certa altura ou diminuir o ritmo em outro momento. O intuito de Burns é fazer com que as histórias calem fundo nos membros da plateia. Mas existe um efeito secundário. Após mais de quinze anos colaborando com a organização, Burns viu que o processo de elaboração da história ajuda os narradores a ligarem os acontecimentos da vida de novas formas, adquirindo discernimento sobre suas experiências e aprendendo lições que antes lhes escapavam.

Em um evento do Moth em 2005, em Nova York, Jeffery Rudell narrou o momento em que se assumiu para os pais, quando era calouro na faculdade.[3] Esperava que eles aceitassem sua homossexualidade, portanto ficou chocado quando reagiram queimando seus pertences e cortando qualquer contato com ele. Ao longo de seis anos, continuou tentando falar com eles, telefonando e mandando cartas com regularidade, mas os pais nunca o atendiam. Por fim, resolveu fazer uma última tentativa de retomar a comunicação. Pegou um avião para sua cidade natal, sem aviso prévio, e apareceu no escritório da mãe. Ainda assim, ela se negou a ver ou falar com o filho. Duas semanas depois, ele recebeu uma coroa fúnebre de flores negras no escritório, em Nova York, com um bilhete dizendo, "Em homenagem a nosso filho".

Enquanto preparava essa história para The Moth, Jeffery imaginara que o tema seria raiva e dor. Como era possível que os pais, que lhe ensinaram a importância do amor e da bondade, o tratassem com tamanho ódio e aversão? "Estava com a ideia da raiva toda pronta, na ponta da língua", ele declarou. "Mas tinha um problema: não sentia uma raiva forte dos meus pais." Depois de ser hostilizado pela família, Jeffery buscou apoio nos amigos gays, que lhe garantiram que seus pais também tinham reagido mal quando se assumiram — pelo menos no início —, mas, passado um tempo, aceitaram melhor e era bem provável que os pais dele agissem da mesma forma. Jeffery precisava ter paciência... e esperança. Aceitou os conselhos e durante anos se agarrou à esperança de que um dia ele e os pais se reconciliariam. No entanto, a consequência da esperança foi que sua vida "meio que parou".

À medida que ia fazendo diversos rascunhos da história que apresentaria no Moth, Jeffery foi se dando conta de que estivera tão concentrado em tentar reconquistar o amor da família que nunca havia pensado em seu futuro e em suas necessidades. Recusou oportunidades de emprego e rompeu com um namorado que ia se mudar para Los Angeles a fim de permanecer em Michigan, onde moravam os pais. Queria estar perto quando estivessem prontos para aceitar que voltasse a fazer parte de suas vidas. "Por anos a fio", ele explicou, "minha esperança inabalável nada mais fez do que me manter em um estado de imobilidade emocional." Por fim, entendeu que essa esperança na verdade era uma forma de negação. Não haveria como ressuscitar a relação com os pais, portanto abriu mão desse desejo e seguiu em frente com a vida. Ao tomar essa atitude, finalmente conseguiu obter uma sensação de paz e definição.

"A graça é que contar uma história no palco principal do Moth é como fazer dez anos de terapia", disse Burns.

Poucos seriam capazes de revelar histórias pessoais diante de inúmeros estranhos como fez Erik Kolbell. Mas somos todos contadores de histórias — todos estamos envolvidos, segundo a antropóloga Mary Catherine Bateson, em um "ato de criação" que é a "composição de nossas vidas".[4] Porém, ao contrário da maioria das histórias que costumamos ouvir, nossas vidas não seguem um arco predefinido. Na verdade, ela declara, "cada um de nós trabalha com a improvisação, descobrindo o formato de nossa criação no decorrer do caminho". Nossas identidades e experiências, em outras palavras, estão em constante mutação. Como um músico de jazz no meio de uma improvisação, podemos seguir um caminho e depois trocá-lo por outro. Contando a história é que entendemos o ato. Ao pegar fragmentos distintos de nossas vidas e agrupá-los em uma narrativa, criamos um todo unificado que nos permite enxergar nossas vidas como algo coerente — e a coerência, dizem os psicólogos, é a principal fonte de sentido.[5]

Nosso ímpeto de narrar emerge da necessidade arraigada que todos os seres humanos têm: a necessidade de entender o mundo.[6] Temos um desejo básico de pôr ordem na desordem — de encontrar o sinal no ruído. Enxergamos rostos nas nuvens, ouvimos passos no farfalhar das folhas e detectamos conspirações em acontecimentos sem ligação. Estamos sempre recolhendo fragmentos de informação e acrescentando uma camada de sentido a eles:

não conseguiríamos viver se não fosse assim. Histórias nos ajudam a compreender o mundo e nosso papel nele, além de entender por que as coisas acontecem como acontecem. "Contar histórias é fundamental para a busca do sentido pela humanidade, sejam elas histórias da criação da Terra ou de escolhas antigas nossas", escreve Bateson.[7]

Histórias são essenciais sobretudo na hora de definirmos nossa identidade — para entender quem somos e como nos tornamos assim.[8] Veja a história de Emeka Nnaka.[9] Aos 21 anos, Emeka jogava na defesa do time de futebol americano semiprofissional Oklahoma Thunder. Em uma partida no Arkansas, Emeka correu para derrubar um jogador depois que a bola foi agarrada — uma jogada que já fizera inúmeras vezes. Ao colidir com o outro jogador, seu corpo de 113 quilos caiu no chão, como sempre. Mas dessa vez, havia algo diferente: ele não sentiu a queda. A única sensação que tinha, deitado ali na grama enquanto a plateia se calava, era do formigamento que sentimos quando damos uma pancada com o cotovelo. Os treinadores saíram em disparada. A sirene da ambulância soava ao longe. Emeka foi tirado do campo em uma maca. Tentou levantar a mão para sinalizar para a plateia que estava tudo bem, mas não conseguiu. No hospital, foram nove horas de cirurgia no pescoço. Quando acordou, não conseguia mexer o corpo do peito para baixo.

Emeka não cresceu jogando futebol americano. Jogava um pouco de bola na escola, mas só quando passou a fazer parte do Oklahoma Thunder no segundo ano de faculdade é que começou a levar o esporte a sério. Na época de calouro, ele explicou, era "problemático". Mas "quando o futebol apareceu na minha porta", ele contou, "vi a chance de fazer todo mundo se orgulhar de mim. Lembro de ter pensado 'apareceu a oportunidade de brilhar no que faço bem, então vou usar meu talento para correr atrás'. Parecia que estava a caminho de conquistar um propósito maior". Treinava muito todos os dias e, à medida que se tornava mais forte e veloz, sentia que a vida enfim tomava um rumo positivo. Após jogar no Thunder durante duas temporadas, o técnico de uma faculdade do Michigan ligou para ele com a esperança de recrutá-lo para o time da instituição de ensino.

Três semanas depois, lesionou a medula espinhal.

Nos dias seguintes à operação, Emeka não captou totalmente a gravidade da situação. Imaginou que passaria dois meses na fisioterapia e voltaria a jogar futebol americano. No terceiro mês, quando teve alta do hospital, Emeka continuava sem conseguir usar as mãos e os braços, que dirá mexer as pernas — e foi então que se deu conta de que estava em uma jornada que seria bem mais longa e mais difícil do que previra. "Você acha que se está no hospital é porque está doente", disse Emeka. "Quando eles falam que você já pode ir para casa, é porque você melhorou. Mas quando me falaram que eu podia ir, não me sentia nem parecia estar melhor." Ele pensou: "Como assim, está na hora de eu ir embora?". O cara que conseguia levantar 140 quilos não conseguia levantar mais nem um quilo. O pai teve de se mudar da Geórgia para Tulsa para cuidar dele.

Enquanto se adaptava à nova vida, Emeka passava bastante tempo se fazendo grandes perguntas: "O que eu tenho na vida? Vou me casar? Vou ter filhos? Alguém vai me amar? Como é que vou me sustentar?". Antes da lesão, tinha uma ideia clara de quem era: um jogador de futebol americano, a alma da festa, um universitário com um futuro repleto de oportunidades. Agora precisava aceitar o fato de que o futuro que sempre imaginara para si — a pessoa que achava que se tornaria — havia desaparecido.

Para piorar a situação, percebeu que a pessoa que vinha sendo tinha graves defeitos. À medida que avaliava quem era antes da lesão, Emeka foi vendo que certos aspectos de sua identidade lhe causavam desagrado. "A verdade é que eu gostava demais de mim mesmo: era um cara superfesteiro e não pensava muito nos outros. Pensava: 'A vida é uma só, então faz o que você quer fazer agora'. Minha vida não tinha propósito."

A identidade de Emeka se desfiava, mas ele já começava a costurar outra, mais positiva. Disse a si mesmo que era melhor do que o sujeito sem rumo e egocêntrico de antes. Na primavera de 2010, quase um ano após a lesão, começou a prestar serviço voluntário na igreja que frequentava como orientador psicológico de alunos do ensino médio. Atuar como mentor o ajudou a tirar o foco de si e das próprias circunstâncias e voltar a atenção para outras pessoas que necessitavam de seu auxílio e que queriam aprender com suas experiências de vida. "Só quando passei a servir aos outros tive uma luz", ele disse, "e percebi quem sou de verdade — hoje em dia, sou uma pessoa que tenta dar prioridade aos outros." Dois anos depois de começar o trabalho voluntário, ele voltou à faculdade. Formou-se em 2015 e se matriculou em um programa de mestrado em orientação psicológica. Emeka continua paralisado e não sabe se voltará a andar, mas tem certeza de que a vida que leva agora é muito mais rica espiritualmente do que a que tinha antes.

Nos meses seguintes à cirurgia, Emeka passou bastante tempo tentando entender a lesão — o momento em que a história de sua vida sofreu uma abrupta reviravolta. Antes da lesão, ele disse, "eu estava subindo a montanha errada". Quando quebrou o pescoço, caiu da montanha e "atingiu o fundo do poço". Então descobriu outra montanha — a montanha que deveria subir desde sempre, a montanha que continha seu verdadeiro caminho. Aos poucos e desde então, é essa montanha que vem galgando.

A história que Emeka conta sobre a lesão é inspiradora para os adolescentes que orienta. Mas o psicólogo Dan McAdams diria que é ainda mais importante para o próprio Emeka.[10] McAdams é psicólogo da Northwestern University e especialista em um conceito ao qual dá o nome de "identidade narrativa". Ele descreve a identidade narrativa como a história internalizada que criamos sobre nós mesmos — uma mitologia pessoal, nas palavras de um escritor, "do que nós somos lá no fundo — de onde viemos, como ficamos como somos, e o significado de tudo isso".[11] Assim como histórias fictícias, contém heróis e vilões que nos ajudam ou nos atrapalham, grandes acontecimentos que determinam o enredo, desafios que superamos e sofrimentos que aguentamos. Quando queremos a compreensão alheia, dividimos nossa história ou partes dela; quando queremos saber quem é a outra pessoa, pedimos que divida conosco parte de sua história.

É importante entender que a história de vida de um indivíduo não é a história abrangente do que lhe aconteceu. A verdade é que fazemos o que McAdams chama de "escolhas narrativas". Tendemos a enfatizar os fatos mais extraordinários de nossas vidas, sejam bons ou ruins, porque são essas as experiências que precisamos compreender, são essas as experiências que nos formam. Mas nossas interpretações desses fatos podem divergir bastante. Para alguém, por exemplo, uma experiência central da infância, como aprender a nadar ao ser atirado na água pelo pai ou a mãe, pode explicar que hoje em dia se considere um empresário audacioso que aprende melhor correndo riscos. Para outra pessoa, a mesma experiência pode explicar seu horror a barcos e a falta de confiança em pessoas no papel de autoridade. Uma terceira pode deixar essa experiência totalmente de fora, achando-a desimportante na narrativa de sua vida como um todo. Para Erik Kolbell, pastor e psicoterapeuta, o acidente da filha primeiro botou em dúvida e depois corroborou uma ideia que é essencial à sua vocação e, portanto, à sua personalidade: a redenção é possível em um mundo onde pessoas boas sofrem injustamente.

Faz mais de trinta anos que McAdams estuda histórias de vida e sentido. Nas entrevistas, ele pede aos voluntários que dividam suas vidas em capítulos e relatem suas cenas principais, tais como um ponto alto, um ponto baixo, um momento decisivo ou uma lembrança antiga. Ele instiga os participantes a ponderarem suas crenças pessoais, valores e filosofia de vida. Por fim, solicita que reflitam sobre o tema central da história.

Após analisar centenas dessas histórias de vida, McAdams descobriu alguns padrões curiosos na forma como as pessoas que levam vidas com sentido entendem e interpretam suas vivências. Todas as pessoas com ímpeto de contribuir para a sociedade e as futuras gerações, ele percebeu, têm um padrão comum: são mais propensas a contar histórias redentoras de suas vidas, ou histórias que vão do mal ao bem. Nessas histórias, os narradores vão do sofrimento à salvação — vivenciaram um fato negativo seguido de um fato positivo resultante do fato negativo e que, portanto, dá ao sofrimento certo sentido.

Um sujeito cresceu na miséria, mas disse a McAdams que sua infância difícil uniu mais ele e a família. Uma mulher lhe contou que cuidar de um grande amigo que estava morrendo foi uma experiência angustiante, mas acabou renovando seu compromisso com a enfermagem, carreira que havia abandonado. E um pai que se despiu do cinismo ao descobrir a bondade e generosidade intrínsecas a muita gente que ajudou seu filho quando ele foi diagnosticado com um transtorno mental: "Por pior que tenha sido a experiência", ele explicou, "olhando para trás, ganhamos muito com ela, aprendemos mais sobre a vida e a natureza humana e o número grande de pessoas boas que existe no mundo". Já Erik encontrou a redenção na maneira como a equipe do hospital reagiu à sobrevivência de Kate. A redenção "não faz a crise valer a pena", disse Erik, "mas faz valer *alguma coisa*". Essas pessoas, e outras que McAdams estudou, classificam suas vidas como mais significativas do que quem conta histórias que não têm ou têm poucas sequências redentoras.

É importante observar que contar uma história redentora não quer necessariamente dizer que nossas vidas melhoraram sob o ponto de vista objetivo. Erik, por exemplo, poderia facilmente ter elaborado uma narrativa em que o acidente de Kate gerou consequências ainda mais negativas. Kate se exaure logo em situações sociais e continua tendo problemas com a percepção visual de profundidade por causa da lesão cerebral. Também perdeu grande parte da memória da vida anterior ao acidente. Erik poderia ter remoído todos os aspectos sob os quais a vida de Kate se tornou mais difícil — mas não agiu assim. Ele contou uma história que em certa medida redimiu o que aconteceu com ela. A situação de Emeka era parecida: ele poderia ter contado que estar paralisado estragou seus sonhos, mas preferiu focar em como a lesão fez com que mudasse para melhor.

O oposto da história redentora é o que McAdams chama de "história contaminada". Nelas, as pessoas interpretam suas vidas ou os acontecimentos da vida como se fossem do bom ao ruim. Uma mulher que ele estudou contou a história do nascimento de seu filho, um ponto alto de sua vida. Mas depois fez uma escolha narrativa impressionante: terminou a história com a morte do pai da criança, assassinado três anos mais tarde. No relato, a alegria que o nascimento do filho trouxe à sua vida foi maculada pela tragédia. Quem conta histórias contaminadas, revela McAdams, é menos "gerativo", segundo o termo usado por psicólogos, ou menos disposto a contribuir com a sociedade e as gerações mais novas. Também tem propensão a ser mais ansioso e deprimido, e a sentir que sua vida é menos coerente se comparada à de quem conta histórias redentoras.

Histórias redentoras e contaminadas são apenas dois tipos de narrativas que podemos desfiar sobre nossas vidas. Algumas histórias de vida, por exemplo, são definidas pela transformação interna e o desenvolvimento pessoal, outras são definidas pela estagnação ou pelo retrocesso; algumas por comunhão, amor e integração e outras pela solidão e pelo isolamento; algumas por agência — a crença de que o indivíduo detém o controle da própria vida — e outras pela impotência; e algumas são uma mistura desses temas. McAdams descobriu que, além de histórias de redenção, quem acredita que sua vida tem sentido geralmente conta histórias marcadas por crescimento, comunhão e agência. Essas narrativas permitem que indivíduos tracem identidades positivas para si: têm o controle de suas vidas, são amados, progridem ao longo da vida e os obstáculos com que se deparam são redimidos pelos bons resultados.

As histórias que contamos revelam como nos vemos e como interpretamos o desenrolar de nossas vidas. Também podem reforçar vários lados de quem somos. Uma pessoa deprimida e pessimista, por exemplo, terá maior probabilidade de contar uma história contaminada sobre sua vida — e essa história perniciosa pode levá-la a se sentir ainda pior quanto à situação que vive. Mas existe uma forma de romper esse ciclo. Não é porque certas histórias ensejam mais sentido que outras que quem narra histórias negativas de sua vida está condenado a um padrão de comportamento sem sentido. Somos todos autores de nossas histórias e podemos escolher mudar a forma de narrá-las.

Uma das grandes contribuições das pesquisas em psicologia e psicoterapia é a ideia de que podemos editar, revisar e interpretar as histórias que contamos de nossas vidas ainda que sejamos limitados pelos fatos.[12] A psicóloga Michele Crossley declara que transtornos mentais muitas vezes resultam da incapacidade da pessoa de narrar uma boa história sobre a própria vida. Ou a história é incoerente ou imprópria, ou é "uma história de vida que saiu errada".[13] A função do psicoterapeuta é ajudar os pacientes a reescreverem suas histórias sob uma luz mais positiva. Por meio da edição e reinterpretação que faz da história junto com o terapeuta, o paciente se dá conta, dentre outras coisas, de que tem domínio sobre sua vida e de que pode vislumbrar algum sentido nas dificuldades que enfrentou. A consequência é que sua saúde mental melhora. Uma análise da literatura científica mostra que essa forma de terapia é tão eficaz quanto antidepressivos ou terapia cognitivo-comportamental.[14]

Até mesmo pequenas edições na história podem causar grande impacto em como vivemos.[15] Foi o que descobriram Adam Grant e Jane Dutton em um estudo publicado em 2012.[16] Os pesquisadores pediram aos telefonistas que arrecadavam fundos para uma universidade, grupo que Grant já havia analisado, que escrevessem um diário por quatro dias seguidos. Sob a condição de beneficiários, os pesquisadores pediram aos telefonistas que escrevessem sobre a última vez que um colega tinha feito por eles algo que lhes inspirasse gratidão.[17] Sob a condição de benfeitores, os participantes escreviam sobre uma situação em que haviam contribuído com os outros no trabalho.

Os pesquisadores queriam saber que tipo de história instigaria os voluntários a serem mais generosos — uma na qual se descrevessem como beneficiários de boas ações alheias ou outra em que se definissem como agentes da boa ação. Para descobrir, monitoraram os registros de ligações dos telefonistas. Como recebiam um valor fixo por hora trabalhada para ligar para ex-alunos e solicitar doações para a faculdade, os pesquisadores raciocinaram, o número de telefonemas dados durante o turno era um bom indicador de comportamento pró-social, auxiliador. Quem faz mais telefonemas por hora é mais útil à universidade do que quem faz menos ligações.

Depois da análise, Grant e Dutton descobriram que os telefonistas que contavam histórias em que eram os benfeitores — os doadores — acabavam fazendo 30% mais telefonemas para ex-alunos após o experimento do que faziam antes. Aqueles que contavam histórias nas quais eram destinatários da generosidade alheia não tiveram mudanças comportamentais. Foi uma demonstração elegante de que o tipo de história que contamos afeta quem somos. "Quando se viam como benfeitores", disse Dutton, os arrecadadores de fundos "precisavam agir como doadores, o que provocava uma conduta mais pró-social".

O estudo de Grant e Dutton mostra que a capacidade que uma história tem de criar sentido não termina com a elaboração da narrativa. As histórias que os benfeitores contavam sobre eles mesmos acabaram engendrando comportamentos imbuídos de sentido — doando seu tempo em prol de uma causa maior. Embora soubessem que só contavam histórias por causa do estudo, os telefonistas acabaram "vivendo de acordo" com as histórias, nas palavras de McAdams. Ao reestruturar sutilmente suas narrativas, assumiram uma identidade positiva que os instigou, assim como Emeka, a viver com mais propósito.

Além da edição da história, uma das melhores formas de alguém chegar ao sentido através da narrativa é refletir sobre momentos cruciais de sua vida — a cena ou as cenas essenciais de suas narrativas pessoais — e ponderar como esses momentos formaram quem é e como sua vida se desenrolou. Enquanto Emeka me contava sua história, por exemplo, um monte de "e se" salpicava sua narrativa. E se pudesse andar? E se não tivesse se envolvido com o grupo de jovens de sua religião? E se ainda pudesse jogar futebol? Claro que Emeka jamais saberá a resposta para essas perguntas. Mas quando pensa nesses momentos cruciais de sua vida e nos caminhos alternativos que ele poderia ter tomado caso as coisas acontecessem de outra forma, Emeka não está apenas cedendo a pensamentos fantasiosos — está tentando entender suas experiências e, ao fazê-lo, construindo o sentido.

O exercício de imaginar como a vida teria sido se algo tivesse ou não acontecido é o que os acadêmicos chamam de pensamento contrafatual. Em pesquisa publicada em 2010, a psicóloga Laura Kray, da Universidade da Califórnia em Berkeley, e seus colegas pediram aos participantes que fossem ao laboratório e refletissem sobre experiências significativas de suas vidas e em seguida ponderassem que outro rumo suas vidas teriam tomado caso as experiências não tivessem ocorrido.[18]

Os pesquisadores pediram a alunos da Northwestern, por exemplo, que pensassem sobre a decisão de frequentar essa instituição: "Pensem em como vocês decidiram qual faculdade fazer. Como foi que vocês acabaram na Northwestern?", perguntaram aos estudantes. "Olhando para trás, catalogue a vasta sequência de acontecimentos que provocaram sua decisão." Após responder ao estímulo à redação, metade dos participantes teve de elaborar um texto atendendo ao seguinte pedido: "Descreva todas as formas como as coisas poderiam ter sido diferentes".

Esse exercício simples, descobriram os pesquisadores, fazia os participantes classificarem uma experiência de vida importante como mais significativa ainda. Tinham maior propensão a endossar declarações como "Frequentar a Northwestern aumentou o sentido da minha vida" e "Minha decisão de frequentar a Northwestern foi uma das mais importantes da minha vida", e a dizer que o fato definiu quem são. Os pesquisadores encontraram resultados similares quando pediram aos voluntários que refletissem sobre uma grande amizade. Subtraindo mentalmente conhecerem o amigo, assim como subtrair mentalmente a decisão de cursar a Northwestern, levava os participantes a concluírem que a amizade era mais significativa.

Por que o pensamento contrafatual é tão potente? A resposta, sugere Kray, é que esse tipo de exercício envolve o processo de compreensão com mais rigor do que a mera ponderação sobre o sentido de um acontecimento. Primeiro, nos ajuda a prezar os benefícios do caminho que acabamos escolhendo. Quando os participantes do estudo pensavam em como seriam suas vidas sem o momento crucial, em geral imaginavam vidas alternativas piores, não melhores. Sem esse acontecimento, concluíam, faltariam à vida diversas relações e experiências que lhes eram significativas. Caso não tivessem cursado a graduação na Northwestern, talvez se dessem conta, não teriam conseguido o emprego na empresa dos sonhos. Caso não tivesse conhecido Julie na festa, talvez outro inferisse, nunca teria sido apresentada ao homem com quem acabei me casando.

Em segundo lugar, o pensamento contrafatual nos instiga a contar histórias mais coerentes de nossas vidas. Em outro estudo, os pesquisadores descobriram que quem subtraía um momento divisor de águas da vida, como aquele em que conheceu o futuro cônjuge, era mais propenso a crer que o acontecimento "tinha de ser". Suas vidas, deduziam, não eram traçadas pelo mero acaso: elas seguiam uma estrutura lógica que inevitavelmente os levava a encontrarem o parceiro. A vida não acontece sem mais nem menos, pareciam acreditar: segue uma ordem e plano.

Claro que diversos voluntários dos estudos feitos por Kray refletiam sobre os momentos positivos de suas vidas — fazer faculdade e conhecer um grande amigo. Mas alguns dos momentos decisivos mais importantes de nossas vidas são difíceis ou doloridos. Quando subtraímos essas experiências de nossas histórias, somos forçados a pensar que a vida poderia ter sido melhor caso não tivessem ocorrido.

No caso de Carlos Eire, o momento foi a Revolução Cubana.[19] Tinha oito anos quando Fidel Castro entrou marchando em Havana, em janeiro de 1959, e tomou o poder do ditador Fulgencio Batista. Antes da revolução, Carlos tinha uma vida privilegiada e idílica na cidade. Seu pai era um respeitado juiz e colecionador de arte que acreditava ter sido Luís XVI numa vida passada e agia segundo essa crença. A mãe era uma bela mulher, uma católica devota que adorava os dois filhos. Carlos passava boa parte do tempo brincando ao ar livre e tentando não arrumar encrenca na rígida escola católica só para garotos.

Poucos dias antes de Castro assumir o poder, Carlos e a família passaram a véspera do Natal com os avós. Era a cena clássica da infância. Porco assado de jantar, nogado de sobremesa; Carlos quebrava nozes com o avô na varanda de casa; as mulheres batiam papo na cozinha. "Não sabíamos então", Carlos escreveu, "mas essa seria a última vez que minha família passaria a *Nochebuena* reunida na casa dos meus avós." Naquela noite, o pai de Carlos pegou o caminho mais longo para casa para que vissem as luzes e enfeites de Natal que adornavam as casas e vitrines da cidade. Em breve aquilo "chegaria ao fim", escreveu Carlos — "a guerrilha de Castro e nosso futuro como família".

Não muito tempo depois, o governo de Castro começou a mostrar a que veio — torturava e executava rivais políticos, confiscava propriedades privadas e doutrinava as crianças na escola. Quando a mãe de Carlos ouviu boatos de que Castro planejava separar os filhos dos pais, entrou em pânico e resolveu mandar Carlos e seu irmão, Tony, para os Estados Unidos, onde ficariam seguros. Estavam entre as catorze mil crianças cubanas levadas de avião à Flórida entre 1960 e 1962, na Operação Peter Pan. A mãe de Carlos e milhares de outros pais ficaram em Cuba aguardando a autorização para sair e o dia em que reencontrariam os filhos.

Para a mãe de Carlos, o dia chegaria três anos depois. Em 1965, ela trocou Cuba por Illinois, onde Carlos e o irmão moravam com o tio. O pai de Carlos foi obrigado a permanecer em Cuba. A essa altura, a vida de Carlos estava bem diferente. Logo após chegarem à América, Tony e Carlos viveram em um orfanato infestado de baratas na Flórida, onde só recebiam uma refeição por dia e eram atormentados pelos outros órfãos. A vida era um pouco melhor em Illinois. Mas como a mãe não falava inglês e era deficiente — tinha uma perna inválida devido à poliomielite contraída na infância —, Tony e Carlos precisavam trabalhar para sustentar tanto ela como eles mesmos. Aos quinze anos, Carlos mentiu a idade e conseguiu um emprego de lavador de louça no hotel Conrad Hill em Chicago. De quarta a domingo, trabalhava no hotel de 16h às 2h. Tinha poucas horas para dormir antes de ter de se levantar e ir para a escola, onde os colegas de classe o chamavam de "cucaracho". A vida de mimos que tivera em Havana parecia um sonho distante.

Quando Carlos estava com cinquenta anos, veio a notícia de que um menino cubano, Elián González, havia aparecido na costa da Flórida, o que provocou uma crise internacional. Então historiador da Universidade Yale, Carlos tinha uma vida feliz e estável em Connecticut, com a esposa e os três filhos. Raramente pensava na infância em Cuba. Porém a história de González abriu uma represa na mente de Carlos. Da represa veio uma enxurrada de memórias de infância. Sentiu-se instigado a escrevê-las e reuni-las em um livro de memórias, a fim de compreender o que havia acontecido com ele e a família.

Durante esse processo, Carlos pensou bastante na vida que perdera. No livro *À espera da neve em Havana*, ele pondera "o que teria sido" se a revolução não tivesse ocorrido ou Castro tivesse sido derrubado logo. Imagina a Baía dos Porcos como um sucesso. Imagina Castro "de cara para a parede ouvindo cartuchos vazios sendo disparados por dias a fio", suportando o mesmo terror psicológico a que submetia os prisioneiros. Imagina se tivesse permanecido em Havana e não fugido para os Estados Unidos. Ele se imagina um rapaz passando creme no cabelo e indo aos clubes de Havana. Se imagina indo ao funeral do pai, que viu pela última vez quando se despediram no aeroporto de Havana, na primavera de 1962.

"Não sei se é possível pensar em nostalgia do futuro", disse ele. "Mas às vezes sinto nostalgia do futuro que poderia ter tido. Como teria sido minha vida? Que tipo de pessoa eu seria? Como seria minha relação com meu pai? Eu não teria essa ruptura total entre a infância e a fase adulta. Teria uma vida contínua." Sua vida sem a revolução teria sido bem mais fácil e relaxada, segundo acredita — seria uma vida livre das preocupações e dificuldades enfrentadas quando era adolescente, livre dos surtos depressivos que viveu quando adulto, livre da raiva que sentia contra os comunistas que destruíram sua infância, livre das preocupações financeiras. "Sim", ele conclui, "teria sido uma vida mais fácil. Mas isso quer dizer que seria uma vida melhor? Acho que não. Agora já tenho idade suficiente para entender que a ruptura foi algo bom. Fez de mim quem eu sou."

Quando foi embora de Cuba, aos dez anos, Carlos tinha acabado de aprender a amarrar os sapatos, nunca tinha feito nenhuma tarefa doméstica, nunca tinha cortado a carne no próprio prato e nunca tinha passado a noite fora de casa. Não sabia o básico para sobreviver sozinho. Na América, teve de aprender a se cuidar. A adversidade também provocou o "crescimento moral", ele disse. "Experimentei o fundo do poço", explicou, "e isso moldou minha perspectiva a respeito de tudo. Me deu um certo tipo de empatia por quem está por baixo, e a compreensão de como são injustas essas situações."

Carlos perdeu muito. Mas as perdas foram superadas pelos ganhos — dentre eles uma família, uma carreira com sentido e a fé em Deus.

Laura King, da Universidade de Missouri, passou boa parte de sua carreira tentando entender como a narrativa pode nos ajudar a compreender as vidas que perdemos.[20] No final dos anos 1990, estudou três grupos de adultos que enfrentaram desafios: pais de filhos com síndrome de Down, gays e lésbicas que tinham saído do armário e mulheres que se divorciaram após no mínimo vinte anos de casamento. Embora estudasse pessoas em circunstâncias específicas, todas partilhavam da experiência humana universal da perda.

King pediu aos três grupos de voluntários que escrevessem duas versões de sua história futura — a narrativa do atual "melhor self possível", ou como esperavam que a vida se desenrolasse, e a narrativa contrafatual do "possível self perdido", o self que *poderia ter sido* caso não vivessem um papel complicado. Gays e lésbicas, por exemplo, escreveram sobre suas vidas caso fossem heterossexuais, e mulheres divorciadas escreveram sobre suas vidas caso ainda estivessem casadas. Depois de responder a essas provocações, preencheram um questionário que revelava em que medida pensavam em cada uma dessas versões de si.[21]

King percebeu que quanto mais pensavam no seu self atual no futuro, mais felizes eram. Vislumbres desse futuro geravam esperança por serem palpáveis. No entanto, quanto mais pensavam no self que haviam perdido, mais infelizes eram. Na época da pesquisa de King, a discriminação contra gays e lésbicas era mais pronunciada do que atualmente. Em nenhum estado dos Estados Unidos os casais do mesmo sexo podiam se casar ou estabelecer uma união civil. Portanto, se assumir podia ser uma perda verdadeira. Para gays e lésbicas, pensar frequentemente nos caminhos que lhes eram fechados causava sofrimento e pesar — percebiam que uma vida supostamente normal, livre de discriminação e outros obstáculos, seria bem mais fácil do que a vida que levavam. Pode-se dizer o mesmo sobre as mulheres divorciadas.

Conforme descobriram ambos os grupos, remoer "o que poderia ter sido" pode ser um processo doloroso do ponto de vista emocional. Ao mesmo tempo, entretanto, esse tipo de pensamento contrafatual faz as pessoas mergulharem na própria humanidade. A escrita detalhada e complexa sobre o self perdido, King notou, estava relacionada a um desenvolvimento maior de ego em gays, lésbicas e mulheres divorciadas dois anos depois de responderem à provocação. O desenvolvimento do ego mede como o indivíduo enxerga e interpreta a realidade — a medida em que são capazes "de dominar, de integrar e compreender a experiência", de pensar a respeito deles mesmos e do mundo sob perspectivas complexas. Em outras palavras, é um indicador de profundidade emocional, algo que fica nítido nas histórias que King recolheu para a pesquisa. Um homem gay redigiu a seguinte narrativa sobre o self heterossexual que possivelmente perdeu:

> À medida que eu crescia, imaginava minha vida como a daquelas pessoas que eu admirava. Aquelas vidas eram algo a que aspirar. Cresci numa cidade pequena... Meus pais e os amigos deles faziam trabalho voluntário, tinham seus negócios e participavam da política comunitária. Eu sonhava ser veterinário. Me imaginava casado (pois era isso o que deveria acontecer). Sonhava que minha esposa seria a gerente da pet shop de que seríamos donos... Seríamos participativos na comunidade. Cidades pequenas às vezes são uma diversão... Todo mundo me conheceria como uma boa pessoa, um cara pé no chão... O negócio seria bem-sucedido e mais tarde seria assumido pelos nossos filhos.

Quem escrevia narrativas detalhadas, ponderadas como essa — pessoas que pareciam quase sentir nostalgia do futuro, como descreveu Carlos —, tinha claramente pensado bastante sobre o caminho que agora estava fechado. A reconciliação com essa perda tinha sido um processo difícil, porém necessário, que deixou uma marca positiva na vida que acabaram tendo. "Evitar pensar na perda pode ser uma forma de ser feliz", conforme escreve King, "mas também pode impossibilitar o tipo de exame necessário para o crescimento."

As histórias que contamos sobre nós mesmos nos ajudam a entender quem somos, como nossas vidas se desenrolaram e como elas poderiam ter tomado outro rumo. Mas também encontramos sentido nas histórias contadas pelos outros. Seja na ficção ou no cinema, no rádio ou no palco, histórias alheias podem servir para refletirmos a respeito de nossos valores e vivências.

Pense no romance *As aventuras de Pi*.[22] Ele narra a história de um adolescente chamado Pi que, após um naufrágio que mata sua família, se vê em um bote salva-vidas com um tigre-de-bengala, uma hiena malhada, uma zebra ferida e um dócil orangotango. Logo após entrar no mar, o caos toma conta do bote: Pi observa horrorizado a hiena decapitar e comer a zebra indefesa e em seguida matar o orangotango. A carnificina continua quando o tigre mata e come a hiena.

Pi e o tigre ficam sozinhos a bordo. Perdido no oceano Pacífico por 227 dias, esfomeado, desesperado e obrigado a lutar contra o tigre por sua sobrevivência, Pi segue em frente apesar de ter perdido tudo. A história de resiliência de Pi se torna incrível quando percebemos o que realmente aconteceu no bote salva-vidas. Os bichos, no final das contas, simbolizavam pessoas reais. A mãe de Pi era o orangotango; a zebra era um marujo ferido; e a hiena era o asqueroso cozinheiro do navio, que canibalizou o marujo e matou a mãe de Pi. O menino, ficamos sabendo então, era o tigre. Ele matou o cozinheiro e comeu seu fígado e coração.

A luta de Pi contra o tigre na verdade foi um confronto com ele mesmo. Depois de relatar o que aconteceu com a zebra, a hiena e o orangotango, Pi explica como amansou o tigre feroz que matou e comeu a hiena. É um paralelo com o que de fato aconteceu: depois de matar sem piedade o cozinheiro, Pi aprendeu a controlar seus impulsos abjetos. Contar a história do tigre ajudou Pi a se dissociar da selvageria que testemunhou e praticou. Somente assim foi capaz de achar sentido no que ocorreu no navio.

Pesquisas mostram que a ficção pode auxiliar quem enfrentou perdas e traumas a lidar com suas experiências.[23] Ler histórias trágicas permite que processem o que lhes aconteceu ao mesmo tempo que guardam distância das lembranças e sentimentos dolorosos. A sós no bote salva-vidas, Pi faz algo parecido: usa uma fábula para lidar com uma experiência que seria muito difícil de encarar na realidade. Para Pi, contar a história do desenvolvimento do tigre era uma forma de entender seu próprio crescimento. Assim como o tigre aprendeu a dominar sua natureza violenta com a disciplina de um mestre, Pi criou uma série de condições espirituais, emocionais e físicas que o ajudaram a sobreviver aos meses que passou no mar antes de chegar em uma praia do México. "O mundo não é só do jeito que é", diz Pi. "É como o entendemos, não é?"

Não precisamos ter vivenciado um trauma como o de Pi, é claro, para adquirir sabedoria com a ficção. Em estudo publicado em 2002, David Miall e Don Kuiken, da Universidade de Alberta, pediram a voluntários que lessem o conto "A truta", de Seán Ó Faoláin.[24] Trata-se da história de uma menina de doze anos chamada Julia que descobre uma truta presa em um buraco cheio de água perto da casa de veraneio da família. A imagem da truta se debatendo na "minúscula prisão" a assombra. Uma noite, resolve libertá-la. Levanta da cama, vai de pijama até o buraco, põe a truta em um jarro e corre rumo ao rio para lançá-la na água.

Depois de ler a história, os participantes são convidados a discutir suas partes mais evocativas. Uma leitora achou que quando nova se parecia com Julia. Declarou ter sentido "muita afinidade com ela". Quando pequena, ela explicou, também teria tido vontade de salvar a truta. Essa leitora se surpreendeu, destacaram os pesquisadores, com a admiração que ela sentia por Julia. "Lembrava um aspecto 'heroico' às vezes submerso de seu self na juventude", escrevem. Outro leitor comentou que a decisão tomada por Julia de salvar a truta representava seu "primeiro passo rumo à maturidade". Acrescentou, como se falasse por experiência própria, que a maturidade não chega da noite para o dia: leva tempo. "Você só tem consciência de que está amadurecendo", ele disse, "muitos anos depois, quando olha para trás e entende o que estava acontecendo." Esses leitores se comoveram mais com as partes da história de Julia que tinham correlação com suas narrativas. Com a leitura de "A truta", conseguiram se entender melhor.

Assim como os participantes do estudo de "A truta", a plateia do Moth foi profundamente impactada pelas narrativas ouvidas na noite em que Erik compartilhou a história sobre Kate — e pela mesma razão. "Sabe, no intervalo eu vi uma amiga que ficou muito comovida com uma história da primeira parte", disse David Crabb, o mestre de cerimônias. Referia-se à história que uma das narradoras daquela noite contou sobre a morte da mãe. "Estava de olhos marejados", continuou ele, "falando de uma pessoa que ela perdeu e explicando que, com a história, ela se conectou mais com aquele sentimento e aquela lembrança."

The Moth já atraiu todo tipo de contador de histórias, como um secretário de imprensa da Casa Branca, um astronauta, Salman Rushdie e Malcolm Gladwell. Mas não importa quem conta a história, o impacto sentido pela plateia é sempre igual quando bem narrada. As histórias que "fazem todo mundo levitar",[25] segundo as palavras do redator da *New Yorker* Adam Gopnik, são as que têm "um último movimento ascendente, uma pitada de páthos ou autoconhecimento ou justiça poética, para alçar a história, mesmo que por um instante, ao âmbito da fábula ou do simbolismo". Ao compartilhar suas histórias com a plateia, os narradores não criam sentido apenas para si — também ajudam os outros a criá-lo. "E é por isso que contar histórias é tão importante", prosseguiu Crabb. "Acho que certas pessoas imaginam que é só ficar falando de si sem parar. Mas, na verdade, é estender o braço em direção ao vazio, criar um vínculo com os outros e mostrar que eles não estão sozinhos."

5. Transcendência

Peguei um avião de Nova York para San Antonio e depois passei sete horas dirigindo rumo ao oeste, cruzando a terra das cascavéis e tatus, caubóis e gados, para chegar ao Observatório McDonald, em Fort Davis, no Texas.[1] O deserto de Chihuahua, que se estende do semiárido do Texas ao México, é um dos maiores da América do Norte, além de ser um dos mais inclementes. Centenas de quilômetros separam cidades de todos os tamanhos. Pode-se passar horas na estrada sem que se veja outro carro ou qualquer sinal de vida. Ao meio-dia, quando parei para almoçar, fazia 35 °C. À noite, o mercúrio já havia baixado para 1 °C.

O último trecho da viagem era a travessia dos cumes e vales impressionantes das montanhas Davis. El Paso, a maior cidade das redondezas, já estava a 320 quilômetros de distância. Enquanto eu fazia curvas rumo ao pico de uma das montanhas, avistei os três majestosos domos brancos do Observatório McDonald. Numa elevação de cerca de dois mil metros — o ponto mais alto das estradas do Texas a que se pode chegar de carro — os telescópios formam uma acrópole desértica. À noite, repousam sob um dos céus mais escuros da parte continental dos Estados Unidos — um céu tão negro que, depois que o sol e a lua se põem, não dá para ver um palmo diante do nariz.

Essa terra aparentemente árida era o último lugar do mundo onde eu esperaria ver centenas de pessoas reunidas para viver uma experiência transcendental. Mas na noite fria e límpida de julho em que visitei o McDonald, quinhentos indivíduos tinham viajado até o observatório para a famosa "festa estrelada", com o intuito de reencenar um dos rituais humanos mais antigos de que se tem notícia — olhar as estrelas.

Às 21h45, o céu estava escuro. Estava na hora de começar. Um guia nos conduziu por um caminho parcamente iluminado que ziguezagueava em torno de dezenas de telescópios e dava em um anfiteatro. Apertada ao lado de outros observadores de estrelas, olhei para cima e vi o céu se estender ininterruptamente de um horizonte ao outro, como se lá em cima houvesse um enorme domo. A princípio, havia apenas um punhado de estrelas visíveis no céu. Poucos minutos depois, centenas surgiram de repente.

A maioria das estrelas que vimos tinham centenas de milhões de anos e estavam a dezenas de anos-luz de distância — e algumas bem mais longe. Olhar para elas é olhar para o passado: como estão muito longe da Terra, a luz que emitem leva anos para enfim chegar aos nossos olhos, o que significa que quando vemos estrelas no céu, nós as vemos conforme existiam anos atrás. Até a Alfa de Centauro, a estrela mais próxima do nosso sistema solar, está a 41 trilhões de quilômetros de nós; um dia, quando pegar fogo e morrer, observadores da Terra (supondo-se que existam) só ficarão sabendo quatro anos e meio após o ocorrido.

Frank, nosso guia, começou o "passeio constelação" chamando a atenção para a Grande Concha, parte da Ursa Maior. A Grande Concha aponta para a Polar, estrela do hemisfério norte, na constelação Ursa Menor. Durante muitos anos, Frank explicou, "civilizações viram essa constelação como um urso". Temos razões para crer, ele prosseguiu, "que os europeus e os indígenas americanos, sem se conhecer, enxergavam o mesmo animal nesses pontinhos fortuitos no céu. Da perspectiva antropológica, esse dado é interessantíssimo".

Cada civilização também acoplava uma história a essas estrelas. Em Roma e na Grécia antiga, a história das duas ursas começa com o sempre lascivo Zeus. O grande deus queria seduzir a bela ninfa Calisto, que, como seguidora da deusa virgem Ártemis, fizera voto de castidade. Zeus, que não se deixava desanimar, se fingiu de Ártemis, abordou Calisto e a violentou. Mais tarde, quando Ártemis viu que Calisto estava grávida, ficou furiosa e baniu a ninfa de seu círculo. Vagando pela floresta, sozinha e vulnerável, Calisto dá à luz um filho, Arcás. Pouco depois, a esposa de Zeus, Hera, em um acesso de ciúmes, se vinga de Calisto transformando-a em ursa. Passam-se anos e Calisto, sob a forma de urso, se depara com o filho, Arcás, na floresta, e ele quase a mata. Mas Zeus interfere para (meio que) arrumar a bagunça que fez. Transforma Arcás em um urso menor e joga tanto a ursa maior como o urso menor no céu noturno.

Para os povos romano e grego antigos, esse mito transmitia algumas lições importantes acerca do ser humano. Nosso destino, como mortais, está nas mãos de deuses caprichosos. O contato com um ser divino pode levar à imortalidade lá em cima, no céu – a não ser, é claro, que leve a uma morte bárbara, como no mito de Acteon, destroçado por seus cães de caça após ser transformado em veado por Ártemis. O cosmos é um lugar caótico, imprevisível para nós.

"Uma das coisas que vocês verão no telescópio esta noite", anunciou Frank, "é a Nebulosa do Anel, que chamamos de 'disco cósmico'." A nebulosa é a sobra de uma estrela cujo centro já soltou seu gás no espaço e, portanto, se parece com um anel. "É isso o que vai acontecer com o nosso Sol, um dia", declarou Frank, "mas ainda vai demorar bastante tempo."

Em seguida, chamou nossa atenção para a parte sudoeste do céu, onde Marte e Saturno estavam visíveis, pontos de luz proeminentes nas cores vermelho e amarelo. Enquanto descrevia os anéis de Saturno, um meteoro passou voando. A plateia ficou boquiaberta. Um menino berrou: "Foi a primeira estrela cadente que vi na vida!".

Após o passeio das constelações, nos deixaram vagar pela área dos telescópios, cada um deles focado em algum ponto de interesse específico, como Saturno, Marte e a Nebulosa do Cisne, onde, a milhares de anos-luz da Terra, novas estrelas nascem. Outro telescópio focava o Messier 51, duas galáxias em colisão a 25 milhões de anos-luz de distância. Olhar pelo telescópio era olhar para um momento em que os primeiros cavalos e os primeiros elefantes com trombas apareciam na Terra.[2] O ser humano moderno ainda demoraria 24,9 milhões de anos para surgir.

Como a fila para Saturno serpenteava pelo anfiteatro inteiro, entrei na fila para ver o Disco Cósmico. Quando nosso Sol chegar à mesma fase da evolução que a Nebulosa do Anel, já terá destruído a vida no nosso planeta azul há muito tempo. Parado na fila ao lado, um menino de cinco anos pergunta à mãe, "Mamãe, é isso o que vai acontecer com o Sol?".

"É sim, filho", ela confirmou, inspirando profundamente, "mas vai levar alguns bilhões de anos, vai ser muito tempo depois que você e eu e o papai já vamos ter desaparecido."

O menino passou os braços em torno da perna da mãe e olhou para o céu de olhos arregalados. "Uau."

Astrônomos de todos os cantos do mundo vão ao Observatório McDonald. Ficam hospedados no Alojamento dos Astrônomos, na montanha, onde seguem uma programação noturna. Durante o dia, dormem no alojamento, onde cortinas grossas impedem que a luz do sol entre em seus quartos; de noite, quando o escuro é suficiente para a observação do céu, passam horas e horas no domo dos telescópios.

Cheguei no Alojamento dos Astrônomos à tarde e andei pelo prédio na ponta dos pés para não atrapalhar o sono dos pesquisadores. Por volta das três, fui ao refeitório, onde os astrônomos faziam a primeira refeição do dia. Um deles — William Cochran, professor da Universidade do Texas em Austin — me convidou para ir com ele até o Telescópio Harlan J. Smith. Naquela noite, usando uma lanterninha, tracei meu caminho pelo domo de observação até uma sala sossegada, apinhada, repleta de computadores velhos, diante dos quais Bill ouvia música e anotava dados pacientemente.

Bill pesquisa exoplanetas — planetas que orbitam outras estrelas que não o nosso Sol. Como planetas não têm luz própria, sua detecção é muito difícil, e a busca de exoplanetas ainda é uma área emergente da astronomia: as primeiras descobertas confirmadas de planetas orbitando outras estrelas aconteceram na década de 1990. Hoje em dia, cientistas acreditam ter confirmado a existência de cerca de dois mil corpos assim, uma fração mínima dos bilhões de planetas que provavelmente existem em todo o universo. O próprio Bill, numa colaboração com outros pesquisadores, esteve envolvido na descoberta de aproximadamente mil exoplanetas.[3]

Bill usa a sonda Kepler para rastrear emissões de luz de estrelas distantes ao longo do tempo e insere suas observações na base de dados que compartilha com um grupo de outros pesquisadores de planetas, que então examinam os dados em busca de padrões que possam indicar a existência de um exoplaneta. A longo prazo, Bill e os outros procuram os tipos de planetas — pequenos, rochosos e com a distância adequada de suas estrelas — onde, assim como a Terra, poderia haver vida inteligente. A probabilidade de haver um planeta assim é "bastante boa", segundo Bill. "Tem outras cem bilhões de galáxias no espaço, cada uma delas com centenas de bilhões de estrelas. São bilhões, se não trilhões, de sistemas solares. Então, não acho que nós somos os únicos aqui neste universo. Mas por enquanto a gente não sabe. Tem muita coisa que a gente não sabe."

Poucas horas depois, Bill me levou para fora, para uma passarela que circundava a base do domo. A lua havia se posto e tudo ao nosso redor estava preto. O único ruído no ar era do vento. Olhei para a frente e vi um céu pontilhado de milhares de estrelas. Uma estrela cadente após a outra aparecia e sumia. Foi a coisa mais incrível que já vi.

Quando voltamos para dentro, Bill pegou um retrato tirado pelo telescópio Hubble. A imagem enfoca uma porção minúscula do universo — uma cabeça de alfinete — conhecida pelo nome de Campo Ultraprofundo do Hubble. Ela mostra dez mil galáxias distantes, algumas das quais são as mais antigas que conhecemos.

O universo começou há 13,8 bilhões de anos, e algumas das galáxias da imagem já existiam de 400 a 800 milhões de anos depois. Se condensarmos os 13,8 bilhões de anos inteiros da existência do universo em uma hora, as galáxias que vemos no Campo Ultraprofundo do Hubble surgiram uns poucos minutos após o Big Bang. Portanto, ao olharmos o retrato, na verdade olhamos para trás, para o começo do tempo — o começo do universo em si.

"Isto", declarou Bill, "isto para mim é um assombro."

Desde o despertar da consciência humana, homens e mulheres têm olhado para o céu noturno, admirado as estrelas, se perguntado o que são e o que representam. Ao estudar as esferas celestiais, buscavam respostas para as maiores questões da existência humana. Como o mundo começou? Ele vai acabar? O que mais existe lá fora? Procuravam augúrios, sabedoria e indícios de ancestrais. Mas o que procuravam mesmo era sentido.

A mesma coisa continua valendo hoje em dia. Quando olhamos para o céu, não vemos bolas de fogo ou pontos espalhados pelo céu. Vemos ursos e guerreiros. Vemos caçadores e cisnes. Vemos a faixa de pó branco da Via Láctea e, no caso dos religiosos, pensamos "paraíso". Talvez saibamos mais sobre as estrelas do que nossos ancestrais, mas elas ainda são um dos mistérios mais insondáveis da existência humana. Apesar de investirmos tanto na construção de nossas vidas, as poucas décadas que passamos na Terra são quase nada em comparação aos bilhões de anos que o universo existiu antes de nós e continuará existindo depois de nós.

Talvez você imagine que a insignificância que sentimos perante essas informações ressalte o absurdo e a falta de sentido de nossas vidas. Mas, na verdade, ocorre o contrário. A humildade abjeta que sentimos ao perceber que não passamos de pontinhos em um universo vasto e incompreensível paradoxalmente nos enche de uma noção de sentido profunda e potente. Um esbarrão com o mistério — seja sob as estrelas, diante de uma bela obra de arte, durante um ritual religioso ou na sala de parto de um hospital — é capaz de nos transformar.

Esse é o poder da transcendência. A palavra "transcender" significa "ir além" ou "superar". Uma experiência transcendente, ou mística, é aquela em que sentimos ter ido além do mundo cotidiano para vivenciar uma realidade superior. No budismo, a transcendência às vezes é descrita através da metáfora do voo.[4] A pessoa que busca a espiritualidade começa da terra, mas depois sobe, "quebrando o teto". Em seguida, escreve o acadêmico especialista em religiões Mircea Eliade, "sai voando pelos ares [e] demonstra figurativamente que transcendeu o cosmos e atingiu um modo de vida paradoxal e até mesmo inconcebível". A metáfora de "quebrar o teto" capta o elemento-chave da experiência mística, seja ela religiosa ou secular. Você escapa do mundo profano de checar o e-mail ou tomar o café da manhã e cede ao desejo de comungar, mesmo que de forma breve, com uma ordem mais elevada e mais sagrada. Muitas pessoas tiveram experiências transcendentais,[5] e elas estão entre os acontecimentos mais significativos e importantes de suas vidas.[6]

Foi esse o caso de William James, o grande psicólogo americano do século XIX.[7] James tinha tamanho interesse na transcendência que inalou óxido nitroso — gás hilariante — diversas vezes para "estimular a consciência mística". Embora fosse um cientista meticuloso e filósofo pragmático, James assumiu ter sentido "a emoção mais forte" de sua vida sob a influência da droga. Passado um tempo, descreveu sua experiência a uma plateia de Edimburgo. "Uma conclusão", ele disse, "minha mente foi forçada a tirar na época, e minha impressão de sua autenticidade desde então permanece inabalável. É de que nossa consciência normal em estado de vigília, a consciência racional conforme a chamamos, é apenas um tipo especial de consciência, enquanto sua íntegra, apartada dela por um filtro muito tênue, é onde jazem formas possíveis de consciência completamente diferentes... Nenhuma descrição do universo em sua totalidade pode ser conclusiva se negligencia essas outras formas de consciência."

Em sua obra-prima *The Varieties of Religious Experience* [As variedades de experiências religiosas], James argumenta que todas as experiências místicas têm quatro características. Em primeiro lugar, são *passivas*. Apesar de podermos fazer certas atividades a fim de aumentar a probabilidade de termos uma experiência mística — como meditar, jejuar ou usar drogas que alterem a mente — a sensação mística parece se originar de uma força externa. O místico, escreve James, sente "como se tivesse sido apanhado e segurado por uma força superior". Em segundo lugar, são *temporárias*. A experiência mística raramente dura mais que algumas horas, e em geral é bem mais curta que isso. A sensação característica de profundidade e importância — ou do divino, conforme for o caso — brota e se esvai da pessoa.

James sugere que as duas próximas características são especialmente relevantes. Estados místicos, ele ressalta, são *inefáveis*. É difícil, se não impossível, traduzir em palavras a sensação subjetiva e fazer-lhe jus. "A consequência disso", declara James, "é que suas propriedades têm de ser vivenciadas diretamente: não podem ser comunicadas ou transferidas a outrem." Por fim, são *noéticos* — isto é, transmitem conhecimento e sabedoria. "São estados de percepção das profundezas da verdade inexplorados pelo intelecto discursivo", conforme diz James: "São iluminações, revelações, repletas de significância e importância, por mais inexprimíveis que sejam; e como regra carregam consigo um curioso senso de superioridade para os tempos vindouros". O sentido que extraímos da experiência continua conosco, em geral a vida inteira.[8]

Em estados transcendentes, acontecem duas coisas incríveis. De acordo com o psicólogo David Yaden da Universidade da Pensilvânia, especialista em transcendência, primeiro, nosso senso de self vai embora junto com suas preocupações e desejos triviais.[9] Em seguida, sentimos uma ligação profunda com os outros e com tudo o que existe no mundo. O resultado é que nossas angústias acerca da existência e da morte evaporam e a vida, enfim, parece, por um instante, fazer sentido — o que nos traz uma sensação de paz e bem-estar.

Nos últimos anos, cientistas começaram a estudar a reação emocional ao mistério, ao qual chamam de assombro.[10] Sentimos assombro quando percebemos algo tão magnífico e incomensurável que não conseguimos entender, como uma paisagem esplêndida, uma canção maravilhosa, um ato de extrema generosidade ou o divino. Conforme escreveu o filósofo Adam Smith, do século XVIII, o assombro ocorre "quando algo novo e singular se apresenta" e "a memória, entre tudo o que guarda, não é capaz de pescar qualquer imagem similar a essa estranha aparição".[11] Em outras palavras, o assombro desafia os modelos mentais que empregamos para entender o mundo. Portanto, nossa mente precisa atualizar esses modelos a fim de acomodar o que acabamos de vivenciar. Isso explica por que encontros com o mistério e a transcendência são tão transformadores — eles mudam a maneira como entendemos o universo e o lugar que nos cabe nele.

Em 2007, a pesquisadora Michelle Shiota e seus colegas Dacher Keltner e Amanda Mossman publicaram um dos primeiros estudos empíricos que examinam como o assombro afeta nosso senso de self.[12] Recrutaram cinquenta alunos de graduação para um experimento. Quando os estudantes chegaram, em vez tentar a façanha quase impossível de despertar o assombro sob o brilho fluorescente do árido laboratório de psicologia, os pesquisadores levaram os voluntários a outro prédio no campus de Berkeley. Uma imagem digna de assombro os aguardava: na sala principal do edifício de ciências biológicas havia uma enorme réplica do esqueleto de um *Tyrannosaurus rex*. A réplica era de causar espanto. Tinha quase oito metros de comprimento e quatro de altura e pesava cerca de 2300 quilos. Diante do imenso esqueleto, os estudantes foram instruídos a responder à questão "Quem sou eu?" escrevendo vinte frases, todas iniciadas com "Eu sou".

Quando analisaram as declarações, os psicólogos perceberam que se encaixavam em quatro categorias gerais. Eram declarações de cunho físico, como "Eu sou alto" ou "Eu sou magro". Havia respostas com traços de personalidade, como "Eu sou engraçado" ou "Eu sou inteligente". Havia descrições relacionais, como "Eu sou a namorada do John" ou "Eu sou irmão". Por fim, havia respostas pertinentes a uma "categoria universal oceânica". Nesse caso, as pessoas se definiam em termos de algo bem maior que elas. Escreveram declarações como "Eu sou parte do universo" e "Eu sou parte da humanidade".

Ao que parece, as pessoas em estado de assombro se viam de forma bem diferente que seus pares do grupo de controle. Em um estudo anterior, os pesquisadores descobriram que voluntários inspirados pelo assombro tinham uma propensão bem maior a dizer que se sentiam "pequenos ou insignificantes" e "alheios às minhas preocupações cotidianas", e que sentiam "a presença de algo maior que eu". No experimento com o dinossauro, o foco menor dos participantes neles mesmos se traduziu em uma sensação de vínculo com o mundo em geral e com todos que são parte dele. Esse é o paradoxo da transcendência. Leva os indivíduos a se sentirem insignificantes e ao mesmo tempo ligados a algo enorme e cheio de sentido. Como explicar esse paradoxo?

As vivências de meditadores experientes, que descrevem fenômenos semelhantes, talvez sirvam de pista. No auge do momento místico, eles sentem seus limites se dissolverem e, portanto, não sentem mais haver separação entre eles e o mundo ao redor. Têm, nas palavras que um meditador usou em um estudo, "uma sensação de atemporalidade e infinidade. Me sinto parte de todos e de tudo que existe".[13] Ângela de Foligno, freira franciscana do século XIII, foi perfeita ao descrever a sensação: "tive Deus tão completamente que não estava mais no meu estado costumeiro anterior, mas inspirada a encontrar uma paz na qual estivesse unida com Deus e contente com tudo".[14]

Cory Muscara também passou por isso.[15] Nascido no sul de Long Island, ele entrou na faculdade com o objetivo de estudar finanças. Mas quando se formou, em 2012, queria algo mais da vida — e por isso foi para um mosteiro na Birmânia, onde se tornou monge budista. Nos seis meses de estadia, Cory ficava entre catorze e vinte horas por dia meditando, dormia em um colchonete fino em cima de uma tábua e fazia duas refeições simples por dia, uma às 5h30 da manhã e outra às 10h30. Era proibido falar, ouvir música e ler — um regime ascético com o intuito de derrubar os muros do self.

Quando Cory partiu para o mosteiro, procurava aventura. "Eu era o entusiasmo em pessoa", declarou, "e ficava empolgado em romper com tudo o que me dava conforto na minha vida protegida." Ao chegar no mosteiro, situado em quarenta hectares de colinas ondulantes, notou que o quarto, do tamanho de uma cela de presídio, estava cheio de formigas. "É exatamente o que eu quero", pensou. Doze horas depois, já não tinha certeza: chorava na cama, questionando as motivações de sua viagem para a Birmânia.

A situação não melhorou. Poucos dias após o início do rigoroso programa de meditação, que começava todos os dias às 3h30 da madrugada, Cory sentia dores lancinantes por passar boa parte do dia sentado de pernas cruzadas no chão da sala de meditação. A "camada de dor" começava do pescoço, descia pelas costas e circundava o abdômen, onde sentia câimbras quando respirava fundo demais. A dor interferia na meditação: não conseguia se distanciar de seus pensamentos. Só pensava no quanto seu corpo doía. Cinco dias após a chegada, Cory concluiu que não poderia viver assim por seis meses: iria para casa. Mas na data agendada para sua volta, Cory revisitou a razão por que tinha ido para o mosteiro — entender melhor o sofrimento. Resolveu ficar e enfrentar o sofrimento em vez de fugir exatamente daquilo que procurava conhecer.

Durante aqueles dias longos e dolorosos, Cory praticava, ou deveria estar praticando, a meditação de *mindfulness* [atenção plena]. Esse tipo de meditação tem como objetivo inspirar um estado de consciência intensa. Em vez de repetir um mantra, como em outros tipos de meditação, o praticante se concentra em tudo que está acontecendo com ele e em torno dele, como o movimento do tórax ao respirar ou as sensações sutis do corpo ao se mexer. "*Mindfulness*", nas palavras de um de seus professores mais famosos, Jon Kabat-Zinn, "é prestar atenção de um jeito específico: de propósito, no momento presente, e sem tecer juízos."[16]

No final das contas, o indivíduo deve perceber que pode se afastar de seus pensamentos, sentimentos, sensações e experiências e observá-los com neutralidade em vez de deixar que eles o definam. No budismo, a meditação de *mindfulness* é um caminho para a iluminação, ou a percepção de que o self é uma ilusão. À medida que as camadas do self são descascadas através da meditação, resta apenas a experiência crua do indivíduo com o mundo como verdadeiramente é — uma realidade definida pela unidade e a interligação em vez das bobagens do ego.

Cory voltou à sala de meditação na esperança de adquirir alguma sabedoria acerca do sofrimento. Sempre que se concentrava na dor, percebia que sua mente era agitada por pensamentos: "Por que você está fazendo isso? Você não está tirando nada dessa experiência. Como meditar num calor desses? Tem mosquito demais aqui. Você devia ir para outro mosteiro. Você devia estar por aí namorando, não sentado em silêncio o dia inteiro". Essas ponderações, que provocavam raiva, agravavam a dor física. Mas, com o tempo,

Cory se deu conta de que poderia romper o ciclo negativo se distanciando de seus pensamentos e emoções. Poderia "simplesmente conviver com a dor em si", como ele declarou — poderia se sentar à margem de um rio e observar a água correr, para usar a metáfora da *mindfulness*, em vez de se embrenhar na corrente. Embora seu corpo ainda doesse, a "dor secundária" do sofrimento emocional já não a piorava. Depois de entender que tinha controle sobre o modo como vivenciava a dor, soube que seria capaz de permanecer no mosteiro os seis meses inteiros.

Com o passar das semanas, às vezes as meditações de Cory eram serenas e outras vezes sua mente era uma bagunça turbulenta. Sempre que surgia um sentimento bom, como o de tranquilidade, Cory dizia a si mesmo: "É isso que você quer, tenta agarrar essa sensação". Mas a sensação ia embora. Sempre que sentia dor, dizia a si mesmo: "É ruim, tenta resistir". Mas então a sensação também ia embora.

"Uma hora eu acabei dizendo: 'Dane-se. Para de tentar se agarrar às experiências que deseja e largar mão das experiências indesejadas. A vida tem coisas boas e coisas ruins'", ele constatou, "'e você pode tentar puxar para dentro todas as coisas boas e afastar todas as coisas ruins, mas tudo vai mudar de qualquer forma, então deixa para lá'. Depois disso, não houve mais tentativas de puxar ou afastar. Eu conseguia simplesmente conviver com a minha experiência, e isso me deu uma sensação profunda de equanimidade."

Mais ou menos nessa época, Cory intensificou a prática da meditação. Logo depois de chegar ao mosteiro, meditava as catorze horas obrigatórias por dia, e principalmente na sala de meditação. Agora meditava de vinte a vinte e duas horas por dia, sobretudo em seu quartinho escuro. Acordava às 2h30 da madrugada e dormia por volta da meia-noite, saindo do quarto apenas para o café da manhã e o almoço.

Um dia, nas suas últimas semanas de mosteiro, Cory acordou sentindo-se excepcionalmente concentrado. Antes de abrir os olhos, sentiu todas as sensações percorrendo seu corpo como uma corrente elétrica. Levantando-se lentamente da cama, percebeu que não apenas se mexia, mas observava seu corpo se mexer. Durante a meditação matinal, sua mente não vagou em nenhum momento.

Mais tarde, indo para o quarto após o café da manhã, Cory parou em uma ponte e se sentou em um lugar de onde via a lagoa. Nos dias anteriores, quando meditava na ponte, Cory sentia paz e tranquilidade, mas nada além. Porém, no dia em questão, ao olhar para a água, sua concentração ia se intensificando mais e mais, e então algo incrível aconteceu: o senso de divisão entre ele e a lagoa se dissipou. Antes, sempre se sentira uma entidade totalmente distinta ao olhar a lagoa, outra entidade distinta. Agora era tudo "unidade, não dualidade, comunhão", ele declarou. Sentia-se ceder a tudo o que o rodeava.

"Vi claramente que a ideia do self — de distinção, de eu, do interno e externo — é apenas ilusão", ele explicou, "uma criação da mente. Eram como lufadas de fumaça de um cachimbo. A ideia evapora assim que você deixa de criá-la." Naquela manhã, diante da lagoa, quando sua mente parou de criar essa ilusão, seu coração se abriu de súbito e foi tomado por uma onda de compaixão. "Quando você se torna nada", ele explicou, "percebe que é um só com tudo."

Ao voltar para casa, em Long Island, um mês depois, sua postura diante da vida era outra. Em vez de buscar uma carreira lucrativa, Cory queria ajudar os outros a conseguirem aliviar o sofrimento. Foi trabalhar como professor de *mindfulness*. A euforia emocional vivenciada na Birmânia começou a desaparecer, mas o aprendizado continuava com ele. Depois que passou a ensinar, por exemplo, se pegou batalhando para ganhar mais dinheiro e se tornar um ótimo professor. Mas assim que se deu conta de que o ego estava tomando conta, renunciou ao orgulho e se concentrou nos alunos. "É mais fácil abrir mão do meu egoísmo, porque já vi claramente a ilusão que é o self."

Cientistas de fato veem as experiências místicas de gente como Cory acontecendo no cérebro. Andrew Newberg, neurocientista da Thomas Jefferson University, investiga a atividade cerebral de praticantes dedicados de meditação — inclusive budistas, freiras católicas e sufistas — para detectar o que exatamente ocorre durante estados de transcendência. Em um estudo, ele e os colegas estudaram oito praticantes experientes da meditação budista tibetana usando uma forma de imagem do cérebro chamada tomografia computadorizada por emissão de fóton único, ou SPECT.[17]

Os cientistas mediram o nível básico de atividade cerebral dos voluntários e os deixou a sós para meditarem em uma sala particular. Quando um praticante sentia que se aproximava de um momento de transcendência, puxava um cordão que Newberg e o colega Eugene d'Aquili monitoravam de outra sala. Em seguida, os pesquisadores injetavam uma substância radioativa no meditador através de uma sonda intravenosa e, depois de encerrada a meditação, o conduziam até uma câmera especial de alta tecnologia que tirava um instantâneo de sua atividade cerebral. Com a substância radioativa, os pesquisadores podiam ver a quantidade de sangue que fluía para diversas regiões do cérebro: quanto maior o fluxo sanguíneo, maior a atividade na região cerebral; quanto menor o fluxo, menor a atividade.

Newberg e d'Aquili descobriram que no auge do momento místico havia queda na atividade do lobo parietal superior posterior — uma parte do cérebro que Newberg chama de "área de associação orientadora", porque suas principais funções são localizar o self no espaço, ficar de olho nos limites físicos e discernir o self do não self. A área de associação orientadora geralmente é muito ativa, absorvendo informações sensoriais do mundo e utilizando-as para desempenhar a função crucial de nos ajudar a trafegar pelo espaço. Quando os aportes neuronais da área de associação orientadora de nossos sentidos caem de repente, como é o caso dos meditadores, o cérebro não consegue mais separar o self do ambiente ao redor. Indivíduos se sentem ligados a tudo e todos — têm uma sensação de unidade.

Em uma nova linha de pesquisa, Newberg observou o cérebro de místicos sufistas em meditação.[18] O trabalho acerca dos sufistas ainda está nas primeiras fases, mais exploratórias — Newberg só estudou dois até agora —, mas ele pôde elucidar melhor os fundamentos neurológicos dos estados místicos. Durante a meditação, o cérebro dos sufistas exibiu uma diminuição da atividade no lobo frontal, responsável pela tomada de decisões conscientes e por dar ao indivíduo a sensação de controle sobre seu ambiente e seus atos. Se o lobo frontal recebe estímulos neurológicos bem abaixo do normal, a parte lógica, controladora da nossa mente, se desliga e temos a sensação de que nos rendemos.

Apesar de o momento de transcendência uma hora chegar ao fim, conforme ressaltou William James, ele pode deixar uma marca indelével na psique. As pessoas podem basicamente se transformar após a experiência de perder a si mesmas. Veja a história do ex-astronauta Jeff Ashby.[19] Jeff era uma criança quando o primeiro americano, Alan Shepard, viajou pelo espaço. Era maio de 1961. Fazia três anos que a Nasa havia sido criada. Os soviéticos tinham mandado o primeiro homem ao espaço um mês antes. E Ashby, já aos seis anos, começou a sonhar com a ideia de viajar ele também pelo espaço.

Era um momento empolgante para meninos pequenos com sonhos de exploração espacial. Uma década depois do voo de Shepard com o Projeto Mercury, os Estados Unidos lançaram a *Apollo 8* no espaço para que orbitasse a Lua.[20] Foi um marco histórico e um farol de esperança e otimismo num ano que de resto foi tumultuado, com os assassinatos de Martin Luther King Jr. e Robert Kennedy. Os astronautas nunca tinham se aventurado além de uma órbita terrestre baixa. Nunca tinham orbitado outro corpo no espaço.

Aos catorze anos, Ashby sintonizou com o resto do mundo para assistir à transmissão ao vivo da missão na véspera de Natal. Os tripulantes deram dez voltas na Lua e se revezaram na leitura do Livro do Gênesis: "No princípio Deus criou os céus e a terra. Era a terra sem forma e vazia; trevas cobriam a face do abismo, e o Espírito de Deus se movia sobre a face das águas. Disse Deus: 'Haja luz', e houve luz".

Os membros da tripulação da *Apollo 8* também tiraram fotografias deslumbrantes, sendo a mais famosa delas chamada de *Nascer da Terra*. Ver um retrato do planeta a partir do espaço mudaria a forma como a humanidade se entendia. De milhares de quilômetros de distância, nosso planeta era minúsculo e frágil. Em 25 de dezembro de 1968, um dia após a fotografia ser tirada, o poeta Archibald MacLeish publicou no *New York Times*: "Ver a Terra como ela é de fato, pequena e azul e bela naquele silêncio eterno onde flutua, é nos vermos como passageiros juntos na terra, irmãos naquela graça luminosa no frio eterno — irmãos que agora se sabem verdadeiramente irmãos".[21]

Nas décadas posteriores à primeira incursão de seres humanos no espaço, um pouco menos que seiscentos astronautas americanos, russos e chineses tinham conquistado a oportunidade de ver a Terra inteira dessa perspectiva eminente. Jeff é um deles. Em 1999, quando aos 45 anos, realizou o sonho de infância, viajando pelo espaço como piloto de Eileen Collins, primeira comandante de ônibus espacial do sexo feminino. A missão deles era instalar um enorme telescópio chamado Chandra, um complemento ao telescópio Hubble que tiraria fotos de processos de alta energia, como buracos negros, estrelas em explosão e colisões de galáxias. Ashby e Collins decolariam no trigésimo aniversário do pouso na Lua. O tempo de lançamento até o espaço era de 8 minutos — 8 minutos entre estar na Terra e estar 240 quilômetros acima, em órbita. Isso sim é mandar bem.

Do espaço, Ashby viu a Terra como uma esfera perigosamente suspensa no vazio trevoso. A atmosfera era "surpreendentemente rarefeita", ele disse, "como uma folha de papel cobrindo uma bola de basquete". Toda a existência humana ficara para trás como um véu diáfano. "Você se dá conta de que a humanidade inteira está naquela camadinha na superfície daquela rocha", ele explicou. "Você se dá conta de como estamos próximos da possível extinção do vácuo espacial. Se dá conta de que o planeta é pequenininho. Poderia dar a volta nele em noventa minutos. Tirando uma ou duas exceções sem relevância, não se veem as fronteiras entre os países. Só se vê uma massa contígua de terra e água. Tive a impressão de que o que acontece em um lado do planeta afeta o outro lado. Portanto tive uma sensação de conexão — de que estamos todos conectados de alguma forma."

Chegar ao espaço requer anos de treinamento e esforço nos níveis mais altos da academia, do Exército e do governo. Quem tem sucesso se torna parte de uma elite de heróis e heroínas celebrada pela cultura contemporânea e idolatrada em livros de história. Assim, não é surpresa nenhuma que a maioria dos astronautas, inclusive Ashby, seja movida por ambições e êxitos.

A glória da viagem espacial motivou Ashby por muitos anos. Mas após aquela primeira missão, Ashby sentiu que estava basicamente mudado. Começou a procurar uma via mais intensa rumo à satisfação, centrada num bem maior em vez de seus objetivos pessoais. Outros astronautas que foram ao espaço relatam uma transformação parecida. Seus valores, de acordo com um estudo, deixam de ser autocentrados, focados em sucessos, prazeres e independência, e passam a transcender o self, voltando-se para a integração com a natureza, a crença em Deus e a paz mundial.[22] "Você desenvolve uma consciência global instantânea, um interesse pelas pessoas, uma enorme insatisfação com a situação do mundo", outro astronauta afirmou, "e uma compulsão por fazer alguma coisa quanto a isso. De lá da Lua, a política internacional parece uma bobagem. Você tem vontade de segurar um político pela gola, arrastá-lo quase meio milhão de quilômetros e dizer, 'Olha isso, seu filho da mãe'."[23] Cientistas deram a essa drástica mudança de perspectiva o nome de Efeito Panorâmico.

Ashby participou de mais duas missões para auxiliar na montagem da Estação Espacial Internacional. Em seguida, aos 54 anos, saiu da Nasa. Assim como inúmeros astronautas que sentiram o Efeito Panorâmico, resolveu que queria usar sua experiência e talento para fazer algo maior. Ron Garan,[24] por exemplo, fundou a Manna Energy Ltd., organização ecológica que levou água potável a vilarejos de Ruanda e do Quênia, e Edgar Mitchell[25] criou o Institute of Noetic Sciences, que pesquisa a consciência humana.

Baseando-se em sua experiência no espaço, Ashby passou bastante tempo pensando no futuro da humanidade e da Terra. "É impossível ver aquele arco azul diáfano da nossa atmosfera a partir do espaço", ele declarou, "e não criar uma imensa preocupação com a proteção desse monte de vidas frágeis e um desejo de contribuir para a preservação delas."[26]

Dado que um dia o planeta vai perecer ou se tornar inabitável, ele constatou, a humanidade terá de se mudar para outro a fim de sobreviver. "Talvez algum do sistema solar", ele disse, "mas uma hora ou outra, já que nosso Sol tem uma vida finita, precisaríamos nos mudar para um planeta que orbite outra estrela e começar uma civilização por lá." Hoje em dia, Ashby trabalha para uma empresa chamada Blue Origin, fundada por Jeff Bezos, diretor executivo da Amazon.com. Na Blue Origin, Ashby colabora com os colegas para desenvolver a tecnologia que leve as pessoas ao espaço por um custo acessível. A meta de longo prazo é ajudar a tirar as pessoas do planeta caso a Terra fique inabitável. Mas no curto prazo, querem possibilitar que gente comum faça viagens espaciais seguras para que sintam o Efeito Panorâmico e, quem sabe, voltem transformadas.

Poucos de nós voarão em uma espaçonave. Mas mesmo aqui da Terra, todos podemos experimentar a transcendência nos voltando para o mundo ao redor. Talvez ninguém entenda isso melhor do que John Muir, o naturalista do século XIX que defendeu o sistema de parques nacionais e foi o primeiro presidente do Sierra Club.[27]

Muir nasceu na cidade litorânea de Dunbar, na Escócia. Foi lá que se apaixonou pela natureza, em passeios com o avô quando era pequeno. Já com idade suficiente para circular sozinho, passava o tempo livre à beira do Mar do Norte ou nos prados das redondezas. Quando a família imigrou para os Estados Unidos, em 1849, Muir, então com onze anos, viu no mato da fazenda de Wisconsin onde se instalaram outro parque de diversões. Os pássaros, insetos, esquilos, flores e samambaias o encantavam.

O amor de Muir pela natureza se intensificava à medida que amadurecia. Matriculou-se na Universidade de Wisconsin aos vinte e poucos anos e estudou botânica pela primeira vez. A matéria o fazia "voar pelos bosques e prados com um entusiasmo fantástico", como ele diria anos depois. "Assim como todo mundo", escreveu, "sempre gostei de flores, cativado pela beleza externa e a pureza. Agora meus olhos se abriam para a beleza interna, reveladora dos gloriosos rastros de pensamentos de Deus, e cada vez mais condutora ao cosmo infinito."

Se as flores o empolgavam, as montanhas de Sierra Nevada, na Califórnia, o arrebataram. Muir se mudou para o estado em 1868 e passou o verão do ano seguinte no que hoje em dia é o Parque Nacional de Yosemite, onde "pulou em rochas e encostas, debruçou-se na beirada de precipícios apavorantes, deixou o rosto ser encharcado pelos borrifos das cachoeiras, vadeou por prados soterrados por lírios, riu das palhaçadas exuberantes de gafanhotos e tâmias, acariciou a casca de enormes ciprestes e pinheiros e dormiu todas as noites em um colchão aromático de galhos de abeto". Esse são João Batista do século XIX se impressionou com a unidade e harmonia que percebia na natureza. "Quando tentamos analisar algo por si só", ele escreveu, "descobrimos que está emaranhado a tudo o mais que existe no universo."

A reverência de Muir pela natureza sofreu a influência do Transcendentalismo, movimento filosófico que vicejou na Nova Inglaterra por volta da época em que nasceu.[28] Uma das obras seminais do movimento foi o ensaio de 1836 escrito por Ralph Waldo Emerson, "Natureza".[29] Para Emerson, a beleza que vemos na natureza é reflexo da beleza divina; a natureza em si é uma manifestação de Deus e um portal que leva a Ele. Porém, Emerson achava que a maioria das pessoas não valoriza esse esplendor. Estavam distraídas demais, segundo lamentava seu amigo Henry David Thoreau, com os afazeres do cotidiano — um problema que só piorava com a aceleração do ritmo de vida provocada pela industrialização e o advento dos trens. "Para a mente embotada", observou Emerson, "a natureza toda é inerte. Para a mente iluminada o mundo inteiro arde e faísca de luz."[30]

Muir era uma das mentes iluminadas. Para ele, estar na natureza era uma experiência transcendental. Quando fazia suas incursões pela selva, não via apenas montanhas, riachos e prados: via a face de Deus e se dava conta de sua pequenez. "Por que o homem deveria se ver como uma parte diminuta de uma grande unidade da criação?", escreveu. Em "Natureza", Emerson usou um linguajar diferente para descrever o mesmo sentimento. No bosque, anotou: "Sinto que nada pode me ocorrer em vida — nenhuma desgraça, nenhuma calamidade, (deixando-me meus olhos), que a natureza não seja capaz de reparar. Parado sobre o solo exposto — minha cabeça banhada pelo ar jubiloso e suspensa rumo ao espaço infinito — todo egoísmo cruel desaparece. Me torno um globo ocular transparente. Sou nada. Vejo tudo. As correntes do Ser Universal circulam dentro de mim: sou parte da partícula de Deus".

A experiência de Muir e Emerson com a natureza foi a mesma de Jeff Ashby no espaço e de Cory Muscara no mosteiro da Birmânia. Mas para mudar a perspectiva só precisaram andar ao ar livre. "Se isso é misticismo", conforme declara o biógrafo de Emerson, "é misticismo de um gênero que ocorre comumente e é facilmente aceitável."[31]

Em estudo publicado em 2015, o psicólogo Paul Piff e seus colegas investigaram o efeito que um encontro com a natureza que causasse assombro teria sobre os voluntários.[32] Será que se sentiriam, assim como Emerson, um globo ocular transparente após uma caminhada no bosque? Para descobrir, os pesquisadores levaram noventa estudantes de graduação, um de cada vez, a um bosque de eucaliptos imponentes. Metade passou um minuto contemplando as árvores de sessenta metros, os outros passaram o mesmo tempo fitando um prédio alto a alguns metros de distância.

Os estudantes não sabiam o objetivo do estudo — a informação que receberam era de que os pesquisadores estudavam a percepção visual. Ainda assim, aquele minuto debaixo do bosque imponente foi transformador.

Depois que os estudantes passavam um tempo olhando as árvores ou o edifício, um pesquisador se aproximava deles com uma caixa de canetas e um questionário. Em seguida, o pesquisador deixava as canetas caírem no chão "por acidente". Piff e os parceiros testavam a hipótese de que o assombro sentido faria com que os estudantes se concentrassem menos nos interesses pessoais e mais nos outros e no mundo de modo geral. Foi esse o caso: quem havia encarado as árvores era mais prestativo, catando um número bem maior de canetas do que os voluntários do grupo de controle. O questionário a que responderam esclarece as razões. Pessoas tomadas pelo assombro, segundo os pesquisadores, tiveram a impressão da própria relevância diminuída em comparação com os outros, e isso provavelmente os levou a serem mais generosos. Assim como ocorreu com Emerson, a vaidade mesquinha desapareceu. Abandonaram a presunção, que muitos de nós temos, de que eram o centro do mundo. Eles se distanciaram do self para se conectar com eles mesmos e com os outros.

O abandono do self vivenciado durante uma experiência transcendental às vezes é chamado de "morte do ego", e nos prepara para o derradeiro abandono do self que todos vivenciaremos: a morte em si. "Muita gente, quando pensa na morte", escreve o psicólogo Mark Leary, "pensa no fato de que esse algo consciente — o self que parece essencial à própria existência — deixará de existir."[33] O fim do self com a morte é uma ideia aterradora para a maioria das pessoas. Mas quem já sentiu a morte do ego durante uma experiência transcendental está muito mais preparado para encarar e aceitar essa perda.

Vejamos o caso de Janeen Delaney, diagnosticada com leucemia terminal em 2005.[34] Janeen crescera em uma família cristã do Michigan, mas acabou se distanciando da fé. Já adulta, se considerava vagamente espiritualizada e se inspirava no budismo, mas não seguia nenhuma prática religiosa ou contemplativa formal. Ao receber o diagnóstico, a falta de religião de repente lhe pareceu uma lacuna. "Eu não tinha uma crença em vigor", declarou, "e isso me incomodou."

Não existe hora boa para receber um diagnóstico de câncer, mas para Janeen o momento foi extremamente complicado. Dois anos antes, em 2003, tinha passado por uma cirurgia de coração aberto. Após sobreviver a esse trauma, saber que tinha uma leucemia incurável foi um baque ainda mais duro. "Todas as dificuldades enormes que já tive de enfrentar, sabe, eu sempre dei a volta por cima." Mas depois do diagnóstico, ela prosseguiu, "vivi momentos em que eu só pensava, 'cara, quantas vezes você vai conseguir dar a volta por cima?'". Sentia-se desconectada, mas não sabia do quê. Era como "estar no meio do deserto".

Em 2008, Janeen descobriu um estudo que era conduzido na John Hopkins University. Os pesquisadores queriam saber se uma experiência transcendental, desencadeada pela droga psilocibina, teria um efeito terapêutico em indivíduos que enfrentavam a iminência da morte. A psilocibina, ingrediente ativo dos cogumelos alucinógenos, é capaz de incitar experiências místicas e sensações de assombro e êxtase nos usuários, e, assim como muitos alucinógenos, é usada para fins religiosos há muito tempo. "No instante em que li sobre o estudo", disse Janeen, "eu soube, antes mesmo de discar o número, eu soube que era exatamente disso que eu precisava."

Desde a Antiguidade, os rituais de místicos, as pessoas em busca da espiritualidade e os xamãs do mundo inteiro consumiram alucinógenos.[35] Muitos povos indígenas da América do Norte ingeriam mescal e "cogumelos divinos", por exemplo, e temos motivos para crer que alucinógenos faziam parte das cerimônias dos povos ários do Irã e da Índia moderna, e também dos mistérios de Elêusis da Grécia antiga. Essas plantas eram sagradíssimas e reverenciadas, e acreditava-se que apresentavam aos usuários uma porta para o mundo dos espíritos e dos deuses. Quem as consumia entrava em um mundo transcendental em que tinha visões e ouvia vozes que interpretava como divinas. Os astecas chamavam os cogumelos mágicos de *teonanácatl*, "carne de Deus".

Roland Griffiths, o pesquisador-chefe do estudo, não atribui nenhuma propriedade divina à droga.[36] Porém, seus vinte anos de prática de meditação instigaram sua curiosidade pelo misticismo e sua compatibilidade com a visão secular de mundo que tem como psicofarmacologista. Será que uma experiência transcendental poderia diminuir o medo e a ansiedade sentidos por Janeen e outros pacientes ao serem diagnosticados com uma doença terminal?

Para descobrir, os pesquisadores prepararam cada participante de forma intensa. Para cada dose, acomodavam o participante em uma sala confortável, reservada, equipada com máscara de olhos e fones de ouvido. O objetivo da máscara era impedir que perturbações visuais interferissem na experiência interior. O fone reproduzia uma lista de canções programadas pelos pesquisadores para acompanhar os altos e baixos da experiência transcendental induzida pela droga. Os voluntários eram advertidos sobre o que poderiam sentir após tomar a droga, e durante as sessões dois membros da equipe de pesquisadores ficavam na sala com o voluntário para auxiliá-lo em caso de necessidade. De modo geral, os pesquisadores fizeram o possível para garantir que os participantes se sentissem seguros e protegidos — para que não tivessem uma *bad trip*.[37]

Parte do rigor do processo se devia ao fato de que Griffiths e sua equipe queriam evitar o destino de Timothy Leary, carismático psicólogo e ícone da contracultura da década de 1960. Leary, psicólogo acadêmico da Universidade de Harvard, ouvira falar do uso de "cogumelos divinos" no México.[38] No verão de 1960, foi ao México e provou-os com alguns amigos em uma vila de Cuernavaca. Na época, estava à beira de uma crise de meia-idade. Perto de completar quarenta anos, ele reclamou: "Era um homem de meia-idade envolvido no processo de morte da meia-idade. Minha alegria na vida, minha franqueza sensual, minha criatividade: tudo ia morro abaixo". Mas sua experiência transcendental — inclusive com visões psicodélicas — o fez retomar a vida. "Em quatro horas à beira da piscina em Cuernavaca", ele relata na autobiografia, "aprendi mais sobre a mente, o cérebro e suas estruturas do que nos quinze [anos] anteriores como psicólogo diligente." O véu, explicou, havia sido tirado de seus olhos, e agora era "um outro homem".

Quando voltou para Harvard, Leary já tinha convicção de que alucinógenos eram algo potente. Deu início ao Projeto Psilocibina de Harvard para definir "as condições sob as quais a psilocibina pode ser usada para expandir e aprofundar a experiência humana" — e também começou a promover publicamente o uso de drogas psicodélicas. Porém, o entusiasmo de Leary por essas drogas provocou falhas na metodologia de pesquisa. E depois que o LSD se popularizou sob a perspectiva recreativa, houve uma revolta contra Leary e contra as drogas. Ele foi demitido de Harvard em 1963, e drogas alucinógenas se tornaram ilegais no país inteiro poucos anos depois. Richard Nixon declarou Leary "o homem mais perigoso da América".[39]

Após mais de cinquenta anos, Griffiths e seus pesquisadores adjuntos cautelosamente abrem caminho nesse gênero de pesquisa com a aprovação do governo federal. Seus estudos examinaram o impacto que a psilocibina causa em quatro grupos: voluntários saudáveis, pacientes ansiosos ou deprimidos diagnosticados com câncer terminal, pessoas interessadas em parar de fumar e profissionais da religião, como clérigos.[40] Os resultados confirmaram várias vezes o poder que as experiências transcendentais têm na construção do sentido — fato que Janeen descobriria logo.

Depois de tomar a cápsula, Janeen ficou na sala por cerca de oito horas, deitada no sofá, escutando a trilha sonora preparada pelos pesquisadores. Durante esse período, teve uma experiência mística clássica. Sentiu o tempo estancar; sentiu-se ligada a algo vasto que ia muito além do âmbito das vivências comuns; foi tomada pela sensação de assombro. "Não havia nenhum átomo do meu ser que não tenha se fundido ao divino", ela falou ao relatar a experiência. "Você pensa nessas coisas, tem algumas experiências transcendentais, mas então passa por uma das grandes e você pensa *meu Deus do céu.*"

O momento mais dramático ocorreu durante o "Adágio para cordas" de Samuel Barber, que tocava quando Janeen atingiu seu ápice. Estava concentrada na beleza da peça quando notou que sua respiração seguia a melodia. Quando a canção chegou ao clímax, as notas foram ficando cada vez mais agudas. Chegando ao ápice da escalada, ela prendeu o fôlego. "E então a canção chegou ao fim e, naquele instante", ela contou, "me dei conta de que tudo bem não respirar mais. Foi uma revelação esquisita. Ter a consciência de que tudo bem parar de respirar — foi uma enormidade para mim."

Assim como ocorreu com vários outros pacientes com câncer que Griffiths estudou, a ansiedade de Janeen evaporou.[41] O medo da morte diminuiu. "Quando você vive essa experiência", ela explicou, "você perde o medo." Ela prosseguiu: "Isso não quer dizer que não senti medo quando extraíram meu rim, ou da agressividade desse câncer. Mas eu só precisava me lembrar do que eu tinha dito: quando você chega ao fim, tudo bem não respirar".

"Se você tem a forte perspectiva materialista de que tudo termina com a morte do corpo, sem nenhum sentido ou esperança que vá além disso", explicou Griffiths, "a morte se torna uma possibilidade funesta." Porém, acrescentou, se "você vivencia a transcendência, em que tem a noção de interconexão de tudo e um apreço atordoante pela vida e a consciência, acreditando ou não no paraíso ou no carma ou na vida após a morte, você se dá conta da nossa profunda ignorância quanto ao mistério espantoso do que é estar vivo e estar alerta". No caso de Janeen, essa experiência com o mistério lhe permitiu fazer as pazes com o fato de que morreria.

"Estou sentada na varandinha dos fundos da minha casa", disse Janeen em 2014, "vendo minhas plantas crescerem, e tudo que meus olhos veem é o universo. Você é o universo, você é parte do todo." Perceber que era parte de algo muito maior foi reconfortante. Ajudou-a a repensar a morte como só mais uma etapa de um ciclo maior.

Os budistas, contou Janeen, usam o exemplo da nuvem para ilustrar a questão. A nuvem que some do céu morre? "Mais cedo ou mais tarde", declara o monge budista Thich Nhat Hanh, "a nuvem vai virar chuva ou neve ou gelo. Se você olhar bem a chuva, vai ver a nuvem. A nuvem não se perdeu:

se transformou em chuva, e a chuva se transformou em grama e a grama em vacas e depois em leite e depois no sorvete que você toma".[42] A nuvem não morreu. De uma forma ou de outra, sempre esteve no universo. Do mesmo modo, a experiência transcendental ajudou Janeen a perceber que ela também sempre estaria no universo de uma forma ou de outra – e foi por isso que, quando chegou a hora, ela sentiu que tudo bem se parasse de respirar. Janeen faleceu em 2015.

6. Crescimento

"Você sonha muito com ela?", Sarah indagou. "É como se ela chegasse para você e dissesse: 'Vai ficar tudo bem'?"

"É. Já tive sonhos assim. Mas também dos mais comuns. Uma vez, por exemplo", Christine disse, "sonhei que ela estava lavando a louça e eu cheguei perto dela e disse: 'Esquece a louça. Depois eu cuido dela'. E foi só isso. Curtinho. Mas teve outra vez que sonhei que estava sentada no banco e ela se aproximou e se sentou do meu lado. Segurou a minha mão e falou: 'Vai ficar tudo bem'. Foi profundo. Eu *senti* a mão dela na minha, *fisicamente*." Christine pôs uma mão sobre a outra.

"E então", ela prosseguiu, "eu acordei e pensei; 'Nunca mais vou ver a minha mãe'. Volta e meia me dou conta disso. Tipo, estou andando na rua e acontece alguma coisa e penso: 'Ah, vou contar isso para a minha mãe'. Mas aí me lembro que não posso. Porque ela morreu." Christine mexeu na comida do prato com o garfo. "Ela estava *aqui* agorinha mesmo. Dá para vê-la entrar porta adentro. E agora", ela disse, balançando a cabeça e olhando para baixo, "nunca mais vou vê-la."

"Eu ainda não tive nenhum sonho desses", declarou Sarah, "com o meu pai."

Eu estava sentada à pequena mesa de jantar quadrada do apartamento de Sarah em Washington Heights, em Manhattan. Éramos cinco em volta da mesa – Sarah e o namorado, Raúl, Christine, outra moça chamada Sandy e eu.

Quando Sarah e Christine falaram de sonhar e não sonhar com os falecidos pais, já eram oito horas de um domingo fresco de outubro. Christine, Sandy e eu tínhamos chegado duas horas e meia antes, levando vinho, chips e guacamole, além de uma torta de maçã. Sarah preparara moussaka e, depois da nossa chegada, Raúl fez alguns coquetéis: suas tequilas com infusões estavam numa mesinha de canto, em potes de vidro tampados. As luzes estavam baixas. Uma música indie instrumental servia de pano de fundo. De vez em quando, um dos dois gatos do apartamento avançava pelo chão.

Bem-vindo ao Dinner Party, uma comunidade nacional de jovens adultos que passaram pela morte inesperada de um ente querido.[1] Em diversas cidades dos Estados Unidos, grupos como o de Sarah, Christine, Sandy e Raúl se reúnem com frequência para dividir o pão e falar das perdas que afetaram suas vidas. Apesar de ser minha primeira vez com os outros quatro, eles vinham se reunindo havia algumas semanas na casa de Sarah e Raúl. Eu não tinha vivenciado uma perda como a deles, mas fui convidada a participar, a ver como as pessoas podem se unir para criar um sentido e crescer a partir do sofrimento.

Todos carregamos algum tipo de bagagem emocional — bagagem que pode vir com temor, mágoa, culpa e insegurança. Quase todo mundo tem dentro de si pelo menos uma fonte específica de dor que tinge sua visão do mundo.[2] A lembrança da mãe alcoólatra ou do pai abusivo, a dor de ser alvo de zombarias na escola, o horror de perder um filho, o trauma de sofrer um estupro, a impotência de ser refém da depressão, um câncer, um vício ou outros males da mente e do corpo: essas experiências do sofrimento podem ser tremendamente difíceis de superar.

Também representam sérias ameaças à descoberta do sentido da vida. Podem destruir nossas premissas fundamentais a respeito do mundo — de que as pessoas são boas, o mundo é justo e nosso ambiente é um lugar previsível e seguro.[3] Podem incitar ceticismo e ódio. Podem nos jogar no desespero e até nos causar o desejo de darmos um fim às nossas vidas. Podem nos levar a termos relações problemáticas, a perdermos a noção de nossa identidade e propósito, a abandonarmos nossa fé, a concluirmos que não temos importância ou que a vida não tem sentido — que é tudo, conforme diz o Macbeth de Shakespeare, "som e fúria, sem sentido algum".

Esse porém é um retrato incompleto da adversidade. Experiências traumáticas podem deixar feridas profundas, às vezes permanentes. No entanto, enfrentá-las também pode nos ajudar a crescer de formas que no fim nos darão mais sabedoria e tornarão nossas vidas mais satisfatórias.[4] Fazemos isso nos fiando nos pilares do pertencimento, do propósito, da narração e da transcendência. Se esses pilares são fortes, podemos nos escorar neles quando atingidos pela adversidade. Mas, caso os pilares desmoronem ou caiam em consequência de um trauma destruidor, podemos reerguê-los, dessa vez ainda mais robustos e mais resistentes. Foi isso que vi Sarah, Christine, Sandy e Raúl fazerem ao redor da mesa de jantar naquela noite de outono nova-iorquina.

O Dinner Party começou em 2010, quando duas mulheres, Lennon Flowers e Carla Fernandez, se conheceram em Los Angeles e perceberam que ambas tinham acabado de ficar órfãs. O pai de Carla morrera em decorrência de um tumor cerebral, e a mãe de Lennon, de câncer pulmonar. Na época, ambas tinham 21 anos e estabeleceram um vínculo imediato por conta da experiência em comum, principalmente porque as duas sentiam que não podiam conversar sobre a perda com outros amigos. Os amigos se constrangiam quando os falecimentos vinham à baila. Sem saber o que dizer, apenas declaravam sentir muito e mudavam logo de assunto. Não era culpa deles — não sabiam como agir, conforme Lennon me falou quando nos encontramos em Nova York —, mas suas reações faziam com que ela e Carla se sentissem sozinhas. Assim, foi um alívio descobrir alguém em quem confiar durante os altos e baixos do luto.

Carla fez uma lista de algumas pessoas de vinte e poucos anos que haviam perdido entes queridos e as convidou para um jantar em seu apartamento. Cinco mulheres compareceram. Acabaram conversando até as duas horas da madrugada, como se fossem melhores amigas. Lennon e Carla se deram conta de que tinham criado uma comunidade especial naquela noite e depois começaram a pensar em formas de espalhar a comunidade pelo país.

Em 2016, o que começou com um jantar informal no apartamento de Carla já havia se transformado em um movimento e organização nacional sem fins lucrativos. Graças a Carla e a Lennon, jovens enlutados se reúnem atualmente ao redor de mesas em mais de sessenta cidades do mundo — de San Francisco a Washington, DC, a Vancouver e Amsterdam — para jantares com poucas pessoas como aquele de que participei em Washington Heights.

Lennon e Carla também organizaram retiros para anfitriões do Dinner Party como Sarah e fizeram eventos em Nova York e San Francisco para analisar como as pessoas lidam com o luto. Mas o foco da organização é nos jantares em si. Cada mesa recebe cerca de seis a dez pessoas, e, quando chega ao limite, não raro surge uma lista de espera ou outra mesa na mesma cidade.

No jantar, não há programação ou tema. Os membros do Dinner Party podem falar do que bem entenderem, como problemas de relacionamento ou o padrão de beleza da mídia, como no jantar a que fui. Mas acabam tocando no assunto da morte do ente querido. Como viver minha vida se a pessoa que mais amo morreu? O que eu devo fazer agora que a pessoa que sempre torceu por mim e me aconselhou não está mais aqui? Como é que eu lido com a culpa de não a ter tratado tão bem quanto ela merecia quando estava viva? Está morta mesmo, do pó ao pó, ou está zelando por mim? Como achar sentido nessa perda repentina e inesperada? São essas algumas das questões que surgem e ressurgem à mesa.

A mãe de Christine faleceu cinco anos antes do jantar, quando a jovem estava no terceiro ano do curso de engenharia na Universidade de Michigan. A mãe voltava do trabalho para casa e um caminhão em velocidade a atropelou quando atravessava a rua. Ela morreu na hora.

Christine e a mãe eram muito próximas. Encontravam-se frequentemente para ver filmes e fazer jantares. Antes da morte da mãe de Christine, um terrível acidente de carro fez com que ela parasse de dirigir, por isso a estudante reorganizou sua agenda para poder sair de Ann Arbor quase todos os dias e bancar a motorista da mãe. Um dos motivos para Christine ter se decidido a estudar engenharia foi a vontade de encontrar um bom emprego quando se formasse e ajudar a mãe.

A dedicação de Christine aos estudos era tanta que praticamente não tinha vida social. Embora a mãe não tenha feito nenhuma pressão para a filha se sair bem academicamente, Christine volta e meia sacrificava o tempo com a mãe para estudar: "Tinha horas em que eu simplesmente não conseguia deixar os trabalhos da faculdade de lado, então eu ligava pra ela e dizia: 'Mãe, não dá. Tenho que estudar'. E ela sempre respondia: 'Ah, não tem problema nenhum'. Era muito compreensiva".

Na noite em que a mãe faleceu, Christine estava em um museu de arte num encontro, um intervalo atípico na agenda de estudos. Ela disse à mãe que não poderia buscá-la como sempre fazia. Não tinha problema nenhum, a mãe declarou: voltaria para casa de ônibus. Mais tarde, Christine percebeu seu telefone tocando. Era a mãe.

"Não gosto de falar ao telefone dentro de museu", explicou Christine. "Então, quando vi que ela estava ligando, disse a mim mesma que retornaria a ligação mais tarde."

Christine só voltou a olhar o telefone no fim da noite. "Vi dez ligações perdidas e recados de números desconhecidos", contou. "Nunca é coisa boa. Retornei o telefonema e alguém do hospital disse: 'Sua mãe sofreu um acidente. Você precisa vir logo'. Perguntei: 'Ela está bem? O que foi que aconteceu?', e ela disse: 'Você precisa vir logo. Alguém precisa te trazer aqui'."

"Eu ainda não consigo entender", Christine falou sobre a morte súbita da mãe. "Sou do tipo que tenta entender por que as coisas acontecem. A lógica por trás. Mas nesse caso eu não consigo."

"Não precisa fazer sentido", disse Raúl. "Às vezes acontece uma merda. Faz parte a capacidade de deixar pra lá. Aceitar que a vida vem com muito caos embutido. A luta do ser humano é para se conformar com a ideia de que a vida é caótica, mas conseguimos controlar quase todas as incertezas. Só que aí, um dia, um irresponsável atropela sua mãe."

"Quer dizer", constatou Christine, "ela foi assassinada por um idiota. Um cara irresponsável e imbecil. Nem sabe que destruiu a vida de uma família inteira, causou uma devastação. Como é que ele pode seguir vivendo e minha mãe está morta? Me senti tão desesperançada depois: nada fazia sentido. Ela não estava mais aqui. Como? E fico dividida entre a raiva e uma parte de mim que tem vontade de deixar para lá e viver minha vida. Seguir em frente." Batendo as mãos na mesa, ela disse: "Eu morro de ódio dos seres humanos. Ao mesmo tempo, você tem que viver sua vida. Ir em frente".

"É para isso que serve o niilismo", disse Raúl.

No início da noite, Raúl declarou ter perdido a fé na humanidade após a morte de um amigo. Na época, Raúl fazia faculdade no Alasca. Nadava com o amigo em uma lagoa com cascalhos de Fairbanks quando ambos começaram a sentir câimbras na água gelada. O amigo de Raúl começou a se afogar, Raúl tentou salvá-lo, mas logo ficou exausto. Gritou para pedir a ajuda de quem estava na costa, mas ninguém apareceu. Imaginavam que os dois rapazes estavam tentando pregar uma peça. Raúl quase se afogou quando o amigo o empurrou para baixo d'água na tentativa de permanecer na superfície. Raúl acabou se dando conta de que, se não nadasse até a margem, morreria. Esgotado de tanto lutar, o único jeito que Raúl achou de nadar foi de costas. À medida que seguia em direção à própria segurança, via o amigo lutar para voltar à tona e afundar — e depois lutar e afundar, e lutar e afundar — até acabar se afogando.

Quando enfim chegou à margem, estava quase delirante. As primeiras pessoas que viu eram uma mãe com o filho, que brincava com uma jangada. Atordoado, Raúl perguntou se poderia pegar a jangada porque o amigo estava se afogando. Não acreditaram nele. A mãe disse: "Então por que você não vai lá e salva seu amigo?". Mas era tarde demais para mandar alguém lá para salvá-lo. O corpo foi achado três dias depois. Para Raúl, era difícil imaginar que a morte do amigo fosse algo mais que um acontecimento sem sentido.

"Flertei com essa filosofia", Christine falou, se referindo ao niilismo, "mas não achei muito produtiva."

Então, Christine se formou e se mudou para Nova York, onde abandonou os planos de ser engenheira. Resolveu seguir o que imaginava como sua verdadeira vocação: a confeitaria. "Não teria feito isso se minha mãe não tivesse morrido", ela declarou. "Depois de um acontecimento desse", prosseguiu, "você repensa a sua vida e quem você é e o que almeja fazer. Noventa e cinco por cento das decisões que tomo agora são influenciadas pelo fato de que ela morreu. Então, é, confeitaria."

Fiquei impressionada, sentada ali, vendo-os falar — às vezes com raiva, às vezes com tristeza, às vezes com profundos remorso e culpa —, com a forma como, a cada frase, lutavam para compreender a perda e o que ela significava para suas vidas agora. Alguns já estavam mais avançados na recuperação e no crescimento. Mas todos se apoiavam em alguns, se não todos, dos pilares do sentido. Formavam uma comunidade. Tentavam descobrir quais eram seus propósitos à luz da perda. Esforçavam-se para entender o que havia acontecido. E participavam de um ritual que os ajudava a deixar de lado o tumulto do dia a dia a fim de encontrar a paz.

Foi por isso que Carla e Lennon fundaram o Dinner Party: queriam levar sentido a pessoas cujas vidas foram transtornadas pelo luto. "Queremos criar um movimento", disse Lennon, "em que as pessoas vivam melhor e com mais força em vez de saírem dos trilhos e serem destruídas pela perda."

* * *

A noção de que somos capazes de passar a levar vidas mais intensas e mais significativas através da adversidade é antiga na literatura, na religião e na filosofia — nas palavras famosas escritas por Nietzsche, "O que não me mata me fortalece". Mas é uma ideia relativamente nova na psicologia convencional.[5] Até pouco tempo atrás, muitos psicólogos consideravam o trauma sobretudo um estressor catastrófico. Uma das características do trauma, acreditavam eles, era causar danos psicológicos e físicos às pessoas, às vezes a ponto de incapacitá-las. Em 1980, a Associação de Psiquiatria Americana acrescentou o transtorno de estresse pós-traumático ao *Manual Diagnóstico e Estatístico de Transtornos Mentais*, usado por psicólogos e psiquiatras para diagnosticar transtornos mentais.[6] Desde então, o estresse pós-traumático tem recebido bastante atenção dos especialistas, da imprensa e de pessoas comuns tentando entender o que acontece a alguém após uma crise.

A história de Bob Curry, veterano da Guerra do Vietnã, originário de Milwaukee, Wisconsin, é um bom exemplo do que exatamente os psicólogos falavam.[7] Curry foi criado em um bairro operário, o tipo de lugar, segundo ele, em que a população come muita torta de maçã e assiste a um bando de filmes de John Wayne. Quando criança, ele levou a sério a lição de "não questionar" transmitida no discurso de posse de John F. Kennedy. "O que o seu país lhe pedir", Curry lembra de ter pensado, "você faz."

Os protestos contra a Guerra do Vietnã estavam no auge quando ele era adolescente. Ainda assim, Curry sentia uma grande vontade de servir a seu país. Ele se alistou nas Forças Armadas assim que terminou o ensino médio. "Imaginei estar agindo certo, fazendo o que precisava fazer", ele explicou. "Foi uma época digna da minha vida. Eu fazia o que me pediam. E achava que o que eu fazia era salvar ou ajudar os outros a salvarem as pessoas mais necessitadas."

Durante a guerra, em missões de reconhecimento, Curry sobrevoou o Vietnã do Norte e o Laos. Foi uma experiência aterradora, ele disse. Seu avião volta e meia era bombardeado por fogo inimigo e ele quase morreu diversas vezes. O horror dessa experiência de guerra nunca o abandonou, tampouco a culpa de sobreviver à guerra quando tantos outros — inclusive amigos seus — morreram. Ao voltar para casa, em 1971, Curry era outra pessoa. Tentou levar uma vida normal, e de início se saiu bem. Constituiu família, comprou casa e trabalhou para a IBM. Tinha alguns flashbacks, mas de modo geral conseguia esconder a culpa e o medo.

Quando a Guerra do Golfo começou, em 1991, no entanto, o frágil domínio que Curry tinha sobre sua vida foi-lhe escorrendo por entre os dedos. Não conseguia escapar das imagens de guerra reproduzidas o tempo inteiro nos canais de TV a que assistia e nos jornais que lia. Essas imagens o levavam de volta ao Vietnã. Os flashbacks pioraram, e ele passou a ter pesadelos em que seu avião caía. Assustava a esposa batendo a mão na cabeceira da cama durante a noite, como se procurasse a alavanca de ejeção acima de sua cabeça. Também passou a beber muito. Mas foi em vão. Depois dos ataques de Onze de Setembro, que de novo colocaram a guerra sob os holofotes nacionais, os flashbacks se intensificaram, assim como as bebedeiras.

Em um dia de 2002, Curry estava numa drogaria perto de Milwaukee esperando o remédio controlado que foi comprar para a esposa. Começou a folhear uma revista e viu algo chocante. Os restos mortais de dois homens com os quais havia servido, e que eram considerados desaparecidos em combate, tinham sido descobertos no Laos. Saber que os velhos amigos estavam mortos o levou a se embebedar. Só se lembra de acordar no hospital com dois policiais à beira da cama. Disseram que ele havia sofrido um acidente de trânsito. Em seguida, afirmaram que ele tinha atropelado e matado um homem.

Após o acidente, Curry foi acusado de homicídio e levado a julgamento. Foi inocentado após ser diagnosticado com transtorno de estresse pós-traumático e mandado para um hospital psiquiátrico público. Lá, ruminou a destruição que havia causado. Ao longo do julgamento, ele e a esposa perderam a casa, e a filha teve de largar a faculdade por motivos financeiros. Curry pensou em dar fim à própria vida. Afinal de contas, tinha destruído não só sua família, mas também a do homem que havia matado. "Eu deveria estar preso", concluiu quando o julgamento terminou. "Eu deveria estar morto. Deveria me suicidar." Mas tinha se dado uma segunda chance. "Como é que sigo em frente", ele se perguntava, "mesmo com todos os danos que causei?"

Pensou numa experiência que teve durante o julgamento. Seu padrinho dos Alcoólatras Anônimos, também veterano da Guerra do Vietnã, o levara para almoçar em um posto dos Veteranos de Guerras em Países Estrangeiros. Curry ficou impressionado com a catarse gerada pela experiência. Comeram hambúrgueres e tomaram Coca Diet cercados de recordações que o faziam se lembrar da guerra, mas não instigavam flashbacks negativos. Na verdade, traziam à tona a lembrança dos motivos que o levaram a se alistar nas Forças Armadas: o desejo de servir ao país que amava.

Nesse ambiente seguro, podia criar laços com gente que teve experiências similares durante a guerra e que lidava com consequências similares depois dela. Não faziam juízos de valor a respeito dele, e isso era de grande valia após três décadas convivendo com o fardo de ter lutado em uma guerra que tantas pessoas odiavam. Na sua chegada do Vietnã, em 1971, manifestantes que estavam no aeroporto atiraram ovos nele e em outros veteranos enquanto acusavam: "Assassinos de bebês!". Sentir-se um forasteiro no próprio país, Curry entendeu mais tarde, exacerbou sua culpa e seu estresse, causando a piora do transtorno de estresse pós-traumático.

Ao visitar a sede dos Veteranos de Guerra, percebeu que os companheiros o entendiam. "Encontrar pessoas que enfrentam a mesma batalha que você te torna menos doido", ele explicou. Curry começou a pensar em formas de recriar essa experiência de aproximação para os outros veteranos. Embora soubesse da existência de várias organizações dedicadas a isso, esses grupos geralmente atraíam idosos, e a vida social girava em torno da bebida — perigosa para veteranos que, assim como Curry, enfrentavam o transtorno de estresse pós-traumático ou o abuso de substâncias nocivas. Curry queria algo mais moderno e sem álcool.

Assim, em 2008, ele e uns amigos lançaram o Dryhootch, centro comunitário para veteranos que tomou a forma de cafeteria. É gerida por ex-combatentes e oferece música ao vivo, grupos de leitura, aulas de arte e sessões de terapia para veteranos e suas famílias. Tem um clube de xadrez que se reúne nas manhãs de quarta-feira e um grupo que se junta na sexta-feira, antes do almoço, para praticar meditação de *mindfulness*. Quem não é veterano também é bem-vindo, e a presença dessas pessoas ajuda na reintegração à vida civil. "A ideia era que, em vez de um bar, fizéssemos uma cafeteria em que quem está a serviço pode sentar e interagir com os outros durante o dia", explicou Curry. "Café bom e grupos de colegas. Era isso o que eu pretendia oferecer."

De início, como não tinha dinheiro suficiente para abrir a cafeteria, Curry botou o Dryhootch para funcionar em uma carroça de pipoca velha pintada de vermelho transformada em cafeteria sobre rodas. Depois, em 2009, abriu a primeira loja ao estilo tradicional em Milwaukee. Em 2012, a Casa Branca reconheceu Curry como "defensor da mudança" pelos serviços prestados aos veteranos. Em 2014, o Dryhootch já tinha se espalhado pelo Meio-Oeste, com dois endereços em Milwaukee, um em Madison e dois na região de Chicago.

O acidente que causou ao dirigir embriagado obrigou Curry a se voltar para dentro — a descobrir como poderia contribuir com o mundo. "Servir é a única coisa que faz sentido depois do que aconteceu", ele disse. "Não tenho como voltar no tempo, mas posso fazer a diferença, e é isso o que me faz seguir em frente. Quando um veterano me fala da diferença que o Dryhootch fez na vida dele, tudo faz mais sentido."

Após uma experiência traumática, muitas pessoas sentem um forte ímpeto de ajudar quem sofreu como elas. Psicólogos e psiquiatras dão a esse ímpeto o nome de "missão do sobrevivente". Um sobrevivente, nas palavras do psiquiatra Robert Jay Lifton, "é quem foi exposto à possibilidade de morrer ou testemunhou a morte alheia, mas continuou vivo".[8] Sobreviventes, continua Lifton, sentem "que têm uma dívida para com os mortos, uma necessidade de apaziguá-los ou levar adiante seus desejos a fim de justificar a própria sobrevivência".

Hoje em dia, o termo "sobrevivente" foi dilatado para incluir também as vítimas de traumas não fatais, e sua missão em geral está relacionada a garantir que outros não tenham que passar pelas mesmas situações que passaram.[9] Sobreviventes de abusos sexuais, por exemplo, se tornaram terapeutas especializados em abusos.[10] Sobreviventes de tiroteios em massa fazem lobby por leis mais duras contra armas. Pais que perderam seus filhos para a leucemia se dedicam à conscientização e a apoiar pesquisas e prevenção do câncer. Sobreviventes de Hiroshima e Nagasaki trabalham em prol da redução dos estoques de armas nucleares. Esses gestos que manifestam um propósito ajudam os sobreviventes a lutar após o trauma. Quando as pessoas que sofreram auxiliam as outras, relatam sentir menos depressão, ansiedade e raiva e mais otimismo, esperança e sentido na vida.[11]

Curry quer ajudar veteranos mais jovens a evitar os erros que cometeu ao abusar do álcool. "Não tenho como voltar no tempo e mudar o que fiz", constatou, "mas posso ajudar a evitar que os veteranos de hoje sigam esse caminho." Ao buscar seu propósito, Curry beneficiou não apenas uma nova geração de veteranos, mas também a si mesmo. Sua missão foi indispensável para botar sua vida em ordem. Curry está sóbrio desde 2002.

A maioria das pessoas já ouviu falar que o transtorno de estresse pós-traumático pode tirar alguém dos eixos. O número de pessoas que já ouviu falar de crescimento pós-traumático, o processo que tirou Curry do desespero e lhe deu o novo papel de líder de uma comunidade de veteranos, é menor. Conforme a história dele demonstra, essas duas reações ao trauma não são diametralmente opostas ou mutuamente excludentes: quem vivencia uma pode vivenciar a outra, e a maioria sentirá alguns dos sintomas do estresse pós-traumático depois de um trauma, como pesadelos ou flashbacks, sem desenvolver o transtorno.[12] Mas pesquisadores descobriram que um número entre metade e dois terços dos sobreviventes de traumas relata o crescimento pós-traumático,[13] enquanto apenas uma pequena porcentagem sofre do transtorno.[14]

Richard Tedeschi e Lawrence Calhoun, da Universidade da Carolina do Norte em Charlotte, são dois dos maiores especialistas em crescimento pós-traumático, que eles definem como "mudança positiva resultante da batalha contra crises de vida altamente desafiadoras".[15] Tedeschi e Calhoun, que cunharam o termo "crescimento pós-traumático" em meados dos anos 1990, chegaram a esse conceito após estudar como as pessoas desenvolvem sabedoria. Entrevistaram indivíduos que enfrentaram atribulações, imaginando que essas conversas poderiam elucidar como alguém ganhava perspectiva e vigor. Talvez essas pessoas, inferiram, aprendessem algo com a adversidade que as levava a ver o mundo de outra forma. Após falar com muitos sobreviventes de traumas, Tedeschi e Calhoun descobriram que o sofrimento pode ajudar as pessoas a se transformarem de modos fundamentalmente positivos — e que essas transformações eram ao mesmo tempo mais profundas e mais comuns do que os pesquisadores esperavam.

"Trabalhávamos com pais e mães que perderam filhos havia cerca de uma década", Tedeschi contou.[16] "Eles passaram pelo tipo de perda mais desolador que se pode imaginar. Eu observei o quanto se ajudavam, a compaixão que tinham pelos outros pais que tinham perdido os filhos, o fato de que em meio ao próprio sofrimento eles volta e meia queriam fazer algo para mudar as circunstâncias que causaram a morte dos filhos a fim de evitar que outras famílias sofressem o tipo de perda que vivenciaram. Eram pessoas incríveis e centradas, cientes de suas prioridades na vida."

Após estudar uma ampla gama de sobreviventes, Tedeschi e Calhoun identificaram cinco maneiras específicas pelas quais as pessoas podem crescer depois de uma crise. Primeiro, as relações ganham força. Uma mulher diagnosticada com câncer de mama, por exemplo, declarou ter percebido que as relações "são a coisa mais importante que temos".[17] Muitos reagem a um trauma construindo ativamente esse pilar de sentido. James, que conhecemos no capítulo do pertencimento, contou com o apoio de sua comunidade na Sociedade do Anacronismo Criativo depois de lutar contra pensamentos suicidas. Os pais enlutados contaram a Tedeschi e Calhoun que perder um filho os tornou mais solidários: "Adquiri mais empatia por qualquer um que esteja sofrendo e qualquer um que esteja de luto", disse um deles.[18]

Em segundo lugar, descobrem novos caminhos e propósitos de vida. Às vezes, são relacionados a uma missão específica do sobrevivente. Tedeschi e Calhoun conheceram uma pessoa, por exemplo, que se tornou enfermeira oncológica após perder o filho para o câncer.[19] Em outros momentos, a crise é catalisadora de uma reconsideração mais generalizada de prioridades, como Christine descobriu depois do falecimento da mãe.

Em terceiro lugar, o trauma permite que busquem a força interior. Quando Carlos Eire se viu nos Estados Unidos vivendo na miséria, desenvolveu habilidades básicas à sobrevivência mergulhando em um poço de tenacidade que não sabia ter. O fio condutor comum entre os objetos de estudo de Tedeschi e Calhoun é a narrativa em tom de "vulnerável, porém mais forte".[20] Essa perspectiva paradoxal definiu a atitude de uma sobrevivente de estupro que admitiu que agora o mundo lhe parecia mais perigoso, mas que, ao mesmo tempo, ela se sentia mais resiliente graças à força interior construída após a agressão.[21]

Em quarto lugar, a vida espiritual se adensa. Isso pode significar que renovaram sua fé em Deus, como aconteceu com Carlos, ou que se debatem com questões existenciais mais abrangentes, descobrindo certas verdades profundas sobre o mundo ou sobre si mesmos, como fez Emeka Nnaka após a lesão na medula espinhal.

Por fim, sentiam um revigorado apreço pela vida. Em vez de não dar o devido valor à bondade de estranhos ou às cores vívidas das folhas no outono, saboreavam os breves instantes de beleza que iluminavam seus dias. Após se conformar com a doença terminal, Janeen Delaney sentia uma conexão habitual com a natureza que a instigou a focar no que de fato importava em sua vida. "Acho que agora eu vejo as coisas banais como coisas banais", explicou um sobrevivente de um acidente aéreo.[22] "Ele reforçou a importância de agir da forma correta, não da forma mais conveniente ou politicamente engenhosa, mas da forma correta."

Tedeschi e Calhoun usam a metáfora de um terremoto para explicar como crescemos em momentos de crise. Assim como uma cidade tem certa estrutura antes de um grande terremoto, também temos algumas crenças fundamentais a respeito de nossas vidas e do mundo. Traumas destroçam essas suposições.[23] Mas dos escombros surgem oportunidades de reconstrução. Na esteira de um terremoto, cidades visam erigir edifícios e infraestruturas mais fortes e mais resistentes do que aqueles que agora são ruínas. Do mesmo modo, quem é capaz de se reconstruir dos pontos de vista psicológico, espiritual etc. após uma crise é mais dotado da habilidade de lidar com futuras adversidades e acaba por ter uma vida mais significativa.

Tedeschi e Calhoun queriam saber por que algumas pessoas crescem após um trauma e outras não. A natureza e a gravidade do trauma, descobriram eles, eram menos importantes do que seria de se imaginar. Segundo outro pesquisador que estudou o crescimento pós-traumático, "não é o trauma de fato que gera a mudança. É a forma como se interpreta o ocorrido, a maneira como a visão que as pessoas têm de si mesmas, da vida e do mundo é abalada, e não o trauma em si que força as pessoas a vivenciarem o crescimento".[24] Quando Tedeschi e Calhoun se aprofundaram nos dados colhidos, descobriram que a diferença entre os dois grupos estava no que chamam de "ruminação deliberada", ou introspecção. Os participantes estudados por Tedeschi e Calhoun passaram bastante tempo tentando entender a experiência dolorosa que enfrentaram, refletindo sobre de que modos o acontecido os transformou. Fazê-lo os ajudou a seguir com as mudanças de vida associadas ao crescimento pós-traumático.

Um jeito de desencadear o processo de ruminação deliberada é através da escrita. O psicólogo social James Pennebaker, da Universidade do Texas em Austin, investiga como as pessoas usam a linguagem para interpretar suas experiências.[25] Ele começou a pesquisa sobre traumas nos anos 1980. Com base em trabalhos anteriores, sabia que os indivíduos que enfrentaram acontecimentos traumáticos eram mais depressivos e volúveis emocionalmente e que eram mais propensos a morrer de doenças cardíacas e câncer. Mas não sabia por que o trauma causava efeitos tão negativos sobre a saúde.

Então, um dia, notou uma correlação interessante ao examinar os dados: quem dizia ter vivido um grande trauma na infância mas fazia segredo dele tinha uma tendência bem maior a comunicar problemas de saúde na fase adulta do que quem já tinha conversado sobre o assunto. Isso suscitou uma questão: será que incentivar quem guardava segredo a fazer um relato anônimo melhoraria sua saúde?

Nos últimos trinta anos, Pennebaker vem tentando responder a essa questão pedindo às pessoas para irem a seu laboratório e passarem quinze minutos por dia, durante três ou quatro dias seguidos, escrevendo sobre "a experiência mais perturbadora da sua vida". Ele incentiva os voluntários a "realmente abrir o coração e explorar suas emoções e pensamentos mais profundos" acerca da experiência e de como ela os afetou. Nos estudos que já fez, as pessoas escreveram sobre terem sofrido estupros, assaltos, perdido entes queridos e terem tentado se suicidar. Não raro, Pennebaker me contou, os participantes saem da sala de escrita em lágrimas.

Pennebaker descobriu que quem escreveu seus pensamentos e sentimentos acerca do trauma passou a ir menos ao médico. Essas pessoas também diziam ter tirado notas melhores após o experimento, exibido menos sintomas de ansiedade e depressão, ter visto a pressão sanguínea e os batimentos cardíacos diminuírem e o sistema imunológico funcionar melhor. A escrita expressiva, em outras palavras, é curativa. Mas por que escrever sobre o trauma dessa forma específica é algo tão forte?

Quando analisou a escrita dos participantes de várias de suas pesquisas, Pennebaker percebeu que aqueles em situação de escrita expressiva não relatavam apenas o que lhes havia acontecido durante o trauma ou usavam o exercício para desabafar ou dar vazão aos sentimentos. Eles também trabalhavam de maneira ativa para entender o que lhes havia acontecido — e essa busca por sentido os ajudava a superar a experiência traumática tanto física como emocionalmente.

O exercício de escrita ajudava os voluntários de Pennebaker a criar sentidos de diversas formas. Em primeiro lugar porque, ao sondar as causas e consequências da adversidade, os participantes começavam a entendê-las melhor. Usavam mais o que Pennebaker chama de "palavras de insight" — palavras e expressões como "perceber", "eu sei", "porque", "lidar com" e "entender" — em suas narrativas. Um pai poderia se dar conta, por exemplo, de que não tinha culpa pelo suicídio do filho — e entender isso poderia ajudá-lo a dar o assunto por encerrado.

Em segundo, no decorrer de três ou quatro dias, demonstravam uma mudança de perspectiva, que Pennebaker media através do uso de pronomes. Em vez de escrever sobre o que aconteceu *comigo* e o que *eu* estou vivendo, começavam a escrever sobre os motivos para *ele* ter abusado de mim ou as razões para *ela* ter se divorciado de mim. Em outras palavras, se afastavam da própria confusão emocional e tentavam entender a cabeça alheia. A capacidade de olhar o trauma de perspectivas diversas, explicou Pennebaker, indica que a vítima estabeleceu certa distância entre si e o acontecido, o que lhe possibilita compreender como o ocorrido moldou sua personalidade e sua vida.

A terceira característica que diferenciava essas pessoas era a capacidade de descobrir um sentido positivo na experiência traumática. Pennebaker me deu um exemplo: "Digamos que fui assaltado em um beco. Alguém me bateu com uma barra de ferro e pegou todo o meu dinheiro, e isso acabou com a minha crença no mundo. Eu poderia escrever: 'Foi uma experiência horrível. Não sei o que fazer', e assim por diante. Portanto, estou falando do ocorrido, e talvez esteja até criando sentido: 'Agora percebo que o mundo é perigoso e preciso tomar cuidado'. Ou talvez diga, 'Esse fato me abalou de diversas formas, mas também me fez perceber a sorte que tive no passado e que felizmente tenho alguns grandes amigos que conseguiram me ajudar a superar a situação'". A segunda interpretação, Pennebaker declarou, gera resultados melhores em termos de saúde. Outros pesquisadores demonstraram que quem enxerga algo de bom resultante do trauma, apesar de continuar tendo a mente invadida por pensamentos a respeito da experiência, sente menos depressão e relata um aumento de seu bem-estar.[26]

Pense na história que o sobrevivente do Holocausto e psiquiatra Viktor Frankl conta sobre quando consolou um médico idoso cuja esposa havia morrido fazia dois anos.[27] O médico tinha um amor enorme pela esposa, e perdê-la o levou a uma depressão profunda da qual não conseguia sair. Frankl instigou o médico a mudar de ponto de vista. "O que teria acontecido, doutor", Frankl lhe perguntou, "se o senhor tivesse partido antes e sua esposa sobrevivesse ao senhor?" O médico respondeu: "Ah, para ela seria terrível; como ela teria sofrido!".

Então Frankl ressaltou o lado bom de o médico ter sobrevivido à esposa: "Está vendo, doutor, ela foi poupada de todo esse sofrimento, e foi o senhor quem a poupou dessa dor — claro, sob o preço de agora o senhor ter de sobreviver e chorar por ela". Depois que Frankl fez essa constatação, o médico se levantou da cadeira, apertou a mão de Frankl e foi embora de seu consultório. Frankl ajudou o médico a achar um sentido positivo na morte da esposa, e isso lhe trouxe paz.

Na pesquisa de Pennebaker, os participantes que mais se beneficiaram do experimento foram os que demonstraram avançar mais na busca de sentido ao longo do tempo. São essas as pessoas que a princípio têm as reações mais emotivas e cujas histórias são as mais desconexas, mas cujas narrativas se tornam mais serenas e mais perspicazes com o passar dos dias. Desabafar sentimentos à flor da pele e recorrer a lugares-comuns, ele descobriu, não geram benefícios para a saúde. Mas a escrita constante e ponderada, sim. Ela nos ajuda a passar das reações emotivas do primeiro momento a algo mais profundo.

Na verdade, Pennebaker descobriu que a escrita expressiva tem uma propriedade curativa singular — voluntários que eram solicitados a exprimir suas emoções acerca de uma experiência traumática por meio da dança não se beneficiavam tanto quanto os escritores.[28] Pennebaker argumenta que isso se deve ao fato de que a escrita, ao contrário de muitas outras formas de expressão, permite que as pessoas processem sistematicamente um acontecimento, organizando-o. Através da escrita, têm novas percepções e começam a entender como a crise se encaixa no grande mosaico de suas vidas. A busca de sentido e a narrativa são, portanto, maneiras eficazes de criar sentido a partir do trauma e, por fim, superá-lo. Mas não são as únicas ferramentas que temos para nos recuperarmos de experiências difíceis — conforme demonstra o crescente conjunto de pesquisas sobre a resiliência humana.

A pergunta feita por quem pesquisa a resiliência é por quê — por que certas pessoas lidam melhor que outras com as adversidades e seguem em frente, levando vidas normais, apesar das experiências negativas, e outras saem dos eixos por causa delas? No começo da década de 1990, a psicóloga Gina Higgins tentou responder a essa questão. No livro *Resilient Adults* [Adultos resilientes], ela traça o perfil de indivíduos que vivenciaram traumas profundos e se saíram incrivelmente bem.

Um desses indivíduos é Shibvon.[29] Ela cresceu na pobreza extrema e seus pais tinham uma relação tensa. Embora amasse os filhos, o pai era distante. Sofria de transtornos mentais e tentou o suicídio quando Shibvon tinha sete anos. Já a mãe era um terror. Uma mulher grande de voz estrondosa, volta e meia batia em Shibvon e em seus três irmãos mais novos e os amarrava à cama de noite. Em duas ocasiões os mandou para o orfanato para se livrar deles, mas depois os pegou de volta. E, quando Shibvon tinha nove anos, o abuso virou um pesadelo ainda pior. A mãe de Shibvon deixava que o namorado estuprasse Shibvon regularmente. Ele ameaçava matar o pai da menina caso ela contasse para alguém — assim, Shibvon se calava.

A palavra que Shibvon usa para descrever sua infância é "caos". Ela se lembra de "muita gritaria, muitos berros, de ser atirada longe". Não tem nenhuma lembrança de receber amor ou carinho da mãe, que sempre esbravejava que a garota era "burra" e "podre". Foram inúmeras as vezes que a mãe disse a Shibvon que havia tentado abortá-la — e que a gravidez fora a única razão para seu casamento com o pai de Shibvon. "Tinha a sensação de que esse era um outro jeito de dizer o quanto me odiava", disse Shibvon, referindo-se ao papel da mãe no abuso sexual, "e que eu não passava de excremento, de oferenda."

Nem é preciso dizer que as consequências desse tipo de abuso são devastadoras. O trauma de infância é uma das formas de adversidade mais complicadas de superar e também pode causar cicatrizes duradouras, psicológicas e físicas, na vítima.[30] Quando as crianças vivem situações de estresse severo e imprevisível, seus cérebros e corpos se reprogramam de um jeito que mais tarde as torna hipersensíveis a outros fatores estressantes e mais suscetíveis a doenças. A adversidade na infância já foi vinculada a doenças cardíacas, obesidade e câncer em adultos.[31] E indivíduos que enfrentaram estressores graves quando crianças também são mais propensos ao abuso de drogas e de álcool, a sofrer de depressão, a desenvolver problemas de aprendizagem, a cometer crimes violentos e a serem presos.

É isso o que torna a história de Shibvon tão incrível. Apesar de já adulta ter tido seus momentos de luta contra a depressão e a ansiedade, no final das contas foi resiliente. Sua vida não foi arruinada pelo estresse e pelo caos perpétuos de sua infância. Shibvon construiu uma carreira como enfermeira pediátrica, trabalhando na unidade de terapia intensiva neonatal. Aos 21 anos, se casou com um homem que amava profundamente, com quem teve três filhos. Eles formaram uma família feliz.

Pesquisas sistemáticas sobre resiliência foram iniciadas por volta de 1970, com o estudo de crianças como Shibvon.[32] No começo, o interesse de psicólogos e psiquiatras era entender as origens dos transtornos mentais. Como a adversidade na infância era um dos indicadores de problemas psicológicos, o primeiro passo foi estudar crianças que vivenciavam a pobreza extrema ou viviam em lares tumultuados. Com o tempo, ao rastrear crianças em situação de risco, os pesquisadores fizeram uma descoberta inesperada: enquanto muitas lutavam ou desmoronavam do ponto de vista psicológico, surgia um subgrupo que ia contra todas as probabilidades e não enfrentava grandes problemas de saúde mental. Eram emocionalmente saudáveis, estabeleciam relações fortes e se saíam bem na escola. O que os diferenciava?

No decorrer dos anos, pesquisadores responderam a essa questão examinando de perto as crianças e os adultos que conseguem ter vidas saudáveis e produtivas após passar por adversidades, estresses e traumas. Steven Southwick, do Departamento de Medicina de Yale, e Dennis Charney, da Icahn School of Medicine, em Mount Sinai, dois especialistas em resiliência, passaram as últimas três décadas estudando gente que suportou traumas como sequestros, estupro e cárcere como prisioneiros de guerra — e saíram tortos, mas não quebrados, como dizem eles.[33] Essas pessoas resilientes não só se recuperaram, como em alguns casos cresceram: "Na verdade", os dois psiquiatras escreveram a respeito dos prisioneiros de guerra que participaram de seus estudos, "muitos relataram ter mais apreço pela vida, relações mais próximas com a família e um recém-descoberto senso de sentido e propósito por conta da experiência na prisão". Após longas entrevistas com tais indivíduos, Southwick e Charney descobriram dez características que distinguem os resilientes dos demais.

Uma delas é o propósito, que os pesquisadores definem como "ter uma valiosa meta ou missão de vida". Outra, ligada ao propósito, é ter um senso de moralidade vinculado ao altruísmo — ou servir aos outros de forma abnegada. Todos esses temas tiveram sua função na história de Shibvon. Quando a mãe mandou-a com os irmãos para o orfanato, a menina de dez anos ajudou as freiras da creche a cuidar dos bebês abandonados. As freiras e os bebês demonstravam amor e carinho, o que teve um resultado curativo, assim como a possibilidade de pensar no seu propósito de vida de modo mais abrangente. "Basicamente pensei que me tornaria o que as freiras do orfanato eram, e seria assim que eu cuidaria das crianças: eu voltaria e ajudaria os pequenos que tinham problemas sérios e melhoraria a vida deles", ela explicou, "então esse foi meu primeiro objetivo na vida." Refletir sobre esse futuro e planejá-lo lhe dava esperança de uma vida melhor. Ela percebeu que podia ajudar os outros cultivando o amor e o carinho ao seu redor, em vez do ódio e da mágoa que era a moeda de troca usada pela mãe. "Não tenho muito a oferecer", ela ponderava, "mas tenho eu mesma."

Além do propósito, outro fator essencial que indica a resiliência é o apoio social. Principalmente para as crianças, uma relação sadia com um adulto ou cuidador pode amortecer os efeitos danosos da adversidade.[34] Embora a mãe de Shibvon a rejeitasse e lhe desse a sensação de que "aquele não era o meu lugar", Shibvon recebeu o amor do pai e de uma tia paterna que morava por perto. A relação com a tia, segundo ela, foi importantíssima, embora se vissem pouco. Mas Shibvon lembra que a tia "sempre" visitava ela e os irmãos quando estavam em orfanatos e os levava para jantar. Quando estavam com a mãe, em casa, lhes trazia comida e roupas, e, quando Shibvon ia à casa da tia, ela fazia com que a menina se sentisse segura, protegida e valorizada. "Ela realmente me passava a impressão de que eu tinha importância", declarou Shibvon. O amor e o carinho da tia deram a ela a força para seguir em frente em meio a circunstâncias horríveis e, com o tempo, superá-las.

Fontes transcendentais de sentido também exercem uma função na superação de traumas. Por exemplo, Southwick e Charney estudaram veteranos da Guerra do Vietnã que viraram prisioneiros de guerra, alguns deles com mais de oito anos de cárcere. Esses homens foram torturados, passaram fome e viveram em condições horrendas. Mas uma das coisas que os mantinha vivos era a ligação com Deus. Alguns rezavam sempre em suas celas, e outros encontraram forças na lembrança de que Deus estava ao lado deles, o que queria dizer que "Nós podemos enfrentar isto aqui juntos", nas palavras de um ex-prisioneiro de guerra. Os presos também se reuniam para serviços religiosos e patrióticos no infame campo de prisioneiros apelidado de Hanói Hilton.[35] Nem todos eram devotos, descobriram Southwick e Charney, mas muitos se fiavam na espiritualidade a fim de aguentar o suplício. De acordo com um deles, "Se você não apelar para uma fonte de força e poder maior que você mesmo, provavelmente não vai se aguentar por muito tempo".

Pesquisas mostram que algumas pessoas são naturalmente mais resistentes à adversidade que outras; agora cientistas sabem que nossa capacidade de resiliência é determinada, em parte, pela nossa constituição genética[36] e nossas primeiras experiências de vida.[37] Mas a boa notícia é que a resiliência não é um traço fixo. Apesar de alguns terem uma maior sensibilidade inata ao estresse, todos podemos aprender a nos adaptar ao estresse de maneira mais eficaz, como declara Charney, desenvolvendo uma série de instrumentos psicológicos que nos ajudam a lidar com acontecimentos estressantes.[38]

O fato de ser possível ensinar a resiliência foi revelado em dois estudos publicados em 2004 por Michele Tugade, da Vassar College, e Barbara Fredrickson, da Universidade da Carolina do Norte em Chapel Hill.[39] Tugade e Fredrickson convidaram voluntários a irem ao laboratório e registraram suas taxas normais de batimentos cardíacos, pressão sanguínea e outros indicadores fisiológicos. Em seguida, os participantes recebiam uma tarefa estressante. Cada um deles tinha de preparar rapidamente e apresentar um discurso de três minutos explicando por que era um bom amigo. Disseram-lhes que o discurso seria filmado e avaliado.

Apesar de terem de encarar um estressor banal, se comparado aos que abordamos neste capítulo, eles ficaram ansiosos — os batimentos cardíacos e a pressão sanguínea dos participantes dispararam. Mas algumas pessoas do estudo voltaram a seus níveis normais com mais rapidez que outras. As pesquisadoras observaram quais delas mostravam mais resiliência, segundo as medidas das taxas de recuperação fisiológica, e quais mostravam menos. Em seguida, Tugade e Fredrickson examinaram como as pessoas mais e menos resilientes abordaram a tarefa. As que eram naturalmente mais resilientes, perceberam as pesquisadoras, tinham uma atitude diferente em relação à tarefa do discurso. Não a viam como uma ameaça assim como os participantes não resilientes a viam: encaravam-na como um desafio.

Levando isso em conta, as pesquisadoras conduziram um outro experimento para ver se poderiam transformar pessoas menos resilientes em mais resilientes. As pesquisadoras convidaram um novo grupo de participantes e repetiram um experimento mais antigo. Depois, Tugade e Fredrickson acrescentaram uma novidade. As pesquisadoras pediram a alguns que vissem a tarefa como uma ameaça e aos outros disseram que a vissem como um desafio.

O que as pesquisadoras descobriram é algo bom tanto para os mais como para os menos resilientes. Pessoas naturalmente resilientes se recuperavam logo considerando a tarefa um desafio ou uma ameaça. Mas para os menos resilientes, redefinir a tarefa como um desafio obliterou a fissura: aqueles a quem se dizia que a tarefa deveria ser vista como uma oportunidade em vez de uma ameaça de repente passaram a agir como os resilientes em termos de níveis cardiovasculares. Conseguiram se recuperar.

Embora seja difícil para os pesquisadores estudar experiências adversas no laboratório, uma forma de entenderem como as pessoas lidam com estressores de longo prazo é monitorando-as durante um período complicado de suas vidas. Foi o que Gregory Walton e Geoffrey Cohen, da Universidade Stanford, fizeram em um estudo publicado em 2011 — eles acompanharam um grupo de universitários ao longo de três anos para ver como lidavam com a transição difícil, porém importante, do ensino médio para a vida adulta.[40] As descobertas revelam como os pilares do sentido ajudam as pessoas a vencerem a adversidade de modo mais eficaz.

Quando os calouros entram na faculdade, são jogados em um novo mundo, o que pode causar desorientação. Precisam descobrir que disciplinas querem cursar e de quais grupos participar, e em geral têm de achar um novo círculo de amigos. Conforme ressaltam Walton e Cohen, a transição pode ser ainda mais difícil para alunos afro-americanos. Embora todos os alunos se preocupem em se adaptar à faculdade, é comum que os estudantes negros se sintam particularmente alienados, explicou Walton. Como são minoria em grande parte do campus e são alvos de discriminação racial, podem se preocupar em saber se "gente que nem eu" tem lugar na universidade. A necessidade de pertencimento é ameaçada — e, como observam os pesquisadores, tal fato pode mudar a interpretação que fazem de suas experiências. Quando tiram uma nota ruim ou recebem avaliações negativas, em vez de reconhecer esses contratempos como parte normal da vida universitária, talvez pensem que tem algo errado com eles e até mesmo com pessoas como eles.

Os pesquisadores convidaram grupos de estudantes negros e brancos ao laboratório e lhes deram diversas histórias para ler. Eram de autoria de estudantes mais velhos, e o objetivo era que protegessem o senso de pertencimento dos voluntários. O fio narrativo dessas histórias era a ideia de que a adversidade é parte comum mas passageira no processo de adaptação dos calouros. Se um aluno enfrenta obstáculos ou tem a impressão de não estar no lugar certo, os participantes sob a condição experimental do estudo aprenderam lendo os textos, é porque essa é uma etapa natural da transição rumo à universidade; isso não quer dizer que têm algum defeito ou que as pessoas não gostam deles devido à raça ou à ascendência étnica. O objetivo da narrativa era alterar a história que os universitários contavam a si mesmos.

Os pesquisadores reencontraram os estudantes três anos depois, já no final de seus anos de universidade, e descobriram que a intervenção em que a história foi editada teve consequências relevantes — mas somente sobre os estudantes afro-americanos. Suas notas subiram constantemente no decorrer dos três anos, e as dos estudantes negros no grupo de controle não mudaram. A melhora no desempenho acadêmico foi tão drástica que cortou pela metade a disparidade de resultados entre as minorias. O número de alunos negros entre os 25% melhores da classe triplicou. Os estudantes também se diziam mais saudáveis e felizes, e diziam ir menos ao médico. Ler a narrativa do pertencimento os ajudou a lidar com a vida universitária de modo mais eficaz. Quando os participantes do grupo de controle passavam por um contratempo, duvidavam de si mesmos e questionavam se deviam estar na faculdade em que estudavam. Quando aqueles que estavam no grupo experimental enfrentavam estresses similares, o pertencimento não era ameaçado, o que os ajudava a lidar bem com os desafios.

Walton e Cohen não viram tais efeitos em estudantes brancos. Na verdade, as notas dos alunos brancos de ambos os grupos, de controle e experimental, melhoraram entre o primeiro e o terceiro anos. Ler a narrativa não fez diferença em suas notas ou no bem-estar físico ou psicológico. Como membros do grupo majoritário do campus, alunos brancos não atribuíam seus estresses ao não pertencimento, portanto não precisavam de uma intervenção que os ajudasse a redefinir os desafios; os alunos negros, sim. Quando conseguiam mudar a história que contavam a si mesmos sobre a transição rumo à universidade, se saíam bem melhor anos depois. Esse tipo de intervenção não é uma solução milagrosa para a desigualdade, conforme ressalta Walton — "não dá oportunidades quando as pessoas não as têm", ele disse —, mas revela como uma mudança de mentalidade é capaz de levantar um grupo tradicionalmente marginalizado.

Os pilares do sentido podem ajudar as pessoas a se recuperarem do trauma do abuso, encarceramento e racismo. Mas essas provações graves não são as únicas formas de adversidade que alguém enfrenta. O cotidiano é cheio de estressores tanto grandiosos quanto banais, como se mudar para outra cidade, achar um emprego ou terminar uma tarefa difícil para o trabalho ou a escola. Assim como é o caso com o trauma, certas pessoas são mais resilientes a essas fontes diárias de estresse do que outras — e nisso também o sentido exerce um papel valioso.

Em um estudo publicado em 2014, um grupo de pesquisadores encabeçados por James Abelson, da Universidade de Michigan, queria saber como uma mentalidade ligada ao sentido poderia afetar o desempenho de um indivíduo durante uma entrevista de emprego estressante.[41] No estudo, os pesquisadores deram a cada participante três minutos para preparar uma fala de cinco minutos a ser apresentada a uma banca de seleção em que teria de explicar por que era o melhor candidato ao emprego. Antes da entrevista de mentirinha, os pesquisadores disseram a alguns participantes que em vez de focar na autopromoção eles deveriam se concentrar em como o emprego os habilitaria a ajudar os outros e a viver segundo seus princípios autotranscendentais. A intervenção do sentido, ao que parece, amorteceu a reação fisiológica do corpo ao estresse.

Os benefícios da adoção de uma mentalidade ligada ao sentido não são apenas artefatos efêmeros de um experimento laboratorial — eles têm resultados duradouros no mundo real. A pesquisa chefiada por David Yeager e Marlone Henderson, da Universidade do Texas em Austin, mostra que estudantes do ensino médio que escreveram a respeito de como os trabalhos escolares lhes permitiam cumprir um propósito de vida tiraram notas melhores em matemática e ciências meses depois.[42] Na mesma série de estudos, universitários que pensavam no propósito que tinham eram mais propensos a persistir diante de uma série tediosa de problemas matemáticos, apesar de estarem livres para optar por jogos on-line a qualquer instante durante o experimento. A razão para esses exercícios funcionarem, Yeager e Henderson descobriram, é que os estudantes desenvolviam um "propósito de aprendizagem". Quem se lembrava de suas fontes de sentido conseguia redefinir uma aula difícil — ou, no caso do estudo feito por Abelson, uma entrevista apavorante — como um passo necessário rumo à realização de seu propósito e a uma vida condizente com seus princípios, e não como uma chateação a ser evitada ou temida.

Ter sempre em mente o sentido também nos protege do dano que o estresse pode causar. Como escreve Kelly McGonigal, de Stanford, resumindo um amplo conjunto de pesquisas: "O estresse aumenta o risco de problemas de saúde, a não ser quando as pessoas retribuem regularmente o que recebem de suas comunidades. O estresse aumenta o risco de vida, a não ser quando as pessoas têm senso de propósito. O estresse aumenta o risco de depressão, a não ser quando as pessoas enxergam vantagens em suas batalhas".[43]

Em sua clássica obra sobre o luto, *Quando coisas ruins acontecem às pessoas boas*,[44] o rabino Harold Kushner capta a natureza complexa da descoberta de sentido em meio à adversidade. Falando de seu crescimento após a morte do filho jovem, ele explica: "Sou uma pessoa mais sensível, um rabino mais eficiente, um conselheiro mais empático em razão da vida e morte de Aaron do que eu jamais seria sem isso. E eu abriria mão de tudo num piscar de olhos para trazer meu filho de volta. Se eu pudesse escolher, renunciaria a todo o crescimento e a intensidade espiritual que surgiram no meu caminho por causa das nossas experiências e seria o que eu era quinze anos atrás, um rabino qualquer, um conselheiro indiferente, ajudando algumas pessoas e incapaz de ajudar outras, e pai de um menino esperto, feliz. Mas não tenho como escolher".

Por mais que possamos querer, ninguém passará pela vida sem algum tipo de sofrimento. Por isso nos é crucial aprender a sofrer bem.[45] Quem consegue crescer com a adversidade o faz se apoiando nos pilares do sentido — e depois esses pilares ganham ainda mais força em suas vidas.

Alguns vão ainda mais longe. Depois de testemunhar a potência do pertencimento, do propósito, da narrativa e da transcendência em suas vidas, se empenham para levar esses mananciais de sentido às suas escolas, ambientes de trabalho e vizinhanças — e, em última análise, nutrem a esperança de fazer a diferença na nossa sociedade como um todo. É para essas culturas de sentido que nos voltaremos agora.

7. Culturas de sentido

O interior da "caixa sagrada", como a St. Mark's Cathedral, em Seattle, é chamada às vezes, é básico e simples.[1] Faixas das paredes outrora brancas estão sujas e acinzentadas nos pontos onde a tinta desbotou; as lâmpadas estão apagadas em alguns dos candelabros. Não há vitrais de cenas bíblicas nem crucifixos barrocos no altar. E, na manhã de outubro em que visitei a igreja episcopal para o culto de domingo, ela cheirava a cachorro molhado. Por acaso era nesse dia que se festejava São Francisco de Assis, o monge medieval que amava a natureza. Em sua homenagem, a igreja incentivou os congregantes a levarem seus bichinhos ao culto matinal. Cachorros estavam sentados nos bancos e perambulando nos fundos da igreja — e de poucos em poucos minutos, um deles soltava uma série de ganidos irrequietos, agudos.

À noite, entretanto, a catedral se transformou em um santuário de paz e inércia. A igreja estava num silêncio total quando entrei e me sentei. A não ser por algumas luminárias no teto que quase não emitiam luz e umas velas bruxuleando no altar, o ambiente estava às escuras. Havia uma moça com um cão-guia sentada nos arredores, um monge com uma corda amarrada em torno do quadril e diversas famílias com filhos. Além de nós, sentadas nos bancos apinhados havia dezenas de pessoas nos bancos perto das paredes e algumas sentadas e deitadas no chão. Outras haviam se acomodado ao lado do púlpito. Tínhamos nos reunido para escutar em silêncio um culto de antigas orações monásticas chamado Completas.

As Completas, do latim *Completorium*, surgiram por volta do século IV. Compostas de salmos, orações, hinos e canções entoados antes de irem para a cama, completam o ciclo de orações com horário fixo que os monges fazem todos os dias. As Completas são um pedido para que Deus os proteja dos terrores desconhecidos e invisíveis da noite – e um pedido também de paz em face da morte.

É raro que se ouçam as Completas fora dos mosteiros, o que torna a St. Mark's Cathedral, e um punhado de outras igrejas que as oferecem regularmente, um lugar especial.[2] O início da entoação das Completas na St. Mark's, em 1956, marcou a primeira vez que o culto foi entoado para o público nos Estados Unidos. Em seus primeiros anos, atraía poucas pessoas, mas em 1960 o boca a boca já havia se espalhado e centenas de hippies ávidos por uma "experiência direta, sem intermediários, da Presença Divina" compareciam à igreja nas noites de domingo.[3] Assim como uma missa, as Completas seguem uma ordem específica, embora não haja sermões e padres – apenas um coral que enche a catedral dos sons sagrados dos cânticos.

Quase cinquenta anos após o Verão do Amor, o espírito da contracultura permanecia são e salvo na St. Mark's. Alguns membros da congregação próximos ao altar tinham cabelos pintados de cores fluorescentes. Alguns tinham tatuagens e piercings. Muitos eram jovens – mais do que seria de esperar em uma igreja episcopal em uma noite de domingo numa cidade como Seattle. Compram lençóis e almofadas – e em certos casos até sacos de dormir – e se deitam no chão, fitando o teto com vigas de madeira, esperando o começo do culto. Um sujeito de cavanhaque se sentou de pernas cruzadas como Buda, o queixo contra o peito, meditando. Uma mulher com cara de universitária se encostou em uma das enormes colunas brancas da igreja. Com os joelhos puxados em direção ao peito, olhava para a frente com ares contemplativos, os braços em torno das pernas.

Um coro só de vozes masculinas estava num canto nos fundos da igreja, escondido dos congregados. Uma voz interrompeu o silêncio: "Que o Senhor Todo-Poderoso nos conceda uma noite tranquila e um fim perfeito". Um coro se juntou a ele, cantando: "Glória ao Pai, ao Filho e ao Espírito Santo. Assim como foi no início, é agora, e será sempre, mundo sem fim". As vozes desencarnadas tomaram a catedral. "Que é o homem mortal", entoaram, em trecho extraído do Salmo 8, "para que te lembres dele? E o filho do homem, para que o visites?" Também cantaram um hino místico composto pelo músico do século XX Francis Poulenc, usando as palavras de São Francisco de Assis: "Senhor, vos suplico, deixai o poder ardente e tenro de vosso amor consumir minha alma e retirai dela tudo que está abaixo dos céus. E que assim eu possa morrer pelo amor de vosso amor, conforme o senhor vos submeteu a morrer pelo amor de meu amor".

No final do culto, um grande silêncio se abateu sobre a igreja. Alguns espectadores se retiraram em silêncio. Outros continuaram em seus assentos. Um homem e uma mulher ao lado do altar se levantaram e se abraçaram antes de recolherem seus lençóis e irem embora. Alguns formaram pequenos grupos do lado de fora da igreja, conversando aos sussurros. O culto durou apenas meia hora, mas era nítida a diferença que fez sobre as pessoas — estavam mais calmas, meigas, gentis.

Assim como quem se reunia ali na década de 1960 para assistir às Completas, muitos dos congregantes na St. Mark's de hoje em dia também são contra as instituições. Sem dúvida havia cristãos na igreja, mas muitos eram agnósticos e ateus, alguns com uma imensa hostilidade à religião organizada. Isso só torna as Completas ainda mais incríveis. Existe algo com vigor espiritual que acontece dentro da igreja todas as noites de domingo e atrai tanto crentes quanto incrédulos.

"Me tira dos meus próprios pensamentos", declarou Emma, uma estudante de vinte anos, nos degraus na entrada da catedral. Ela frequenta as Completas de modo semirregular há alguns anos. "Fui criada como judia, então não concordo com o ponto de vista", ela explicou, "mas tem algo na música que te leva a um espaço sagrado. É como um banho espiritual. Leva embora preocupações banais. Sentir a presença do poder supremo nos faz perceber como os pequenos problemas são superficiais."

Emma estava com dois amigos, Dylan e Jake. Dylan, um freelancer de 25 anos, havia prendido o cabelo num rabo de cavalo. Assim como Emma, se comoveu com a música. "A música não é mais uma coisa comunitária como antigamente", ele explicou. "As pessoas estão o tempo todo com fones de ouvido. Mas aqui você está num lugar com um monte de gente ouvindo a mesma coisa. As vozes do coro ressoam no ambiente inteiro..."

"É como se a igreja toda estivesse cantando", Jake interrompeu.

"É. A voz deles parece maior do que a de seres humanos normais", acrescentou Dylan. "Lembra que a música vai muito além do self."

"Dá a impressão de que diminui o ego", disse Jake, "ele se aquieta um pouco."

O que acontece na St. Mark's é único. As pessoas na nossa sociedade estão cada vez mais alheias a fontes místicas e transcendentais de sentido. Como escreveram os pesquisadores especialistas em assombro Paul Piff e Dacher Keltner, "Os adultos passam cada vez mais tempo trabalhando e no trânsito e menos tempo ao ar livre e com os outros. Viajar para acampar, fazer piqueniques e ver o céu da meia-noite são coisas deixadas de lado em nome dos fins de semana e das noites de trabalho. O comparecimento a eventos de arte — shows de música, teatro, museu e galerias — caiu ao longo dos anos."[4] Mesmo quando buscamos o mistério em um culto de igreja, em um museu ou numa floresta, vivenciar a transcendência em geral requer atenção, foco e quietude, características difíceis de cultivar na nossa época de distrações. Isso ficou claro em uma sexta-feira de 2007, quando o virtuoso do violino Joshua Bell se instalou em uma estação de metrô em Washington, DC, na hora do rush, para tocar algumas das peças mais complexas e deslumbrantes da música clássica, de "Ave Maria", de Schubert, a "Chaconne", de Bach.[5] Fora convencido a fazê-lo por um jornalista do *Washington Post* que queria saber se as pessoas parariam e dedicariam um tempo à beleza a caminho do trabalho ou se seguiriam em frente, se arrastando como de hábito. Como era de esperar, a maioria dos trabalhadores, com a vida atarefada, não interrompeu os passos para ouvir a música. Mais de mil pessoas passaram ao lado de Bell naquela manhã. Apenas sete pararam para vê-lo tocar.

As Completas atraem pessoas que buscam refúgio do ruído branco do cotidiano. Encontram sentido se reunindo numa comunidade e se entregando à música, ao silêncio, ao divino. As Completas fazem os indivíduos se sentirem "conectados a algo *maior que* — independentemente do que isso queira dizer para você", diz Jason Anderson, o diretor do coro das Completas.

Por enquanto, este livro se concentrou no plano individual — o que cada um de nós, pessoalmente, pode fazer para levar uma vida mais plena de sentido. Mas quem busca o sentido enfrenta uma batalha árdua na nossa cultura. A mentalidade de "trabalhar e gastar" que caracteriza a vida atual, conforme escreveu o autor Gregg Easterbrook, distancia as pessoas do que de fato interessa.[6] Em bairros e escritórios, relações sociais se tornam cada vez menos frequentes.[7] O ritmo acelerado na vida moderna, com todas as distrações, transforma a introspecção em algo quase impossível. E, em um mundo em que o conhecimento científico é supremo, experiências transcendentais são vistas com suspeitas.

Essas tendências deixaram muita gente insatisfeita e ávida por algo mais. Agora começamos a rechaçá-las e a buscar um estilo de vida mais profundo. Pelo país afora, profissionais da medicina, empresários, educadores, clérigos e pessoas comuns estão usando os pilares do sentido para transformar as instituições em que vivemos e trabalhamos, criando comunidades que valorizam e constroem laços, celebrando o propósito, oferecendo oportunidades de narrativa e abrindo espaço para o mistério. Seus esforços fazem parte da mudança de curso da nossa sociedade em direção ao sentido. Como escreve Easterbrook, "Uma transição do desejo material para o desejo de sentido está ocorrendo numa escala sem precedentes históricos — envolvendo centenas de milhões de pessoas — e que talvez um dia seja reconhecida como o principal avanço cultural da nossa época".[8]

Ronald Inglehart, cientista político da Universidade de Michigan, dirige a Pesquisa Mundial de Valores, que registra os valores, as motivações e as crenças das pessoas desde 1981. Na pesquisa, Inglehart descobriu que as nações pós-industriais, como os Estados Unidos, estão no meio de uma grande transformação cultural.[9] Estão mudando dos valores "materialistas", que enfatizam a segurança econômica e física, para os valores "pós-materialistas" que enfatizam a autoexpressão e "um senso de sentido e propósito". O finado Robert William Fogel, economista ganhador do Prêmio Nobel e professor da Universidade de Chicago, detectou uma tendência similar. Ele escreveu que estávamos no meio de um "quarto grande despertar", definido pelo interesse em questões "espirituais", como propósito, conhecimento e comunidade, em vez de questões "materiais", como dinheiro e bens de consumo.[10]

Infelizmente, nem todas as culturas de sentido que surgiram para preencher o vazio existencial são dignas de admiração. As culturas de sentido podem ser boas ou ruins, dependendo de seus princípios e objetivos. Assim como as culturas de sentido positivas, as malignas — como os cultos ou os grupos de ódio — usam os quatro pilares para atrair indivíduos em busca de algo mais. O Estado Islâmico, por exemplo, oferece a seus adeptos uma comunidade de companheiros de crença, um propósito que acreditam ter aprovação divina, uma oportunidade de cumprir um papel em uma narrativa heroica e a chance de se aproximarem de Deus. Muitos ocidentais educados são atraídos por essa mensagem e se juntam ao grupo. Outros continuarão buscando satisfação nesses grupos se a nossa sociedade não oferecer alternativas melhores.

As culturas de sentido ressaltadas neste livro usam os quatro pilares para ampliar valores e objetivos positivos. Os membros reconhecem e respeitam a dignidade de cada indivíduo. Promovem virtudes como generosidade, compaixão e amor em vez de medo, ódio e raiva. Procuram estimular os outros, não lhes causar danos. Em vez de colher os frutos da destruição e do caos, essas culturas dão uma contribuição positiva ao mundo.

Culturas de sentido positivas ajudam todos a crescer, mas talvez sejam importantes sobretudo para os adolescentes. Muitos não sabem ao certo os próprios caminhos na vida, o que os torna vulneráveis ao fascínio das gangues e de outras más influências.[11] Ter algo no que acreditar e pelo que lutar ajuda a imunizá-los contra essas ameaças.

É essa a ideia por trás do The Future Project. Fundada por Andrew Mangino e Kanya Balakrishna, a organização tem como meta revelar o "potencial ilimitado de todos os jovens". Para levar adiante a missão, Mangino e Balakrishna reuniram uma equipe estrelada de conselheiros, entre eles pesquisadores como William Damon, de Stanford, Angela Duckworth, da Universidade da Pensilvânia, e Carol Dweck, também de Stanford. Damon, Duckworth e Dweck são conhecidos pelo trabalho pioneiro acerca de propósito, "determinação" e da "mentalidade do crescimento", respectivamente, e Mangino e Balakrishna utilizam suas descobertas científicas para ajudar os jovens a acharem seus propósitos e se empenharem para conquistá-los.

Os frutos desse trabalho foram reunidos em uma manhã de inverno de sábado em 2014, no Edison Ballroom na Times Square. Quase setecentos adolescentes dançavam sob o brilho de luzes azul-claras, ao som de Kanye West, Jay Z e Alicia Keys que saía do equipamento de um DJ carismático na frente da sala. Os meninos estavam de pé nas cadeiras, galgando o palco e se debruçando na varanda do segundo andar enquanto mexiam o corpo de acordo com a música, que explodia dos alto-falantes espalhados pelo ambiente. Dois meninos de cabelo exótico dançavam como robôs enquanto uma menina de hijab mexia o quadril como Elvis. O lugar parecia uma boate.

A música ruidosa, os adolescentes dançando e comemorando, os adultos correndo de um lado para o outro para manter as coisas sob controle — tudo parecia adequado à missão do dia. Os adolescentes no Edison Ballroom tinham saído dos bairros mais violentos de cidades como New Haven, Detroit, Newark e Filadélfia para ir ao DreamCon, evento que dura o dia inteiro em que setecentos deles apresentariam a uma banca de jurados adultos, seus sonhos e o avanço que haviam obtido na conquista deles nos últimos meses.[12]

Adolescentes passam a maior parte do tempo na escola. Mas a maioria das escolas é feita para ensinar às crianças como resolver problemas de álgebra e escrever redações, não para ajudá-las a descobrir suas vocações. O resultado é que muitos alunos se formam sem uma noção verdadeira do que querem fazer. Outros largam a escola porque não veem sentido nela. Mangino e Balakrishna querem mudar isso. Eles querem cativar estudantes — principalmente os que estão em situação de risco — nesse momento crítico da vida e ajudá-los a descobrir quais são seus propósitos.

Todas as escolas, acreditam Mangino e Balakrishna, deveriam ter um Diretor de Sonhos, uma espécie de orientador que se reúne com as crianças e as incentiva a serem ambiciosas quanto à contribuição que querem dar à sociedade. Em seguida, ele auxiliaria cada um dos alunos a bolar um plano passo a passo para atingir a meta. Muitas pessoas têm sonhos, afinal de contas, mas muitas não fazem nada para realizá-los. The Future Project pôs Diretores de Sonhos em dezenas de escolas públicas dos Estados Unidos. Desde que a organização foi fundada, esses Diretores de Sonhos ajudaram milhares de estudantes a adotarem um caminho com propósito.

No DreamCon, conheci uma moça de Nova York que sonhava em ser policial para levar segurança e ordem a comunidades parecidas com a dela. Sua Diretora de Sonhos sugeriu que ela pesquisasse mais as outras funções ligadas à imposição da lei que poderia seguir. Depois de verificar mais a fundo, resolveu que queria ser investigadora do FBI, e agora está pesquisando os passos que precisa empreender, em termos de estudos e treinamentos suplementares, para atingir essa meta. Também conheci um aluno do terceiro ano, morador de New Haven, que era pai solteiro. A mãe de sua filhinha, ele me contou, "não era muito participativa". Seu sonho, me falou enquanto mostrava fotos da bebê no celular, é criar uma comunidade de pais solteiros para que eles possam se ajudar na transição à paternidade. Atualmente, ele organiza reuniões em New Haven com pais que são seus conhecidos. O próximo passo é expandir essa comunidade para outras cidades e criar uma rede nacional.

Mangino e Balakrishna descobriram que, quando os estudantes seguem seus propósitos, os benefícios se espalham por outras áreas de suas vidas. Estudantes que trabalharam com Diretores de Sonhos se entusiasmaram mais com o aprendizado, compareciam mais à escola e relataram níveis maiores de empatia e liderança. De cada cinco, quatro diziam ter "realizado algo que não imaginavam ser possível", e quase todos os ex-alunos do programa declararam ainda sentir seus efeitos positivos e dizem ser bem-sucedidos na faculdade, na carreira ou no empreendedorismo. Também apresentam um senso mais forte de propósito. Na conferência, um calouro do ensino médio me falou que se tornou mais confiante ao ir atrás de seu propósito. Outro disse que trabalhar com seu Diretor de Sonhos para correr atrás de sua vocação como artista o manteve fora da rua, onde estaria vendendo drogas. Uma menina que queria ser médica disse que ir atrás de seu sonho a ajudou a tirar notas melhores e inspirou seu irmão caçula a também levar os estudos mais a sério.

O empenho de Mangino e Balakrishna faz parte de uma mudança mais ampla de nossa cultura. Ao longo dos últimos duzentos anos, o interesse da sociedade no propósito, conforme medição feita por um cientista social, nunca foi tão grande como atualmente.[13] Essa preocupação com o propósito se arraigou não somente na educação como também nos negócios, já que as empresas cada vez mais definem suas missões em termos de contribuições à sociedade, em vez de mera obtenção de lucro.

Uma dessas empresas é a Life Is Good, marca de roupas fundada pelos irmãos Bert e John Jacobs em 1994. Segundo contam Bert e John, a história da Life Is Good começa não na fundação da empresa, mas na infância deles.[14] Os meninos, os caçulas de seis irmãos, cresceram em Needham, Massachusetts, um subúrbio de Boston. A vida no lar dos Jacobs era, de acordo com os padrões de muita gente, uma dureza. O segundo andar da casinha não tinha aquecimento. O pai tinha pavio curto. E nem sempre conseguiam bancar as necessidades básicas. A mãe, Joan, brincava que comprava comida de que não gostavam para que durasse mais.

Apesar de tudo isso, Joan era uma mulher resiliente e alegre que focava nas coisas positivas. Todas as noites, à mesa de jantar, pedia aos seis filhos que dividissem algo bom que lhes havia acontecido naquele dia. Enquanto as crianças falavam de ter descoberto um álbum dos Rolling Stones no lixo, ouvido uma piada engraçada ou aprendido algo bacana na escola, a energia da sala se transformava. Todos riam e sorriam. O otimismo de Joan os animava. "Eu gosto de ficar sem dinheiro", ela lhes dizia, "porque aí não preciso me preocupar com o que preciso comprar." Com ela, os meninos aprenderam que a alegria vem da mentalidade, não só das circunstâncias. Essa lição acabou inspirando a visão de Bert e John para a Life Is Good.

Em 1989, aos vinte e poucos anos, Bert e John abriram um negócio de design de camisetas estampadas, que vendiam nas ruas de Boston. Também viajavam pela Costa Leste, vendendo as camisetas de porta em porta em campi universitários, sempre ganhando apenas o suficiente para financiar a viagem seguinte. Dormiam na van deles, comiam sanduíches de creme de amendoim e geleia e tomavam banho onde fosse possível.

Na estrada, passavam muito tempo conversando. Numa viagem, discutiram como dia após dia a imprensa inundava a cultura de histórias de assassinatos, estupros, guerras e sofrimentos. Apesar de coisas ruins acontecerem e da importância de tomarmos conhecimento delas, eles concordaram, o mundo também está cheio de notícias boas. Pensaram em Joan e na capacidade que ela tinha de iluminar um ambiente escuro. Decidiram promover os valores da mãe com o trabalho, criar um símbolo que serviria de antídoto ao ceticismo que viam na cultura — uma super-heroína cujo poder era o otimismo.

John esboçou em uma camiseta um boneco palito com um sorriso no rosto. Deu ao personagem o nome de Jake. Quando voltaram a Boston, fizeram uma festa e prenderam a nova camiseta na parede. Os amigos adoraram. Um deles escreveu na parede, ao lado da peça: "Este cara está com a vida resolvida", com uma seta apontada para Jake, que se tornaria o grande símbolo da Life Is Good.

Os irmãos condensaram a frase em três palavras: "Life Is Good", a vida é boa. Em seguida, imprimiram a imagem de Jake e a frase em quarenta e oito camisetas. Quando montaram uma barraquinha numa calçada de Cambridge, venderam todas em menos de uma hora – algo inédito para eles. Isso aconteceu em 1994. Na época, tinham 78 dólares. Hoje, administram uma marca que vale 100 milhões de dólares.

Com o avanço dos negócios, os irmãos declararam que seu propósito era deixar uma marca positiva na vida dos outros, assim como Joan deixara na deles. Então algo inesperado aconteceu. Começaram a receber cartas e-mails de gente que enfrentava ou havia enfrentado situações difíceis, como câncer, a perda de um ente querido, a falta de moradia e desastres naturais. Escreviam que usavam peças da Life Is Good para encarar a quimioterapia ou uma amputação, ou, no caso de uma mulher, a perda do marido no Onze de Setembro, um bombeiro cujo lema de vida era "A vida é boa". Comentavam que se comoviam com a mensagem da Life Is Good, e que, após a superação de uma adversidade, tinham mais apreço e gratidão pela vida.

No começo, Bert e John não sabiam o que fazer com as cartas. "Acho que não tínhamos noção da profundidade da nossa mensagem quando a criamos", disse John. Enquanto tentavam manter a pequena empresa no azul, liam e saboreavam as cartas – mas depois as guardavam em uma gaveta. Depois, em 2000, resolveram compartilhá-las em reuniões de equipe e festas aos funcionários da empresa para que todos vissem que seus esforços faziam uma diferença tangível na vida alheia. As cartas lembram a todos os funcionários que o trabalho deles serve ao propósito maior de espalhar otimismo. "Quando a labuta diária começa a obscurecer o valor do nosso trabalho", escreveram Bert e John, "essas histórias inspiradoras nos animam e nos lembram de que somos membros de uma grande tribo."

Desde 2010, os funcionários da Life Is Good têm uma outra fonte de sentido a explorar. Foi nesse ano que a empresa lançou uma organização sem fins lucrativos chamada Life Is Good Kids Foundation, dedicada às crianças que convivem com doenças, violência, abusos, pobreza e outras tribulações. O programa principal da fundação é chamado Playmakers, uma iniciativa que oferece oficinas de treinamento e aprimoramento de cuidadores de crianças como professores, assistentes sociais e funcionários hospitalares. Durante os cursos, aprendem sobre pesquisas acerca do otimismo e da resiliência e como usar essas pesquisas para melhorar a vida das crianças sob seus cuidados. Todo ano, a Life Is Good doa 10% de seu lucro líquido para ajudar crianças necessitadas. Desde o início, a fundação treinou mais de 6 mil Playmakers que se empenham em melhorar a vida de mais de 120 mil crianças todos os dias.[15]

O compromisso de ajudar as crianças significa que funcionários de todos os níveis trabalham não só para difundir o poder do otimismo entre os clientes, mas para auxiliar as crianças que enfrentam adversidades a levar vidas melhores. Todos na empresa sabem, explicou Bert, que as metas de vendas trimestrais e anuais estão ligadas não só à rentabilidade e ao crescimento da empresa como à ajuda de crianças que realmente passam necessidade.

"Passo boa parte do tempo descarregando caixas de um caminhão e fazendo outros trabalhos manuais", declarou Ian Mitchell, que trabalha no armazém da Life Is Good em New Hampshire, "e sei que só de fazer bem o meu trabalho já estou ajudando as crianças." Craig Marcantonio, designer gráfico que trabalha na sede da empresa em Boston, tem essa mesma sensação. "De vez em quando você se deixa levar pelas tarefas do dia a dia", ele disse, "mas aí fica sabendo do que os Playmakers estão fazendo em uma das reuniões mensais da área de design e se lembra de que seu trabalho está levando adiante a difusão do otimismo e servindo de luz no fim do túnel para os outros." Allison Shablin, recepcionista da Life Is Good, disse que mesmo quando está filtrando ligações e recebendo os visitantes, está ciente de que é parte de algo maior. "Trabalho numa empresa que faz tanto bem pelos outros, e isso me enche de orgulho", ela disse.[16]

A Life Is Good é parte do que o empresário Aaron Hurst chamou de "a nova economia do propósito".[17] Assim como a economia agrária deu lugar à economia industrial no século XIX, a economia da informação hoje dá lugar a uma economia focada no propósito, argumenta Hurst, o fundador da Taproot Foundation, um mercado multibilionário que conecta vendedores, designers e outros profissionais com organizações sem fins lucrativos para as quais a mão de obra deles seria útil. A economia do propósito, escreve Hurst, "é definida pela busca das pessoas de terem mais propósito na vida. Trata-se de uma economia em que o valor está em estabelecer um propósito para funcionários e clientes — saciando necessidades maiores do que as próprias, promovendo o crescimento pessoal e formando uma comunidade". Além de empresas de nicho como New Belgium Brewing Company, The Container Store e Virgin Atlantic, que declaram o propósito a espinha dorsal de suas operações, empresas tradicionais como Pepsi, Deloitte e Morgan Stanley também estão reformulando suas marcas em torno do propósito.

Isso pode causar espanto, mas existe um bom motivo para as empresas adotarem essas ideias – indo atrás do propósito, as empresas também ajudam a base. No livro *Capitalismo consciente*, John Mackey, do mercado Whole Foods, e Raj Sisodia, do Babson College, destacam que firmas movidas por propósitos que criam culturas de sentido entre os funcionários, clientes e a sociedade em geral estão em ascensão, e do ponto de vista financeiro superam seus concorrentes.[18] Isso se deve, em certa medida, ao fato de que os clientes as procuram. Conforme Sisodia escreveu com os colegas: "As pessoas procuram cada vez mais um sentido maior em suas vidas, não se limitando a simplesmente procurar acrescentar algo mais ao estoque de coisas que possuem".[19] Mas isso também se deve ao fato de que, como descobriram Bert e John, ter uma cultura guiada pelo propósito realmente faz com que as empresas funcionem melhor.

Nos dias de hoje, cerca de 70% de todos os funcionários ou "não estão engajados" no trabalho – isto é, são desinteressados, desmotivados e apáticos – ou "estão ativamente desengajados",[20] e menos da metade de todos os trabalhadores se sentem satisfeitos com seus empregos.[21] Mas quando veem sentido no trabalho, se engajam mais, são mais produtivos, e é bem mais provável que continuem nas empresas.[22] Percebem que as tarefas cotidianas, por mais humildes que pareçam, causam uma diferença positiva no mundo – e isso, dizem as pesquisas, é um enorme estímulo.[23] Conforme Teresa Amabile, da Harvard Business School, descobriu com sua pesquisa: "De tudo o que pode levar as pessoas a se envolverem profundamente com o trabalho, o mais importante é progredir em tarefas que façam sentido".[24]

Culturas de sentido também podem causar efeitos drásticos na nossa saúde. Isso fica evidente sobretudo quando nos voltamos para quem está acima dos 65 anos, um segmento populacional em rápida expansão. Infelizmente, no entanto, eles muitas vezes são deixados de lado... ou pior. Pesquisas mostram que o abuso e a negligência com idosos são problemas sérios, em especial em instituições de cuidados a longo prazo como asilos.[25] Em um estudo, por exemplo, 40% dos funcionários de um asilo admitiram cometer abusos psicológicos como xingar e gritar com os residentes, deixá-los sem comida ou sujeitá-los a "isolamento inadequado".[26] Em outro, cerca de quatro em cada dez residentes relataram ter sofrido ou visto alguém sofrer abusos.

Ainda tenho uma lembrança visceral da primeira vez em que estive em um asilo. O local era deprimente. Havia camadas de sujeira no chão e sobre as coisas. As bandejas de comida entregues aos pacientes estavam imundas. Um cheiro rançoso pairava no ar. Esse ambiente sinistro era um reflexo da saúde sinistra dos próprios pacientes. Estavam impotentes, confusos e sem rumo. A maioria não recebia visitas, e a saúde cognitiva e fisiológica parecia decadente. Não havia razão, afinal, para continuarem espertos.

Não é preciso que seja assim. O envelhecimento saudável é possível, mesmo no asilo, mas requer uma cultura radicalmente diferente daquela a que muitos de nós estamos habituados. Na década de 1970, duas pesquisadoras, Ellen Langer e Judith Rodin, conduziram um experimento que se tornou um clássico da psicologia e que elucida o que essa cultura pode exigir.[27]

Após uma vida de independência, não raro os idosos têm dificuldade em se adaptar a um asilo, onde em geral são vistos como inválidos. À medida que os meses e anos se arrastam, eles perdem o gosto pela vida, como seria de esperar. Langer e Rodin queriam ver se conseguiam reverter essa tendência. Selecionaram um grupo de residentes em asilos e deram a cada um deles uma planta para que colocassem em seus quartos. Disseram à metade dos participantes que as enfermeiras do andar cuidariam da planta, e à outra metade deram pleno controle sobre a planta. Todos os que faziam parte do segundo grupo podiam escolher a planta, optar pelo lugar que ela ocuparia no quarto e definir quando regá-la. Era função deles cuidar dela.

Depois de um ano e meio, as psicólogas deram sequência ao exame de ambos os grupos. Descobriram que quem cuidou da planta se saiu bem melhor do que quem não cuidou. Eram mais sociáveis, alertas, alegres, ativos e sadios. O que mais surpreendeu as pesquisadoras foi que quem cuidou da planta viveu por mais tempo. Ao longo dos dezoito meses de experimento, faleceram em menor número em comparação ao outro grupo. Uma pequeníssima intervenção causara uma enorme diferença na vida dos indivíduos que Langer e Rodin estudaram.

O que está por trás dos cuidados com uma planta? Os pacientes do asilo eram responsáveis por suas plantas, o que lhes dava a sensação de que controlavam suas circunstâncias. A planta lhes dava "uma coisa", como talvez Camus dissesse — um propósito em uma vida de resto monótona, e isso os motivava. Pesquisas mais recentes corroboram a descoberta: idosos que relatam ver mais sentido na vida têm uma existência mais longa do que os que dizem ver menos.[28] Eles têm um motivo para levantar da cama de manhã — um motivo, até, para seguir vivendo.

Aliás, um número crescente de pesquisas sugere que o sentido pode servir de proteção contra inúmeros males. O sentido na vida, por exemplo, é associado à longevidade,[29] ao bom funcionamento do sistema imunológico[30] e a mais massa cinzenta no cérebro.[31] O propósito, em especial, gera uma ampla gama de benefícios para a saúde. Ele diminui a probabilidade de distúrbios cognitivos brandos, como o mal de Alzheimer[32] e derrames.[33] Dentre os que sofrem de doenças cardíacas, ter propósito diminui as chances de infarto[34] — e gente desprovida de propósito corre mais risco de ter doenças cardiovasculares.[35]

Não é claro por que exatamente o propósito e a saúde têm uma relação tão forte, mas certos psicólogos especulam que pessoas[36] cujas vidas fazem sentido se cuidam melhor.[37] As pesquisas demonstram que é menos provável que fumem e tomem bebidas alcoólicas, se exercitem e durmam melhor e mantenham dietas mais saudáveis. Também é mais provável que utilizem serviços de saúde preventivos.[38] "Se você investe na vida", declara Michael Steger, pesquisador do sentido, "investe na saúde."[39] Essas descobertas têm implicações nas políticas em um mundo em que os custos com serviços de saúde são crescentes, a população envelhece rápido e as pessoas estão vivendo mais do que nunca. Segundo a Organização Mundial de Saúde, a proporção de indivíduos acima dos sessenta anos no mundo dobrará até meados deste século[40] — e, nos Estados Unidos, um quinto da população já estará acima dos 65 anos em 2050.[41]

Infelizmente, à medida que a idade avança, as pesquisas indicam que o senso de propósito das pessoas entra em queda.[42] Com a aposentadoria, a parte primordial de suas identidades — mãe, treinador do time infantil, médico, supervisor — se enfraquece ou desaparece, e muitas vezes elas lutam para substituir os antigos papéis por novos. Será que as culturas de sentido podem ajudar essas pessoas a levarem uma vida mais saudável? Muitos inovadores acham que sim. Marc Freedman, por exemplo, é o fundador de uma organização chamada Encore.org, que faz pelos idosos o que o Future Project faz pelos adolescentes — inspirando-os a criar um novo propósito para suas vidas após a aposentadoria.[43]

Muitos veem a aposentadoria como um período de férias, uma época em que podem jogar golfe, passar tempo na praia ou viajar livres das responsabilidades da juventude. Essa atitude é compreensível, sem dúvida. Depois de uma vida atarefada em que tiveram de se educar, criar os filhos e trabalhar, é natural que queiram dar um tempo. O problema, no entanto, é que esse modo de pensar mata o sentido. O propósito surge de se ter algo para fazer. "Nada é tão insuportável para o homem quanto estar totalmente inerte, sem paixões, sem negócios, sem distração, sem estudos", escreveu o filósofo francês Blaise Pascal em seus *Pensamentos*.[44] "Ele sente então sua inutilidade, sua solidão, sua insuficiência, sua dependência, sua fraqueza, seu vazio. Imediatamente emergirão das profundezas de seu coração o cansaço, a tristeza, a melancolia, o enfado, a exasperação, o desespero." Quando os idosos acreditam ter ainda um papel a exercer na sociedade, entretanto, mantêm um forte senso de propósito.

Freedman quer redefinir radicalmente o conceito de aposentadoria, transformando-o de época de lazer em uma época em que as pessoas usam as habilidades e experiências acumuladas ao longo da vida para melhorar a sociedade. A Encore cria oportunidades para que eles o façam juntando aposentados a organizações que tenham um propósito social para estágios de um ano. A ex-engenheira Pam Mulhall, por exemplo, cumpriu seu estágio Encore em uma organização chamada Crossroads for Women, em Albuquerque, onde usou suas habilidades tecnológicas para elaborar uma base de dados que auxilia mulheres viciadas e sem-teto a encontrar moradia e emprego. Depois desse período, muitos idosos arrumam empregos de tempo integral ou de meio expediente com as organizações que os receberam ou acham novos papéis em organizações sem fins lucrativos.

Além desse programa, a Encore mantém um banco de histórias de pessoas que fizeram "bis da carreira" — e essas histórias, espera a Encore, contribuirão para mudar a narrativa que nossa cultura faz da aposentadoria e inspirarão outras pessoas a adotar novos propósitos já numa idade mais avançada. Tom Hendershot, cuja história é descrita no site da Encore, por exemplo, é um policial aposentado que agora faz arte com dinossauros e monta exposições para museus.[45] Pessoas como Mulhall e Hendershot estão ativamente engajadas no "segundo ato" de suas vidas, nas palavras de Freedman — e, embora o segundo ato possa ser bastante diferente do primeiro, geralmente existe algum vínculo entre a primeira carreira e o bis.

Culturas do sentido também podem ser criadas com a ajuda de políticas públicas. Em 2006, a Organização Mundial de Saúde lançou o projeto Cidade Amiga dos Idosos para incentivar líderes municipais a planejarem comunidades que fomentem a inclusão dos idosos.[46] Uma das cidades que adotou a causa da OMS foi Nova York, que acabou virando um modelo para outras comunidades desejosas de tornar a vida dos cidadãos idosos mais rica.[47] A presidente da Academia de Medicina de Nova York, dra. Jo Ivey Boufford, ajudou a elaborar os critérios da OMS para declarar uma cidade amiga dos idosos e defendeu a implantação do modelo em Nova York. O projeto "Nova York Cidade Amiga dos Idosos" foi lançado em 2007 como uma parceria entre a Academia, o gabinete do prefeito e o conselho municipal. A meta era melhorar a saúde e o bem-estar dos adultos com idade mais avançada, tornando a cidade mais inclusiva e humanitária para esses indivíduos. "Do ponto de vista da cidade", diz Lindsay Goldman, representante da parcela acadêmica que dirige o projeto, "faz sentido financeiramente. Se você promove a saúde e o bem-estar, tem menos gente dependendo e precisando de programas de seguridade social e serviços municipais."

Assim que o projeto foi lançado, as autoridades fizeram reuniões comunitárias e grupos de discussão nos cinco distritos para saber dos nova-iorquinos mais velhos o que eles gostavam e desgostavam na cidade. Alguns temas se repetiam, mas um assunto mais abrangente unia muitos dos comentários. Como a maioria das pessoas, os idosos queriam simplesmente uma vida boa, satisfatória. Mas à medida que envelheciam, crescia o número de empecilhos que os impediam de ter uma vida assim. Algumas de suas preocupações eram de ordem prática, como a segurança dos pedestres e a carência de moradia a preços acessíveis. Outros diziam querer se envolver com a comunidade da mesma forma que faziam quando eram mais jovens, mas se preocupavam com a possibilidade de serem, ou já se sentiam, marginalizados ou desrespeitados por causa da idade. "Eu gostaria de fazer algo do qual possa me orgulhar", declarou um nova-iorquino. "Não ligo de ficar velho. Só quero fazer alguma coisa."

No decorrer da última década, os líderes do programa deram sequência ao diálogo e puseram em prática diversas iniciativas para lidar com as questões levantadas pelos nova-iorquinos mais velhos. O Departamento de Transporte, por exemplo, instalou mais abrigos nos pontos de ônibus da cidade inteira e garantiu que tivessem assentos e paredes transparentes para que os idosos se sentissem confortáveis e seguros debaixo deles. Puseram mais bancos cidade afora para incentivar caminhadas, e em algumas piscinas públicas implementaram horários especiais para os idosos, assim os adultos não precisavam se preocupar em serem atropelados por crianças. Essas mudanças são pequenas, mas significativas. Em uma cidade de ritmo acelerado, na qual a circulação pode ser exaustiva, essas melhorias tornam a vida dos nova-iorquinos mais velhos um pouco mais fácil e lhes dá a chance de participar mais de suas comunidades, ajudando a aumentar-lhes o senso de pertencimento. "As pessoas socializam", disse uma mulher na piscina, no horário dedicado aos idosos: "E estando rodeados de gente da mesma idade – da nossa idade, devo dizer – não ficamos pensando em quem está olhando."

Essas iniciativas são projetadas não apenas para prover assistência e apoio, mas também para dar aos idosos a oportunidade de usarem seus pontos fortes em prol da comunidade – de viverem com propósito. O Success Mentor, por exemplo, é uma iniciativa que conecta indivíduos mais velhos a crianças em idade escolar que estejam em situações de risco. Por meio do Success Mentor, dezenas de adultos servem de mentores e tutores a estudantes da cidade inteira. O resultado de programas como esse é que os alunos obtêm maior êxito acadêmico e passam por menos problemas disciplinares.[48] Os adultos, porém, também se beneficiam: estudos mostram que, quando se oferecem para orientar as crianças de suas comunidades, a saúde mental e física deles melhora.

Talvez os asilos onde a negligência e o abuso correm soltos em breve se tornem vestígios do passado, com o surgimento das culturas de sentido que redefinem o papel exercido pelas pessoas de mais idade na sociedade. De Marc Freedman, do Encore, aos burocratas de Nova York, cada vez mais as pessoas se dão conta de que os idosos podem oferecer uma grande contribuição à comunidade e devem receber apoio caso manifestem o desejo de fazê-lo. "É complicado ter uma vida com sentido e propósito", diz Lindsay Goldman, "quando não se pode fazer tudo aquilo que a vida inteira você amava fazer." Ao ampliar as oportunidades para idosos, Nova York tenta mudar essa situação.

Transcendência e propósito não são os únicos pilares em que se fiam as instituições a fim de criar culturas de sentido. A Nova York amiga dos idosos se empenha para aumentar o pertencimento entre nova-iorquinos mais velhos ao ressaltar que eles são membros valiosos da comunidade. Na St. Mark's e na DreamCon, as pessoas se juntam graças a um interesse em comum e formam uma comunidade singular. E a equipe da Life Is Good também forma uma tribo coesa de otimistas — e Bert e John elaboraram uma história cativante que explica a origem e o significado da marca. Os pilares do pertencimento e da narração também definem a missão de outra organização dedicada à criação de uma cultura de sentido na nossa sociedade — a StoryCorps, um projeto de história oral fundado pelo jornalista Dave Isay.

Isay se encantou com a narração de histórias quando era jovem.[49] Depois de se formar pela Universidade de Nova York, o rapaz de 22 anos planejava cursar medicina, mas um passeio pelo East Village mudou sua vida. Ele passou por uma vitrine que lhe pareceu interessante, entrou no estabelecimento e conheceu o casal de donos — Angel e Carmen Perez. A loja, repleta de livros de autoajuda, tinha como público-alvo gente que se recuperava de vícios. Conversando com eles, Isay descobriu que ambos tinham sido viciados em heroína, que Carmen tinha HIV e que sonhavam em abrir um museu do vício antes de ela morrer. "Eles me mostraram maquetes do prédio", escreveu Isay, "construídas com palitos de picolé e compensado. Tinham plantas de todos os andares e desenhos minuciosos de cada uma das exposições."

Profundamente impactado pela conversa, Isay foi para casa e ligou para as rádios e emissoras de TV locais sugerindo que fizessem matérias sobre Angel e Carmen. Ninguém se interessou, salvo uma estação de rádio comunitária chamada WBAI. Como a estação não tinha um repórter à mão, o diretor do noticiário pediu que o próprio Isay fizesse a matéria. "Quando voltei à loja, me sentei com eles e apertei o botão do gravador", contou Isay, "percebi que era isso o que eu iria fazer para o resto da vida."

Nas duas décadas seguintes, Isay trabalhou como produtor de rádio e documentarista, contando as histórias de, nas palavras dele, "renegados em cantinhos escondidos do país". Concentrou-se em pessoas tradicionalmente ignoradas pela sociedade: presidiários, viciados em drogas, os sem-teto e os pobres — pessoas como Carmen e Angel. Enquanto entrevistava esses indivíduos, descobria que o simples ato de ouvi-los lhes dava a sensação de que eram valorizados, respeitados e dignos de atenção. Instigava o pertencimento. À medida que fazia aos entrevistados perguntas básicas — como gostariam de ser lembrados, quem era relevante em suas vidas, do que se orgulhavam —, ele percebia que endireitavam as costas e seus olhos brilhavam. Isay se deu conta de que ninguém nunca tinha lhes perguntado de suas vidas; ninguém tivera interesse genuíno em ouvir suas histórias.

Quando um de seus documentários radiofônicos, sobre as últimas pensões de Nova York, foi transformado em livro, ele levou as provas para os sem-teto que havia entrevistado. "Um dos homens", escreveu Isay, "olhou para a história dele, pegou nas mãos e literalmente saiu dançando pelos corredores de um hotel antigo gritando: 'Eu existo! Eu existo!'." Isay mal acreditava em seus olhos. "Percebi de um jeito como nunca tinha percebido antes", escreveu, "quantos de nós se sentem totalmente invisíveis, acreditam que suas vidas são irrelevantes e temem cair no esquecimento." Escutar, Isay descobriu, é "um ato de amor" — uma maneira de fazer com que os outros sintam que eles e suas histórias têm importância. As pesquisas confirmam: dividir histórias fortalece os laços entre o ouvinte e o narrador e gera nas pessoas a sensação de que suas vidas fazem sentido, são dignas e valem a pena.[50]

Isay fundou a StoryCorps em 2003 para dar a pessoas comuns a chance de contarem suas histórias e serem ouvidas. No StoryBooth, criou um espaço pequeno em que duas pessoas poderiam se encontrar e se honrar mutuamente por meio do ato de escuta. Ele abriu a primeira StoryBooth no Grand Central Terminal, em Nova York. Apesar de ter sido fechada em 2008, hoje em dia há outras cabines em Nova York, Atlanta, Chicago e San Francisco, bem como uma cabine móvel que viaja pelo país gravando histórias. O que acontece lá dentro é o que acontecia antigamente. Duas pessoas que se gostam se reúnem na cabine, que parece uma cápsula de metal, e têm uma conversa íntima e ininterrupta ao longo de quarenta minutos. Uma pessoa da cabine assume o papel de entrevistador e a outra fala de algum aspecto de sua vida. Um facilitador grava a entrevista de dentro da cabine.

Após a entrevista, os participantes recebem a gravação da conversa. Com a autorização dos participantes, uma cópia é enviada para o American Folklife Center, na Biblioteca do Congresso, onde é arquivada, dando aos voluntários certo grau de imortalidade. As sessões são gratuitas: qualquer um pode marcar hora para gravar uma fita — e dezenas de milhares de pessoas já o fizeram. Ao coletar uma enorme gama de histórias de gente do país todo, Isay espera que o StoryCorps preserve a "sabedoria da humanidade".

Mas a StoryCorps também tem um objetivo mais radical. A organização considera a narrativa uma forma de combater aspectos danosos da cultura vigente, como o materialismo, que, segundo demonstram as pesquisas, levam as pessoas a serem mais egoístas e a verem menos sentido na vida.[51] Em 2008, a StoryCorps lançou uma iniciativa chamada Dia Nacional da Escuta para incentivar americanos a gravarem histórias com parentes, amigos e entes queridos na Black Friday, o festival das compras que acontece no dia seguinte ao Dia de Ação de Graças e antes do Natal. Esse ato de resistência contra a cultura do consumo foi rebatizado de Grande Escuta de Ação de Graças em 2015. Colaborando com escolas país afora, a StoryCorps pediu aos alunos que gravassem a história de um parente mais velho em um aplicativo de telefone — aproveitando uma tecnologia que pode separar e isolar indivíduos para fomentar as ligações humanas. "A gente quer dar uma sacudida nas pessoas, lembrar a elas do que realmente importa", disse Isay.

Em outubro de 2015, fui até o escritório da StoryCorps em Chicago para conversar sobre a experiência das pessoas ao compartilharem suas histórias. Esperando um casal sair da cabine, uma facilitadora chamada Yvette me abordou para contar que uma mulher tinha hora marcada e precisava de um par que a entrevistasse. A amiga da moça, que concordara em acompanhá-la, não poderia mais comparecer. Será que eu não poderia ajudá-la?

Seu nome era Mary Anna Elsey, uma professora de escola de 51 anos, moradora da Carolina do Sul, que estava passando o fim de semana em Chicago.[52] Mary Anna e eu trocamos um aperto de mãos e batemos papo por uns minutos antes de entrarmos na cabine, onde nos sentamos de frente uma para a outra, separadas por uma mesinha. Yvette colocou o microfone diante de nós e fechou a porta da cabine, nos isolando em uma sala sossegada forrada de lambris, longe dos ruídos e das distrações do mundo exterior. As luzes eram baixas, e a sala, sem enfeites. Desligamos nossos celulares. Mary

Anna e eu precisávamos, naquele espaço quase sagrado, nos concentrar uma na outra. Yvette mexeu no equipamento de gravação. Em seguida nos deu a deixa silenciosa de que era hora de iniciarmos a conversa.

Antes de entrarmos na cabine, Mary Anna havia me contado que fora adotada quando bebê. Dentro da cabine, pedi que me contasse a história de sua adoção. "Meus pais se deram conta de que não poderiam ter filhos juntos", ela começou com seu sotaque sulista. "Isso foi entre o final dos anos 1950 e começo de 1960. O médico falou que se quisessem se divorciar por isso a razão seria aceitável. Mas eles disseram que não, que preferiam adotar." Adotaram o irmão e a irmã mais velhos de Mary Anna, e depois a receberam em casa em 1964, quando tinha apenas dezoito dias de vida.

Quem é adotado pode encarar esse fato de duas formas, declarou Mary Anna. Ou ser grato porque os pais adotivos o quiseram ou ter raiva porque os pais biológicos não o quiseram. Mary Anna é do primeiro time. "Nunca questionei nenhum aspecto da minha adoção porque tinha um amor imenso pela minha mãe e meu pai", ela explicou. À medida que foi envelhecendo, no entanto, Mary Anna começou a sentir vontade de saber mais sobre os pais biológicos. Embora se recorde de uma infância repleta de carinho, também se recorda de se isolar bastante e se sentir bastante sozinha. Sempre teve muitos amigos na escola, mas mesmo assim se sentia isolada. Também lutou contra a depressão. Seguir o rastro dos pais biológicos, ela imaginou, poderia ajudá-la a se entender — e entender sua confusão emocional — um pouco melhor.

Após dar à luz a segunda filha, Mary Anna escreveu ao estado pedindo que lhe enviassem qualquer informação que tivessem sobre os pais biológicos. Sete dias depois, já sabia o nome da mãe biológica. Soube que Effie foi a oradora na colação de grau do ensino médio. Soube que Effie trabalhava como enfermeira e não era casada ao engravidar de Mary Anna em 1963. E soube que, no decorrer de suas vidas, ela e Effie estiveram juntas em um casamento e um enterro sem se darem conta.

Também descobriu que Effie agora vivia em Charleston. Quando Mary Anna contou ao marido, ele sugeriu que ligassem para o tio dele, Donald, um psicólogo infantil daquela cidade, e perguntassem se ele não a conhecia. "Então ele ligou para o Donald", Mary Anna me contou, "e disse, 'Donald, você já ouviu falar de uma enfermeira chamada Effie?'. E o Donald respondeu, 'Já, ela está aqui na minha frente, quer falar com ela?'. Meu marido disse, 'Donald, é a mãe da Mary Anna'. E ele repetiu, 'A Effie?', e ela se virou e olhou para ele."

Mary Anna conheceu Effie umas semanas depois em Charleston. Foi um almoço cordial. Mary Anna garantiu que teve uma boa vida. Effie lhe contou dos dois filhos. Também explicou que entregara Mary Anna à adoção porque imaginara que ela teria uma vida melhor. Depois, as duas se despediram e nunca mais tornaram a se ver.

O encontro ajudou Mary Anna a ganhar uma nova perspectiva sobre si e sobre sua relação com as três filhas. "Dá para imaginar", disse Mary Anna, "o que a Effie sentia ao esperar o bebê, ciente de que não poderia criá-lo, tomando a decisão de dá-lo para adoção. Até que ponto a minha personalidade — o meu temperamento — foi afetada pela minha experiência dentro do útero?" Ela se perguntava se passar os primeiros dezessete dias de vida em um lar temporário, sem um laço forte e constante com um responsável, teria contribuído para sua solidão e sua depressão. Pensou na decisão "difícil" e "corajosa" que Effie tomou ao abrir mão dela para que pudesse ter uma vida melhor. Percebeu que era uma decisão que jamais tomaria.

A maternidade não saiu da cabeça de Mary Anna enquanto estávamos na cabine. Ela e o marido estavam prestes a ficar de ninho vazio. Uma das filhas estudava farmácia. Outra cursaria direito. A caçula se preparava para terminar o ensino médio. Para uma mulher que se considerava acima de tudo mãe — em grande medida por nunca ter conhecido sua mãe biológica —, separar-se das filhas foi um processo profundamente doloroso.

"O que significa ser mãe?", indaguei.

Mary Anna mordeu os lábios e abanou o rosto com os dedos. "Assim eu vou chorar, Emily!", ela disse, rindo.

Seu objetivo como mãe, ela explicou, é preparar as filhas para encararem o mundo sozinhas. Sua maior realização na vida foi ter atingido essa meta: com o marido, criou três moças fortes e independentes que não precisavam mais dela. "Essa também é a parte mais difícil de ser mãe", Mary Anna disse, caindo no choro. Mal conseguiu pronunciar as palavras seguintes em meio às lágrimas: "Elas não precisam de você".

"O que vai dar sentido e propósito à minha vida", ela questionou, "agora que cumpri a função mais importante e desafiadora que existe?"

A entrevista acabou. Mary Anna e eu saímos da cabine e continuamos a conversa. Perguntei como fora a experiência de contar sua história na cabine. Foi catártica: "Tive a sensação de ser ouvida", ela declarou, "como se alguém quisesse me ouvir". Disse coisas na cabine, explicou, que jamais diria em uma conversa normal com amigos ou pessoas queridas. Algo naquele lugar fez com que ela desabafasse, e isso a ajudou na construção do sentido.

Para Mary Anna, os quarenta minutos lá dentro lhe permitiram entender suas experiências passadas e relações atuais. "Parte do motivo para eu me sentir tão só", disse, "é que não conto as coisas às pessoas. Guardo os pensamentos e os sentimentos. Isso me ensinou que eu devia me dispor a conversar mais com as pessoas — e não só por mim, mas por elas também. Quando contamos nossa história, fazemos duas coisas: nos entendemos melhor e oferecemos apoio a quem está passando pela mesma situação que nós."

Também deixamos um legado. A razão para Mary Anna ter ido ao StoryCorps foi a ideia de deixar uma gravação de sua história para os netos e bisnetos ouvirem. "Vivemos neste mundo em que parecemos tão pequenos em comparação com tudo o que está acontecendo. Depois de algumas gerações, ninguém se lembra de quem você é", declarou Mary Anna. "Assim eu deixo algo permanente para a posteridade."

Conclusão

A morte, como sugere a declaração de Mary Anna, constitui um importante desafio à nossa capacidade de viver uma vida com sentido. Afinal, se um dia a vida acaba e logo somos esquecidos, que propósito há no que fazemos? Foi esse o problema que levou Will Durant a escrever aquela carta a seus amigos. Na ausência de uma crença definitiva na vida após a morte, o filósofo buscava "um sentido que não pudesse ser invalidado pela morte".

Esse sentido existe?

William Breitbart, chefe do Departamento de Psiquiatria e Ciências Comportamentais do Memorial Sloan Kettering Cancer Center, em Nova York, é especialista nos estágios finais do tratamento de pacientes terminais de câncer.[1] Ele tem dedicado boa parte de sua vida a enfrentar o desafio que a morte representa quando buscamos o sentido da vida. Sua pesquisa inovadora mostrou que, embora o fantasma da morte leve muitas pessoas a concluírem que suas vidas não têm sentido, ele também pode ser um catalisador para que busquem compreender, como nunca antes, o sentido de suas vidas. A perspectiva da morte pode, de fato, nos ajudar a viver com mais sentido e a estar em paz quando nosso momento final no mundo chegar, basta que tenhamos a atitude e mentalidade adequadas para isso.

O sentido e a morte, acredita Breitbart, são dois lados da mesma moeda – os dois problemas fundamentais da condição humana. Como viver uma vida que é finita? Como encarar a morte com dignidade e não desespero? Como não se entregar de vez, já que vamos todos morrer? Essas são perguntas que passam diariamente pela cabeça de Breitbart ao trabalhar com pacientes que enfrentam o desafio final da vida.

Breitbart nasceu em 1951 e cresceu no Lower East Side de Manhattan. Seus pais, judeus da Polônia oriental, escaparam por pouco dos campos de concentração de Hitler. Durante a guerra, eles se esconderam dos nazistas em florestas, e seu pai lutou com a resistência clandestina polonesa. Depois que a guerra terminou, foram para um campo de refugiados e lá se casaram. Quando se mudaram para os Estados Unidos, levaram consigo suas lembranças dos anos de guerra. Durante a infância, Breitbart viveu imerso na atmosfera desse passado trágico. Todos os dias, durante o café da manhã, sua mãe lhe perguntava: "Por que estou aqui?". Por que seguia vivendo, pensava, quando tantos outros haviam morrido?

"Cresci, de certa forma, com a responsabilidade de justificar a sobrevivência dos meus pais e de criar no mundo algo que fosse importante o bastante para dar sentido à minha vida. Não é nenhuma coincidência", ele ri, "que tenha acabado no Sloan Kettering, onde as pessoas usam pijamas listrados e estão encarando a morte."

Breitbart foi para o Sloan Kettering em 1984, pois queria viver "na linha tênue entre a vida e a morte". A epidemia de aids estava no auge, e homens jovens, da idade de Breitbart, morriam à sua volta. "Eles me pediam constantemente para ajudá-los a morrer", disse. Também trabalhava com pacientes terminais de câncer. "Quando eu entrava no quarto, eles diziam: 'Tenho apenas três meses de vida. Se só tenho isso, não vejo valor, nem propósito, na minha vida'. A reação não era atípica. Eles diziam: 'Se você quer me ajudar, me mata'."

"Todos me diziam como era importante ter uma atitude positiva", disse uma ex-executiva da IBM, diagnosticada com câncer no intestino grosso.[2] "Mas não sou como o Lance Armstrong. Minha vontade era de me atirar na cova." Se a morte significa a não existência, concluíam os pacientes de Breitbart, então que sentido poderia ter a vida? E, se a vida não tem sentido, não há por que sofrer com o câncer.

Já nos anos 1990, o assunto em voga nos círculos médicos, mas não só neles, era o suicídio assistido. O dr. Jack Kevorkian, conhecido na época como dr. Morte, ajudara sua primeira paciente a tirar a própria vida em 1990.[3] E alegou que, nos oito anos seguintes, ajudou outros 130 pacientes a darem um fim às suas vidas. Enquanto os Estados Unidos debatiam a ética do suicídio assistido, outros países davam passos em direção à normalização da prática. Em 1996, ela foi legalizada no Território Norte da Austrália, mas, logo depois, a lei foi revogada. Em 2000, a Holanda se tornou a primeira nação a legalizar o suicídio assistido com supervisão médica.[4] Em 2006, os Estados Unidos deram um grande passo nessa direção, com a decisão da Suprema Corte para o caso *Gonzales vs. Oregon*, que deu autonomia a cada estado para tomar suas próprias decisões em relação ao suicídio assistido. Hoje, a prática é legal na Califórnia, em Vermont, Montana, Washington e no Oregon.[5] Em 2014, o *Journal of Medical Ethics* publicou um relatório apontando um crescimento do "turismo do suicídio".[6] Entre 2009 e 2012, dobrou o número de pessoas que viajaram a Zurique, na Suíça, onde o suicídio assistido é legalizado, para dar fim à própria vida.

À medida que ouvia mais e mais histórias sobre suicídio assistido, Breitbart se perguntava o que exatamente levava pacientes terminais a desistirem de viver. Na época, fazia uma série de pesquisas sobre dor e fadiga nos estágios finais da vida, então decidiu perguntar aos participantes da pesquisa se teriam ou não o desejo de antecipar sua morte. O que descobriu o surpreendeu. Ele imaginara que pacientes decidiam pôr fim à própria vida porque estavam sofrendo uma dor terrível. Mas descobriu, junto a seus colegas, que nem sempre era esse o caso. Aqueles que decidiam acelerar a morte eram os que diziam não ver sentido na vida, estavam deprimidos e sem esperança. Viviam um "vazio existencial".[7] Quando Breitbart lhes perguntava por que queriam ajuda para cometer suicídio, muitos diziam que era porque não enxergavam mais sentido na vida.

Breitbart sabia que podia tratar a depressão — havia medicamentos e psicoterapias bem desenvolvidos para isso —, mas viu que estava no escuro quando o assunto era tratar o vazio existencial. Então, em 1995, começou a ver um caminho. Ele foi convidado para participar do Project on Death in America [Projeto sobre a Morte nos Estados Unidos], cujo objetivo era melhorar a experiência de morrer. Breitbart e seus colegas de projeto — dentre os quais filósofos, um monge e outros médicos — tinham longas conversas sobre a morte e o sentido da vida, "salpicadas de referências a pessoas como Nietzsche, Kierkegaard e Schopenhauer", disse Breitbart.

"De repente, descobri", explicou Breitbart, "a importância do sentido — a busca de um sentido, a necessidade de se criar sentido, a capacidade de se vivenciar um sentido –, como essa era uma força motivadora básica do comportamento humano. Ninguém ensina isso na faculdade de medicina!" Ele se convenceu de que, se conseguisse ajudar pacientes a construir sentido, conseguiria ajudá-los a ter menos pensamentos e impulsos suicidas, melhorar sua qualidade de vida e ter mais esperança no futuro. Em suma, acreditava que poderia fazer suas vidas valerem a pena até o fim.

Ele desenvolveu um programa de oito sessões de terapia em grupo em que um número entre seis e oito pacientes de câncer se reúne em busca de orientação.[8] Cada sessão, de alguma forma, ajuda a construir uma mentalidade de busca de sentido. Na primeira sessão, devem refletir sobre "uma ou duas experiências ou momentos em que a vida lhes pareceu especialmente significativa – não importando se esses momentos soam profundos ou mundanos".

A segunda sessão trata da identidade "AC e DC" – isto é, quem os participantes eram *antes do diagnóstico do câncer* e quem são *depois do câncer*.[9] Eles são incentivados a responder à pergunta "Quem sou eu?", para assim conectarem-se com a identidade que lhes dá mais sentido. Uma mulher respondeu: "Sou filha, mãe, avó, irmã, amiga e vizinha... Costumo ser muito reservada e nem sempre expresso minhas necessidades e preocupações. Além disso, tenho me esforçado para aceitar amor, afeto e outras dádivas que as pessoas me dão". E refletiu sobre a transformação que a doença gerava nela: "Não gosto de ser cuidada, mas estou começando a... bem... essa talvez seja a grande questão que tenho ponderado por causa da doença. Agora aceito melhor que as pessoas queiram fazer coisas para mim".

Na terceira e quarta sessões, eles compartilham com o grupo suas histórias de vida. "Quando você pensa sobre sua vida até aqui e sobre a maneira como foi criado", perguntam os orientadores, "quais são as lembranças, relacionamentos, tradições e outros fatores que mais impactaram quem você é hoje?" Os participantes também discutem suas conquistas, seus motivos de orgulho e o que ainda precisam fazer. Refletem sobre as lições que gostariam de passar para outras pessoas. E, como dever de casa, têm que compartilhar sua história com alguém que amam.

A quinta sessão é a mais difícil. É quando devem confrontar as limitações da vida – e a maior delas é a morte. Eles conversam sobre o que consideram uma morte "boa": se preferem morrer em casa ou no hospital, como será seu funeral, como gostariam que suas famílias se adaptassem à vida sem eles e como querem ser lembrados pelas pessoas que os amam.

Nas duas sessões seguintes, eles refletem sobre as fontes "criativas" e "experienciais" de sentido — as pessoas, lugares, projetos e ideias que os ajudaram a expressar seus valores mais importantes e a "se conectarem com a vida". Conversam sobre suas responsabilidades, sobre "questões mal resolvidas" e o que os impede de resolvê-las e atingir seus objetivos. Eles também devem pensar sobre o papel que o amor, a beleza e o humor tiveram em suas vidas. É nesse momento que muitas pessoas mencionam suas famílias. Outras falam sobre trabalho ou hobbies, como jardinagem. A ex-executiva da IBM mencionou o momento em que viu *Nice de Samotrácia*, a estátua alada da Vitória, no Museu do Louvre, em Paris, quando era jovem.

Na última sessão, os pacientes refletem sobre suas esperanças e seu legado, o pedaço deles que continuará vivo mesmo depois que morrerem. Apresentam ao grupo um "projeto legado", algo que fazem ou criam e que representa a maneira como querem ser lembrados. Um homem trouxe uma xilogravura de um coração esculpido em um tríquetro celta. "É isso que vou ensinar a meus filhos", disse, "que existe amor eterno e que estarei ao lado deles muito depois da minha partida."[10]

Breitbart realizou três estudos randomizados controlados sobre psicoterapia do sentido e contou com a participação de centenas de pacientes.[11] Quando analisou os resultados com seus colegas, viu que a terapia havia sido transformadora. Ao fim das oito sessões, as atitudes dos pacientes em relação à vida e à morte haviam mudado. Eles se sentiam menos desesperançados e ansiosos quanto à perspectiva da morte. Não desejavam mais partir. O bem-estar espiritual havia aumentado. Relatavam melhor qualidade de vida. E, claro, encontravam mais sentido na vida. Com o passar do tempo, esses efeitos não apenas perduraram — na verdade, ficaram ainda mais fortes. Quando Breitbart visitou o grupo de pacientes dois meses depois, constatou que eles relatavam ver ainda mais sentido na vida e sentiam um bem-estar espiritual ainda maior. Já a ansiedade, a desesperança e a vontade de morrer haviam diminuído. O período entre o diagnóstico e a morte, percebeu Breitbart, é uma oportunidade para "um crescimento extraordinário".[12] A ex-executiva da IBM, por exemplo, logo de início ficara arrasada com o diagnóstico — mas, depois de se inscrever no programa de terapia, notou que "não precisava se esforçar tanto para encontrar o sentido da vida. Ele estava ali, para ser encontrado, em tudo à minha volta".[13]

As ideias de Breitbart estão se tornando populares. Médicos da Itália, Canadá, Alemanha, Dinamarca e outros países estão usando seus métodos terapêuticos para infundir sentido na vida de pacientes desesperançados e desesperados. "A reação no meio foi explosiva", disse Breitbart. "Ninguém havia prestado atenção nisso até agora, mas, de repente, parece que o mundo inteiro começou a descobrir o que é o sentido."

Breitbart desenvolveu a psicoterapia do sentido pensando em pacientes terminais, mas as lições aprendidas com a pesquisa podem ajudar qualquer pessoa a ter uma vida melhor. Não importa se a morte está próxima ou distante, pensar sobre ela nos obriga a avaliar nossa vida como está no momento e a refletir sobre o que gostaríamos de mudar para que tenha mais sentido. É o que psicólogos chamam de "teste do leito de morte".[14] Imagine que sua vida está chegando ao fim. Talvez um acidente inesperado ou o diagnóstico de uma doença tenham encurtado sua vida de repente, ou talvez você tenha vivido uma vida longa e saudável e agora tenha oitenta ou noventa anos. Em seu leito de morte, com poucos dias pela frente, refletindo sobre o modo como viveu, sobre aquilo que fez ou deixou de fazer, você estaria satisfeito com o que vê? Você teve uma boa vida e se sente realizado? Sente-se feliz por ter vivido dessa forma? Se pudesse voltar atrás, o que faria diferente?

Muitas pessoas que estão de fato no leito de morte temem que suas vidas não tenham sido significativas o bastante. Bronnie Ware, ex-funcionária de um centro de cuidados paliativos, percebeu que os arrependimentos de pacientes terminais costumavam se encaixar nas mesmas categorias básicas. Os principais eram: não seguir suas verdadeiras aspirações e propósitos, se dedicar demais a suas carreiras em vez de passar mais tempo com os filhos e parceiros e não manter muito contato com os amigos. O que gostariam era de ter passado mais tempo de suas vidas construindo os pilares do sentido.[15]

Breitbart passou um bom tempo pensando no desafio que a morte representou para outro grupo de pessoas — as vítimas e os sobreviventes do Holocausto. Depois que entrou para o Project on Death in America, Breitbart leu o livro *Em busca de sentido*, de Viktor Frankl, que relata suas experiências como sobrevivente de um campo de concentração. O livro causou um impacto muito forte em Breitbart, assim como em milhões de pessoas, e foi a partir daí que ele desenvolveu sua terapia do sentido. Cada paciente que participa da terapia recebe um exemplar do livro de Frankl na esperança de que, embora as circunstâncias sejam diferentes, a luta e o sofrimento de um homem sirvam de fonte de sabedoria e consolo a todos.

Em setembro de 1942, Frankl, psiquiatra e neurologista judeu em Viena, foi preso e levado a um campo de concentração nazista com a mulher e os pais.[16] Três anos depois, quando seu campo foi libertado, a maior parte dos parentes, inclusive sua esposa, havia perecido — mas ele, prisioneiro número 119104, sobrevivera.

Na obra *Em busca de sentido*, Frankl fala sobre a importância de encontrar sentido no sofrimento. Os prisioneiros dos campos haviam perdido tudo — a família, a liberdade, a identidade e os bens. Muitos, consequentemente, concluíam que não tinham mais nenhum motivo para viver e perdiam a esperança. Alguns, porém, seguiam acreditando que suas vidas tinham sentido. Frankl viu que os prisioneiros que encontravam ou mantinham essa noção de sentido, mesmo nas mais horrendas circunstâncias, eram muito mais resilientes ao sofrimento. Os que encontravam uma razão para viver, alegou, ficavam ainda mais "aptos a sobreviver" diante da fome, da doença, da exaustão e da degradante realidade geral da vida em um campo de concentração.

Frankl trabalhou como terapeuta nos campos e, em seu livro, conta a história de dois prisioneiros com tendências suicidas que foram orientados por ele. Como muitos à sua volta, esses dois homens acreditavam não ter mais razão para viver. "Em ambos os casos", escreve Frankl, "a questão era fazê-los perceber que a vida ainda esperava algo deles; que no futuro, de alguma forma, eles seriam necessários." Para um dos homens, a razão era o filho pequeno, que ainda estava vivo. Para o outro, um cientista, era uma série de livros que ele esperava terminar de escrever. Conforme observava mais e mais prisioneiros, Frankl percebia que os homens e as mulheres que sabiam o "porquê" de suas existências, como descreve Nietzsche, conseguiam suportar quase todo tipo de "como".

Também chamou sua atenção o fato de que algumas pessoas conseguiam manter a dignidade, mesmo em condições desumanas, porque escolhiam como reagir ao sofrimento que enfrentavam e viam outros enfrentar. "Nós, que vivemos em campos de concentração", escreve, "nos lembramos bem dos homens que caminhavam pelos alojamentos oferecendo conforto aos companheiros, ou seu último pedaço de pão. Eles podem ter sido poucos, mas são prova suficiente de que se pode arrancar tudo de um homem, com uma exceção: a última das liberdades – a liberdade de escolher como agir em qualquer circunstância, de escolher seu jeito de ser."

Antes de ser preso, Frankl havia se tornado um dos principais psiquiatras de Viena. Seu interesse pela psicologia e o sentido da vida fora intenso e precoce. Quando tinha cerca de treze anos, um de seus professores de ciências disse à turma: "A vida não é nada além de um processo de combustão, de oxidação". Frankl, porém, não se conformou. "Senhor, se é assim", gritou, pulando da cadeira, "então qual seria o sentido da vida?" Alguns anos depois, ele começou a se corresponder com Sigmund Freud e lhe enviou um artigo de sua autoria. Freud, impressionado com o talento de Frankl, encaminhou o artigo ao *International Journal of Psychoanalysis* para que fosse publicado. ("Espero que não se oponha", escreveu ao adolescente.)

Frankl continuou se destacando, tanto na faculdade de medicina quanto depois de se formar. Não apenas criou centros de prevenção de suicídio para adolescentes – um precursor de seu trabalho nos campos – como também desenvolveu aquela que seria sua contribuição principal para a psicologia: a logoterapia. Frankl acreditava que o ser humano tem um "desejo de sentido" e que essa vontade de encontrar propósito na vida é "a principal força motivadora do homem". O objetivo da logoterapia, então, era tratar a angústia e o sofrimento ajudando pacientes a identificar um sentido na vida. Em 1941, as teorias de Frankl já eram reconhecidas internacionalmente e ele trabalhava como chefe da neurologia do Hospital Rothschild de Viena, arriscando a vida e a carreira ao atestar diagnósticos falsos de doenças mentais a alguns pacientes para que não fossem mortos pelos nazistas.

Naquele mesmo ano, Frankl tomou uma decisão que mudou seu rumo. Tendo em vista sua carreira em ascensão e a ameaça nazista que pairava no ar, solicitou e conseguiu um visto para os Estados Unidos. Naquele momento, os nazistas já estavam levando os judeus para os campos de concentração, começando pelos idosos. Frankl sabia que era apenas questão de tempo até que seus pais fossem levados. Ele também sabia que, depois que fossem levados, ele teria a responsabilidade de permanecer ali para ajudá-los. Ainda assim, se sentiu tentado a ir para os Estados Unidos, onde teria segurança e sucesso profissional.

Sem saber o que fazer, Frankl foi à catedral de Santo Estêvão, em Viena, para clarear as ideias. Ao som do órgão da catedral, ficou se perguntando repetidamente: "Devo deixar meus pais para trás?... Devo dizer adeus e abandoná-los ao próprio destino?". Qual era seu dever? Estava em busca de um "sinal divino".

Ao voltar para casa, encontrou o sinal. Havia um pedaço de mármore sobre a mesa. Seu pai lhe explicou que era parte das ruínas de uma das sinagogas destruídas pelos nazistas. O mármore continha um fragmento dos Dez Mandamentos – o que fala de honrar pai e mãe. Nesse momento, Frankl decidiu ficar em Viena e abrir mão de qualquer perspectiva de segurança e avanço da carreira que poderia ter nos Estados Unidos. Ele deixou de lado uma vida confortável para servir à sua família e, depois, aos prisioneiros dos campos.

Durante os três anos que passou em campos de concentração, as manhãs de Frankl começavam quase sempre da mesma maneira. Acordava antes de o sol nascer e marchava por quilômetros até um sombrio canteiro de obras onde ele e seus companheiros eram obrigados a cavar valas em um terreno congelado, vigiados por nazistas armados com fuzis e chicotes. Durante a marcha, o vento invernal atravessava suas roupas puídas. Eles estavam famintos e exaustos, e os que estavam muito fracos para andar se apoiavam nos companheiros ao lado. Na escuridão, faziam o possível para não tropeçar nas pedras que havia pelo caminho enquanto os nazistas os empurravam com os canos dos fuzis. Quem saía da fila era espancado e chutado pelos guardas.

Um dia, Frankl conseguiu transcender a indignidade dessa rotina matinal. Enquanto caminhava, um prisioneiro que ia ao seu lado lhe sussurrou: "Se nossas esposas nos vissem agora! Espero que estejam melhores do que nós nos campos delas e que não saibam o que está acontecendo aqui". O comentário levou Frankl a pensar na esposa, Tilly, enviada a outro campo de concentração. Ele não sabia onde ela estava, nem mesmo se estava viva, mas manteve a imagem de Tilly na mente durante toda a manhã, e isso lhe trouxe esperança. "Eu ouvi sua resposta", se recordou tempos depois, "vi seu sorriso, seu olhar sincero e encorajador. Real ou não, sua imagem era mais luminosa que o sol que começava a nascer."

Naquele momento, Frankl teve uma epifania. Durante aquela marcha fria e lúgubre, com nada além da cálida lembrança de Tilly para confortá-lo, se deu conta de que havia entendido o sentido da vida. "Pela primeira vez", explicou, "vi a verdade que é cantada por tantos poetas, proclamada como a derradeira sabedoria por tantos pensadores." Essa verdade, escreveu, era "que o amor é o maior e o mais definitivo dos objetivos a que o homem pode aspirar. Então entendi o significado do maior segredo que a poesia, a filosofia e a crença humana podem expressar: *a salvação do homem se dá através do amor e no amor*".

Enquanto esses pensamentos invadiam a mente de Frankl, uma cena horrível se passava na sua frente. Ao tropeçar e cair, um prisioneiro fez com que outros prisioneiros fossem caindo como uma fileira de dominós atrás dele. Um dos guardas nazistas correu até eles e começou a chicoteá-los. Mas nem essa imagem cruel, nem mesmo outros horrores que havia vivenciado até aquele instante ou que vivenciaria até ser libertado puderam abalar a fé que ele agora tinha de que o sentido da vida era o amor.

"Compreendi", escreveu, "como um homem que não tem mais nada neste mundo pode entender, nem que seja por um breve momento, o que é a felicidade ao contemplar sua amada. Mesmo estando na completa desolação, em uma situação em que não pode se expressar através de ações positivas, em que sua única conquista é suportar o sofrimento da maneira correta — a maneira honrosa —, mesmo nessa situação, o homem pode, ao pensar com amor na imagem que carrega de sua amada, alcançar a plenitude. Pela primeira vez na vida, consegui entender o sentido das palavras 'Os anjos estão perdidos na perpétua contemplação de uma glória infinita.'"

O amor, claro, é a essência da vida com sentido. Ele perpassa cada um dos pilares do sentido e aparece muitas vezes nas histórias sobre as quais escrevi. Pense nos membros da Sociedade do Anacronismo Criativo, que realizaram um evento para arrecadar fundos para um amigo doente. Ou em Ashley Richmond, que melhorou a vida das girafas do Zoológico de Detroit. Ou em Emeka Nnaka, que, após seu acidente, decidiu servir aos outros. Ou em Jeff Ashby, que resolveu se dedicar a ajudar as pessoas a sentirem o Efeito Panorâmico. Ou em Shibvon, que decidiu ajudar crianças em situação vulnerável a terem uma infância melhor que a sua.

O ato de amar começa com a própria definição do que é sentido: começa quando nos afastamos de nosso mundo interior e buscamos conectar-nos e contribuirmos com algo maior. "O ser humano", escreveu Frankl, "sempre aponta, é direcionado, para algo ou alguém além de si mesmo – seja para um sentido a ser compreendido ou um outro ser humano a ser encontrado. Quanto mais nos esquecemos de nós mesmos – nos entregando a uma causa a ser servida ou a uma pessoa a ser amada –, mais humanos nos tornamos."

Esse é o poder do sentido. Não é nenhuma grande revelação. É parar para cumprimentar o vendedor da banca de jornal, é ajudar um colega de trabalho que parece triste. É ajudar as pessoas a entrarem em forma e ser um bom pai ou mentor de uma criança. É sentar-se boquiaberto debaixo de um céu estrelado ou participar de um grupo de oração medieval com os amigos. É abrir uma cafeteria para veteranos que passam por dificuldades. É prestar atenção quando alguém que amamos nos conta uma história. É cuidar de uma planta. Sozinhos, esses atos são singelos. Mas, juntos, iluminam o mundo.

Agradecimentos

O fato de este livro existir é prova da generosidade das pessoas que tive a sorte de chamar de família, amigos e colegas ao longo dos anos. Elas me ajudaram, apoiaram e inspiraram – e se este livro tem algo relevante a dizer, devo isso à orientação delas.

Meus pais serviram de modelo do que é ter uma vida plena de sentido, me ensinaram o papel central que o amor e a compaixão têm em uma vida com sentido e me ajudaram a ver a beleza e a bondade no corriqueiro – aqueles breves instantes de sentido que iluminam o mundo. Também serei eternamente grata pelos inúmeros sacrifícios que fizeram por mim, pela orientação e pelo apoio que me deram em todos os anos da minha vida e por cultivarem minha curiosidade e me incentivarem a pensar com criatividade e independência. Eles me conheciam melhor do que eu mesma e me ajudaram a achar meu rumo quando eu estava perdida. Também sou imensamente grata ao meu irmão Tristan, que sempre esteve disposto a me ajudar respondendo a minhas muitas (às vezes irritantes) perguntas – "Você tem um propósito?", "O que dá sentido à sua vida?", "Você pensa no legado que vai deixar?" etc. – e partilhando suas ideias valiosas sobre o sentido. Ele inspirou boa parte do capítulo sobre propósito e me deu a perspectiva de um recém-adulto sobre a busca de sentido.

Este livro não existiria sem meus incríveis agentes, Bridget Wagner Matzie e Todd Shuster. Bridget e Todd viram potencial onde eu não via e ajudaram a traduzir minha confusão de ideias em uma proposta de livro coerente. Não só me guiaram pelo processo de publicação, como também sempre estiveram disponíveis para debater ideias, responder a perguntas e comentar inúmeras propostas e rascunhos que mandei. Não teria como querer agentes mais zelosos ou amigos mais solidários.

Rachel Klayman é a editora dos meus sonhos: brilhante, criativa, comprometida e gentil. Ela derramou seu amor e carinho sobre este livro com entusiasmo e perícia — e de inúmeras formas é a maior promotora dele. As cartas cuidadosas, os comentários e as sugestões editoriais da editora associada Emma Berry levaram este livro a outro patamar. Foi um privilégio trabalhar com ambas.

A equipe da Crown trabalhou incansavelmente para botar este trabalho no mundo, e agradeço à diretora de publicidade Rachel Rokicki, à diretora associada de marketing Lisa Erickson, ao diretor de arte Chris Brand e ao assistente editorial Jon Darga. Obrigada também a Kevin Callahan, Lauren Dong, Lance Fitzgerald, Wade Lucas, Mark McCauslin, Sarah Pekdemir, Annsley Rosner, Courtney Snyder, Molly Stern e Heather Williamson. E a Judith Kendra, Nicole Winstanley, Nick Garrison, Regine Dugardyn e meus outros editores internacionais, que apresentaram esta obra ao público global.

Jonathan Haidt e Martin Seligman, que me orientaram ao longo do processo de escrita deste livro, foram guias intelectuais e inspirações. Jon me ensinou a pensar de novas formas sobre temas antigos. Marty promoveu este material desde o comecinho e sempre esteve aberto a responder a e-mails, a ler rascunhos e a rechaçar meus raciocínios defeituosos. Também devo muito a Adam Grant, que não só me ensinou sobre a função do sentido e do propósito em organizações e além delas, mas também me apresentou a vários modelos fascinantes de sentido, um dos quais está perfilado aqui. E eu não teria a coragem de seguir carreira como escritora se não fosse por Jeffrey Hart, Marlene Heck e David Wykes. Agradeço também a Julia Annas, Roy Baumeister, Paul Bloom, William Damon, Ed Diener, Angela Duckworth, Jane Dutton, Barbara Fredrickson, Emily Garbinsky, Veronika Huta, Scott Barry Kaufman, Laura King, Anthony Kronman, Matt Lieberman, Dan McAdams, Darrin McMahon, Russell Muirhead, Andrew Newberg, Ken Pargament, James Pawelski, Judy Saltzberg, Michael Steger, Roger Ulrich, Kathleen Vohs, Susan Wolf, Paul Wong e Amy Wrzesniewski pela sabedoria e pelo tempo.

Ao longo dos anos, tive colegas que me incentivaram e inspiraram. James Panero me ofereceu meu primeiro trabalho de escritora, foi um mentor comprometido e um amigo generoso. Tunku Varadarajan me ensinou o valor de uma mente idiossincrática — e das coisas refinadas da vida. Chris Dauer foi magnânimo ao apoiar meu desenvolvimento e minhas ideias. Roger Kimball me deu um lar e uma segunda graduação em *The New Criterion*. David Yezzi, Cricket Farnsworth, Eric Simpson, Brian Kelly, Rebecca Hecht, Mary Ross e Rebecca Litt tornaram o dia a dia mais divertido e estimulante. Susan Arellano, Melanie Kirkpatrick, Eric Kraus, Paul e Emma Simpson e Marisa Smith abriram portas para mim e me possibilitaram ter uma carreira como escritora. E James Hamblin, de *The Atlantic*, me ajudou a ter a ideia para este livro, que nasceu de um artigo que escrevi para ele intitulado "There's More to Life Than Being Happy" [Há mais na vida do que ser feliz].

Amigos torceram por mim e sempre se dispuseram a conversar sobre sentido, principalmente Jennifer Aaker, Catherine Amble, Dan Bowling, Anne Brafford, Leona Brandwene, Eleanor Brenner, Emily Brolsma, Lauren Caracciola, Meghan Danton, Taylor Dryman, Jordan e Samara Hirsch, Kian e Lexi Hudson, Liz Kahane, Willie Kalema, Zak Kelm, Taylor Kreiss, Amita Kulkarni, Emily Larson, Cory Muscara, Emma Palley, Lucy Randall, Mike Schmidt, Bit Smith, Carol Szurkowski, Ali Tanara, Layli Tanara, Paolo Terni, Dan Tomasulo, Emily Ulrich, Marcy Van Arnam, Christine Wells e David Yaden. Essa família me deu amor, apoio e incentivo para levar adiante este projeto.

Jennifer Aaker, Adam Grant, Charlie Hill, Roger Kimball, Darrin McMahon, James Panero, Lucy Randall, Reb Rebele, Judy Saltzberg, Martin Seligman e David Yaden: todos eles despenderam tempo lendo rascunhos deste livro. Seus comentários me fizeram pensar e escrever melhor.

O capítulo sobre transcendência não teria sido o mesmo sem Ginny e Mark Dameron, que disseram que eu acharia mistério e beleza no Observatório McDonald e em Marfa, no Texas, e eles tinham razão. Minhas conversas com eles também me instigaram a pensar mais nas culturas de sentido — e o apoio, o entusiasmo e a alegria deles em relação a este projeto me ajudaram a levá-lo adiante. Tirei a sorte grande com os sogros.

Eu também gostaria de agradecer às diversas pessoas que se abriram sobre suas vidas, suas obras e suas fontes de sentido — dos pesquisadores em laboratórios de psicologia a pessoas comuns que levam vidas extraordinárias. Nem todos são citados neste livro por seus nomes, mas todos moldaram e inspiraram algum aspecto dele. A melhor parte de escrever esta obra foi conhecê-los e aprender com todos eles. Muitos também se dispuseram a confirmar fatos de suas vidas e pesquisar. Quaisquer erros e omissões são de minha responsabilidade.

Por fim, Charlie Dameron. Charlie foi meu anjo da guarda do começo ao fim. Ele leu todos os rascunhos de propostas, comentou todos os manuscritos e estava ao meu lado em Fort Davis, Tangier, Cleveland e além. Rodamos o mundo em busca de sentido, mas a coisa mais relevante que fiz enquanto escrevia este livro foi me casar com esse homem incrível e maravilhoso. Ele me incentivou a crescer como escritora e como pessoa, me ensinou a amar melhor e mais profundamente e me deu autoconfiança quando estava cheia de dúvidas. Cada dia com ele é sempre mais rico e pleno do que o anterior.

Notas

INTRODUÇÃO [pp. 11-25]

1. Talvez os leitores tenham mais familiaridade com o termo "dervis". "Dervixe" é transliteração do persa.

2. Tirado do poema sufista "O Masnavi". Era sempre entoado em farsi no centro, mas essa tradução é uma cortesia de meus pais, Tim e Fataneh Smith.

3. Farid ud-Din Attar, *A linguagem dos pássaros*. Trad. de Alvaro Machado e Sergio Rizek. São Paulo: Attar Editorial, 2005.

4. Para saber mais sobre o sufismo, ver Javad Nurbakhsh, *Discourses on the Sufi Path* (Nova York: Khaniqahi Nimatullahi Publications, 1996) e *The Path: Sufi Practices* (Nova York: Khaniqahi Nimatullahi Publications, 2003); Seyyed Hossein Nasr, *The Garden of Truth* (PT Mizan Publika, 2007); Robert Frager e James Fadiman, *Essential Sufism* (Nova York: HarperCollins, 1999).

5. Agradeço ao pesquisador de psicologia e especialista em sentido Michael Steger por chamar a atenção para a ligação entre a história de Gilgamesh e a busca do sentido.

6. Apesar de distintas, essas questões estão interligadas. Saber qual é o sentido da vida pode ajudar as pessoas a encontrá-lo, e viver com sentido pode fazer com que a vida, de modo geral, pareça mais significativa. Por exemplo, ter uma vida com sentido, dizem muitas tradições religiosas e culturais, deixa as pessoas mais próximas e as ajuda a entender o sentido *da* vida, algo como Deus ou Amor ou Ser. E não saber qual é o sentido da vida, dizem alguns, torna quase impossível levar uma vida com sentido.

7. Em *Uma era secular*. Trad. de Nélio Schneider e Luiza Araújo (São Leopoldo: Unisinos, 2010). Charles Taylor aborda como, no decorrer da história ocidental, a autoridade incontestada da religião acabou dando espaço para a secularização, em que a prática religiosa se tornou uma opção — um caminho entre vários para se obter uma vida com sentido.

8. Tobin Grant, "Graphs: 5 Signs of the 'Great Decline' of Religion in America". *Religion News Service*, 1° ago. 2014. Segundo Grant, "a religiosidade nos Estados Unidos está no meio do que se pode chamar de 'O Grande Declínio'. Os declínios anteriores não foram nada se comparados a esse. Nos últimos quinze anos, a queda da religiosidade foi duas vezes maior que o declínio dos anos 1960 e 1970... 2013 é o ano com o menor índice de religiosidade que já medimos". Ver Tobin Grant, "The Great Decline: 61 Years of Religiosity in One Graph, 2013 Hits a New Low". *Religion News Service*, 5 ago. 2014. Para um estudo mais aprofundado e acadêmico do declínio da religião, ver Tobin J. Grant, "Measuring Aggregate Religiosity in the United States, 1952–2005". *Sociological Spectrum*, v. 28, n. 5, pp. 460-76, 2008.

9. Charles Taylor, *Uma era secular*. "Existe uma sensação generalizada em nossa cultura", conforme diz Taylor, "de que com o eclipse do transcendentalismo algo se perdeu."

10. Embora essa fosse a verdade quando eu era universitária — e continue a ser em vários departamentos de filosofia —, na última década houve um renascimento de estudos sobre sentido, a boa vida e as virtudes da filosofia acadêmica. Ver, por exemplo, o trabalho de Julia Annas et al. O argumento mais amplo de que a filosofia (e as ciências humanas em geral) abandonou a questão do sentido é abordada em Anthony T. Kronman, *Education's End: Why Our Colleges and Universities Have Given Up on the Meaning of Life* (New Haven: Yale University Press, 2007). O cientista social Jonathan Haidt, que fala de filosofia e psicologia em seu livro *The Happiness Hypothesis* (Nova York: Basic Books, 2006), já comentou em outros lugares que foi cursar a faculdade "empenhado em descobrir o sentido da vida, e imaginei que estudar filosofia fosse ajudar. Me decepcionei. A filosofia abordava muitas questões fundamentais de ser e saber, mas a pergunta 'qual é o sentido da vida?' nunca apareceu". Citação extraída de Susan Wolf, *Meaning in Life and Why It Matters*. Princeton: Princeton University Press, p. 93, 2010.

11. Este artigo debate as duas visões sobre a serventia do ensino superior — utilitária ou para o desenvolvimento da alma: Kwame Anthony Appiah, "What Is the Point of College?". *New York Times*, 8 set. 2015.

12. John H. Pryor et al.,, "The American Freshman: Forty Year Trends". Los Angeles: UCLA Higher Education Research Institute, 2007.

13. Ver Alexander W. Astin et al., "The Spiritual Life of College Students: A National Study of College Students' Search for Meaning and Purpose". Los Angeles: UCLA Higher Education Research Institute, 2005.

14. Os parágrafos seguintes são inspirados principalmente em Kronman, que em *Education's End* argumenta que a temática do sentido da vida "foi expulsa de nossas faculdades e universidades sob a pressão do ideal da pesquisa e das demandas do politicamente correto", p. 46. Parte do material também veio de Alex Beam, *A Great Idea at the Time: The Rise, Fall, and Curious Afterlife of the Great Books*. Nova York: PublicAffairs, 2008.

15. O crescimento do politicamente correto, do multiculturalismo e do relativismo moral foi outra das razões para a busca do sentido ter sido banida da academia, segundo Kronman e Beam.

16. Existem exceções à tendência descrita nesse parágrafo, é claro. Certas instituições de ensino continuam a oferecer uma educação baseada nas ciências humanas. Ver, por exemplo, o currículo básico da Universidade Columbia, o programa de Estudos Dirigidos de Yale e o plano de estudos do St. John's College. Para saber como os reformistas educacionais tentaram resistir ao enfraquecimento do currículo voltado para as humanidades imposto pelo ideário da pesquisa, ver os livros de Beam e Kronman.

17. Mark W. Roche, "Should Faculty Members Teach Virtues and Values? That Is the Wrong Question", *Liberal Education*, v. 95, n. 3, pp. 32-7, verão 2009.

18. Ver Dan Berrett, "A Curriculum for the Selfie Generation". *The Chronicle of Higher Education*, 6 jun. 2014. Também conduzi uma entrevista com o professor de Yale Miroslav Volf — diretor do Yale Center for Faith and Culture e fundador do Life Worth Living Program, que faz parte do centro — sobre esse ressurgimento do interesse pelo sentido dentro do campus (em 24 set. 2014). A questão da boa vida também reconquistou certa aderência na filosofia e na literatura. Ver, por exemplo: James O. Pawelski e D. J. Moores (Orgs.), *The Eudaimonic Turn: Well-Being in Literary Studies*. Madison: Fairleigh Dickinson University Press, 2013.

19. Nem todas as novas pesquisas sobre o bem-estar se desenvolvem dentro da psicologia positiva. Algumas estão na psicologia de modo geral, na economia e em outras áreas. Também é importante observar que diversos psicólogos já estudavam o bem-estar antes do nascimento da psicologia positiva, e alguns deles recorriam à orientação das ciências humanas. Ver, por exemplo, Carol D. Ryff e Corey Lee M. Keyes, "The Structure of Psychological Well-Being Revisited". *Journal of Personality and Social Psychology*, v. 69, n. 4, pp. 719-27, 1995; e Alan S. Waterman, "Two Conceptions of Happiness: Contrasts of Personal Expressiveness (Eudaimonia) and Hedonic Enjoyment". *Journal of Personality and Social Psychology*, v. 64, n. 4, pp. 678-91, 1993. Ver também Richard M. Ryan e Edward L. Deci, "Self-Determination Theory and the Facilitation of Intrinsic Motivation, Social Development, and Well-Being". *American Psychologist*, v. 55, n. 1, pp. 68-78, 2000. Há também pesquisadores estudando o sentido, como Roy Baumeister, Laura King, Brian Little, Dan McAdams e Paul Wong.

20. O surgimento da psicologia positiva e o desenvolvimento de sua perspectiva não envolveram apenas cientistas sociais, mas também filósofos, entre os quais Robert Nozick e Daniel Robinson. Um bom exemplo da fusão das humanidades e da ciência na psicologia positiva é Christopher Peterson e Martin E. P. Seligman, *Character Strengths and Virtues: A Handbook and Classification* (Nova York: Oxford University Press, 2004). Ver também a obra de James Pawelski.

21. Para uma boa avaliação sobre o que é a psicologia positiva e seu avanço, ver Martin E. P. Seligman, *Felicidade autêntica: Usando a nova psicologia positiva para a realização permanente*. Trad. de Neuza Capelo (Rio de Janeiro: Objetiva, 2004), e *Florescer: Uma nova compreensão sobre a natureza da felicidade e do bem-estar*. Trad. de Cristina Paixão Lopes (Rio de Janeiro: Objetiva, 2012); além de Seligman e Mihaly Csikszentmihalyi, "Positive Psychology: An Introduction". *American Psychologist*, v. 55, n. 1, pp. 5-14, 2000.

22. Para ler uma boa síntese da pesquisa sobre a felicidade, recomendo Sonja Lyubomirsky, *A ciência da felicidade: Como atingir a felicidade real e duradoura*. Trad. de Mauro Gama (Rio de Janeiro: Elsevier, 2008) e *Os mitos da felicidade*. Trad. de Eduardo Rieche (Rio de Janeiro: Lexikon, 2013).

23. Ed Diener, pioneiro das pesquisas sobre felicidade, me enviou um gráfico por e-mail mostrando o crescimento do estudo sobre o assunto (o que os pesquisadores chamavam de bem-estar subjetivo) em 16 de abril de 2014.

24. Para um livro que discute minuciosamente o Zeitgeist da felicidade, ver John F. Schumaker, *In Search of Happiness: Understanding an Endangered State of Mind* (Westport, Connecticut: Praeger, 2007). Para um breve histórico do conceito de felicidade e de como, nos Estados Unidos, a busca por ela decolou como fenômeno cultural, ver Shigehiro Oishi et al., "Concepts of Happiness across Time and Cultures". *Personality and Social Psychology Bulletin*, v. 39, n. 5, pp. 559-77, 2013.

25. Carlin Flora, "The Pursuit of Happiness". *Psychology Today*, 1° jan. 2009.

26. A partir de minha própria análise segundo a medição do Google Trends em 2013.

27. Rhonda Byrne, *O segredo*. Trad. de Fabiano Morais. Rio de Janeiro: Sextante, 2015.

28. Ver no capítulo 1 um debate sobre o aumento da depressão e do suicídio, e no capítulo 2 sobre os índices crescentes de isolamento social e suas consequências.

29. Ver Iris B. Mauss et al., "Can Seeking Happiness Make People Unhappy? Paradoxical Effects of Valuing Happiness". *Emotion*, v. 11, n. 4, pp. 807-15, 2011. Mauss também conduziu uma pesquisa que demonstrou que a busca pela felicidade gera solidão: Iris B. Mauss et al., "The Pursuit of Happiness Can Be Lonely". *Emotion*, v. 12, n. 5, p. 908, 2012. Para saber mais sobre como buscar ativamente a felicidade nos deixa infelizes, ver a seção 4

de Jonathan W. Schooler, Dan Ariely e George Loewenstein, "The Pursuit and Assessment of Happiness Can Be Self-Defeating", em Isabelle Brocas e Juan D. Carrillo (Orgs.), *The Psychology of Economic Decisions: Volume 1: Rationality and Well-Being*. Oxford: Oxford University Press, 2003, pp. 41-70. Para uma discussão sobre os benefícios da felicidade, além dos problemas de valorizá-la acima de tudo, ver June Gruber, Iris B. Mauss e Maya Tamir, "A Dark Side of Happiness? How, When, and Why Happiness Is Not Always Good". *Perspectives on Psychological Science*, v. 6, n. 3, pp. 222-33, 2011. Em outro artigo, relatando as descobertas de dois estudos, cientistas sociais destacaram que "o valor culturalmente predominante que se atribui à obtenção da felicidade pode ser um fator de risco para os sintomas e o diagnóstico da depressão": Brett Q. Ford et al., "Desperately Seeking Happiness: Valuing Happiness Is Associated with Symptoms and Diagnosis of Depression". *Journal of Social and Clinical Psychology*, v. 33, n. 10, pp. 890-905, 2014.

30. John Stuart Mill, *Utilitarianism*. Indianapolis: Hackett Publishing Company, 2001, p. 10.

31. A citação foi extraída de Robert Nozick, *The Examined Life: Philosophical Meditations*. Nova York: Touchstone, p. 100, 1989. As outras informações sobre a máquina de experiências foram tiradas de *The Examined Life*, pp. 99-108, e de Nozick, *Anarquia, Estado e Utopia*. Trad. de Ruy Jungmann (Rio de Janeiro: Jorge Zahar Editor, 1991).

32. Ver Ed Diener e Shigehiro Oishi, "Are Scandinavians Happier than Asians? Issues in Comparing Nations on Subjective Well-Being", em Frank Columbus (Orgs.), *Asian Economic and Political Issues: Volume 10*. Hauppauge: Nova Science, pp. 1-25, 2004; Shigehiro Oishi, Ed Diener e Richard E. Lucas, "The Optimum Level of Well-Being: Can People Be Too Happy?". *Perspectives on Psychological Science*, v. 2, n. 4, pp. 346-60, 2007; e Schumaker, *In Search of Happiness*.

33. A análise desse parágrafo vem, em sua maioria, de Nozick, *The Examined Life*. Ele declara: "Nos preocupamos com qual é o caso de verdade. [...] Queremos uma conexão importante com a realidade, não viver na ilusão". Em *Anarquia, Estado e Utopia*, ele dá três motivos relacionados para não nos conectarmos. Primeiro, "queremos fazer certas coisas"; segundo, "queremos ser de certa maneira"; terceiro, "nos conectarmos à máquina de experiência nos limita a [...] um mundo que não é mais profundo ou mais relevante do que aquele que as pessoas podem construir", p. 43.

34. Ver, por exemplo, Richard M. Ryan e Edward L. Deci, "On Happiness and Human Potentials: A Review of Research on Hedonic and Eudaimonic Well-Being". *Annual Review of Psychology*, v. 52, n. 1, pp. 141-66, 2001; Veronika Huta e Alan S. Waterman, "Eudaimonia and Its Distinction from Hedonia: Developing a Classification and Terminology for

Understanding Conceptual and Operational Definitions". *Journal of Happiness Studies*, v. 15, n. 6, pp. 1425-56, 2014; e Corey L. M. Keyes e Julia Annas, "Feeling Good and Functioning Well: Distinctive Concepts in Ancient Philosophy and Contemporary Science". *The Journal of Positive Psychology*, v. 4, n. 3, pp. 197-201, 2009.

35. Pesquisadores também destacam que nossas motivações diferem — algumas pessoas são motivadas pela busca da felicidade, e outras, pela busca do sentido, o que tem implicações em como nos comportamos e nos sentimos. Para saber mais sobre nossas diversas atitudes com relação ao bem-estar, ver Christopher Peterson, Nansook Park e Martin E. P. Seligman, "Orientations to Happiness and Life Satisfaction: The Full Life Versus the Empty Life". *Journal of Happiness Studies*, v. 6, n. 1, pp. 25-41, 2005; Veronika Huta, "The Complementary Roles of Eudaimonia and Hedonia and How They Can Be Pursued in Practice", em Stephen Joseph (Org.), *Positive Psychology in Practice: Promoting Human Flourishing in Work, Health, Education and Everyday Life*. 2. ed. Hoboken, Nova Jersey: John Wiley & Sons, pp. 159-68, 2015; Veronika Huta, "An Overview of Hedonic and Eudaimonic Well-Being Concepts", em Leonard Reinecke e Mary Beth Oliver (Orgs.), *Handbook of Media Use and Well-Being*. Capítulo 2. Nova York: Routledge, 2015; e Veronika Huta, "Eudaimonic and Hedonic Orientations: Theoretical Considerations and Research Findings", em: Joar Vittersø (Org.), *Handbook of Eudaimonic Well-Being*. Dordrecht: Springer, 2016.

36. Grande parte do material desse parágrafo foi inspirada em Darrin M. McMahon, *Felicidade: Uma história*. Trad. de Fernanda Ravagnani e Maria Silvia Mourão (São Paulo: Globo, 2006). Também entrevistei McMahon e troquei vários e-mails com ele entre 2014 e 2016.

37. Sigmund Freud, *O mal-estar na civilização*. Trad. de Paulo César de Souza. São Paulo: Penguin-Companhia das Letras, 2011. O próprio Freud não acreditava que a felicidade fosse o propósito da vida, mas imaginava que a maioria das pessoas acreditava nisso.

38. Citado em Michael F. Steger, Todd B. Kashdan e Shigehiro Oishi, "Being Good by Doing Good: Daily Eudaimonic Activity and Well-Being". *Journal of Research in Personality*, v. 42, n. 1, pp. 22-42, 2008.

39. Citado em McMahon, *Felicidade: Uma história*.

40. Os cientistas sociais medem a felicidade de diversas maneiras. Uma das ferramentas mais comuns é chamada de Escala do Bem-Estar Subjetivo, entendida como um medidor de felicidade hedônica pelos pesquisadores, conforme declarado em Ryan e Deci, "On Happiness and Human Potentials"; e Todd B. Kashdan, Robert Biswas-Diener e Laura A. King, "Reconsidering Happiness: The Costs of Distinguishing between Hedonics and Eudaimonia". *The Journal of Positive Psychology*, v. 3, n. 4, pp. 219-33, 2008. A Escala do Bem-Estar Subjetivo é constituída de duas subescalas. Uma delas é chamada PANAS (Positive and Nega-

tive Affect Schedule) [Escala de afeto positivo e negativo], que mede o estado emocional ou afetivo. A segunda é a Escala de satisfação com a vida, que pede aos indivíduos que avaliem itens como "as minhas condições de vida são excelentes" e "até agora, consegui obter aquilo que era importante na vida". Para conhecer outras formas de medição da felicidade, ver Sonja Lyubomirsky e Heidi S. Lepper, "A Measure of Subjective Happiness: Preliminary Reliability and Construct Validation". *Social Indicators Research*, v. 46, n. 2, pp. 137-55, 1999; Daniel Kahneman et al., "A Survey Method for Characterizing Daily Life Experience: The Day Reconstruction Method". *Science*, v. 306, n. 5702, pp. 1776-80, 2004; Daniel Kahneman, "Objective Happiness", em: Daniel Kahneman, Edward Diener e Norbert Schwarz (Orgs.), *Well-Being: The Foundations of Hedonic Psychology*. Nova York: Russell Sage Foundation, pp. 3-25, 1999; e Mihaly Csikszentmihalyi e Jeremy Hunter, "Happiness in Everyday Life: The Uses of Experience Sampling". *Journal of Happiness Studies*, v. 4, n. 2, pp. 185-99, 2003. Esses indicadores de felicidade são hedônicos, mas outros pesquisadores a definem de modo mais amplo. Por exemplo, em *Felicidade autêntica*, Seligman argumenta que a felicidade surge de três pilares: emoções positivas, envolvimento e sentido. Mais tarde, expandiu a definição de boa vida e incluiu o pilar das relações e das conquistas, e deu a esse novo modelo o nome de "teoria do bem-estar" ou "florescimento", em vez de chamá-lo de "felicidade autêntica" (ver Seligman, *Florescer*). O interessante é que, ao ampliar suas definições de bem-estar para além de estados e emoções positivas, a tendência dos psicólogos é não chamar esse construto de felicidade, e sim de algo como florescer ou bem-estar psicológico.

41. É provável que alguns digam que a distinção entre *hedonia* e *eudaimonia* é na verdade a distinção entre duas formas de felicidade, uma baseada no prazer e a outra, no sentido. Entretanto, devido ao nosso entendimento cultural partilhado de que felicidade é sentir-se bem, ter emoções positivas e prazer, enquanto a *eudaimonia*, ou ter uma vida com sentido, é algo que fazemos e que pode ser estressante e cheio de emoções negativas, optei por traçar a distinção entre as duas. Além disso, uso os termos "sentido" e "*eudaimonia*" de modo intercambiável, já que a minha definição de sentido basicamente engloba os diversos aspectos da *eudaimonia* conforme descritos por várias fontes que cito no decorrer desta seção.

42. Para a seção sobre o filósofo, me baseei em Aristóteles, *The Nicomachean Ethics*, traduzido para o inglês por David Ross (Oxford: Oxford University Press, 2009); em *Stanford Encyclopedia of Philosophy*, entrada "Aristotle's Ethics", disponível em: <plato.stanford.edu/entries/aristotle-ethics/>. Acesso em: 29 mar. 2017; em entrevista da autora com a filósofa Julia Annas em 23 set. 2014, além de conversas subsequentes por e-mail; e em McMahon, *Felicidade*.

43. Conforme Julia Annas assinalou em uma entrevista, os filósofos tendem a pensar que a palavra "felicidade" não é adequada para discutir o que Aristóteles quis dizer com

eudaimonia. Ver também Rosalind Hursthouse, *On Virtue Ethics* (Oxford: Oxford University Press, 1999), em que ela declara, "'florescimento' é uma tradução melhor de *eudaimonia* do que 'felicidade'", p. 10.

44. Aristóteles, *The Nicomachean Ethics*, p. 6.

45. Aristóteles também acreditava que certas condições externas — como ter dinheiro, amigos, sorte e saúde — precisavam ser minimamente satisfeitas para que alguém pudesse florescer.

46. Ver, por exemplo, Ryan e Deci, "On Happiness and Human Potentials"; Huta e Waterman, "Eudaimonia and Its Distinction from Hedonia"; Carol D. Ryff, "Psychological Well-Being Revisited: Advances in the Science and Practice of Eudaimonia". *Psychotherapy and Psychosomatics*, v. 83, n. 1, pp. 10-28, 2013; e Steger et al., "Being Good by Doing Good".

47. Especificamente, psicólogos descrevem esse sentimento como de prazer, emoções positivas, conforto, ausência de sofrimento e emoções negativas, além de fruição.

48. Ver Steger et al., "Being Good by Doing Good".

49. Veronika Huta e Richard M. Ryan, "Pursuing Pleasure or Virtue: The Differential and Overlapping Well-Being Benefits of Hedonic and Eudaimonic Motives". *Journal of Happiness Studies*, v. 11, n. 6, pp. 735-62, 2010.

50. Richard M. Ryan, Veronika Huta e Edward L. Deci, "Living Well: A Self-Determination Theory Perspective on Eudaimonia", em Antonella Delle Fave (Org.), *The Exploration of Happiness: Present and Future Perspectives*. Dordrecht: Springer Science+Business Media, 2013, p. 119.

51. Ver Michael F. Steger, "Meaning in Life: A Unified Model", em: Shane J. Lopez e Charles R. Snyder (Orgs.), *The Oxford Handbook of Positive Psychology*. 3. ed. (Oxford: Oxford University Press, no prelo); e Roy Baumeister, *Meanings of Life* (Nova York: The Guilford Press, 1991).

52. Ver, por exemplo, Kashdan et al., "Reconsidering Happiness".

53. Nos seguintes artigos, Huta cumpre com primor a tarefa de fazer essa distinção entre sentido e felicidade. Tanto *hedonia* como *eudaimonia*, ela assinala, se relacionam com a nossa saúde psicológica, mas de modos diferentes, e ambas podem ser levadas a extremos, apesar de a pesquisa mostrar que o sentido provê uma forma mais elevada e pró-social de bem-estar do que a *hedonia*: Huta, "The Complementary Roles of Eudaimonia and Hedonia and How They Can Be Pursued in Practice"; Huta, "An Overview of Hedonic and Eudaimonic Well-Being Concepts"; e Huta, "Eudaimonic and Hedonic Orientations".

54. Roy F. Baumeister et al., "Some Key Differences between a Happy Life and a Meaningful Life". *The Journal of Positive Psychology*, v. 8, n. 6, pp. 505-16, 2003.

55. Os pesquisadores não mediram as pessoas com altos patamares de sentido e baixos de felicidade ou vice-versa. Preferiram medir quanta felicidade e quanto sentido cada indivíduo relatou e depois observar de que modo cada uma dessas variáveis se correlacionava. Segundo eles: "A existência de sentido e a da felicidade têm uma correlação positiva, portanto têm bastante em comum. Muitos fatores, como sentir-se conectado aos outros, sentir-se produtivo e não estar sozinho ou entediado, contribuem de forma similar para ambas. Porém, as duas são distintas, e o foco desta pesquisa foi identificar as maiores divergências nas correspondências de felicidade (corrigindo os dados em função do sentido) e o sentido (corrigindo os dados em função da felicidade)".

56. Em uma análise de cinco conjuntos de dados de quase 3 mil pessoas, Veronika Huta descobriu que 33% dos entrevistados tinham alto grau de felicidade e baixo de sentido, 26% tinham alto índice de sentido e baixo de felicidade, 20% tinham alto grau de ambos e 20% tinham baixo grau de ambos — o que indica uma distinção verdadeira entre sentido e felicidade. E-mail à autora em 28 out. 2014.

57. Huta e Ryan, "Pursuing Pleasure or Virtue", estudo 4.

58. John Stuart Mill, *Autobiography*. Londres: Penguin Books, p. 117, 1989.

59. Ver, conforme mencionado, Huta e Ryan, "Pursuing Pleasure or Virtue"; Peterson et al., "Orientations to Happiness and Life Satisfaction"; e Steger et al., "Being Good by Doing Good". Ver também Keyes e Annas, "Feeling Good and Functioning Well", em que as descobertas indicam que o sentido é um escudo mais eficaz contra transtornos mentais do que a felicidade, segundo me explicou Keyes em um e-mail datado de 31 de março de 2016. Ele também declarou que a *eudaimonia* se mostrou um protetor mais forte contra a mortalidade do que a *hedonia*. Outro estudo revelou que a *eudaimonia* está mais associada à carga genética sadia do que a *hedonia*: Barbara L. Fredrickson et al., "A Functional Genomic Perspective on Human Well-Being". *Proceedings of the National Academy of Sciences*, v. 110, n. 33, pp. 13684-89, 2013. Também, conforme discutido, a busca da felicidade pode deixar as pessoas infelizes. Ao mesmo tempo, algumas pesquisas demonstram que interesses plenos de sentido como atos de bondade, expressar gratidão, definir objetivos importantes e cultivar relações sociais estimulam a felicidade. Para uma síntese dessa pesquisa, ver Lyubomirsky, *A ciência da felicidade*.

1. A CRISE DE SENTIDO [pp. 27-45]

1. Para essa anedota biográfica de Durant, me baseei em: Will Durant. *Fallen Leaves: Last Words on Life, Love, War, and God* (Nova York: Simon & Schuster, 2014); *On the Me-*

aning of Life (Dallas: Promethean Press, 2005); *Transition: A Mental Autobiography* (Nova York: Touchstone, 1955); além de Will e Ariel Durant. *A Dual Autobiography* (Nova York: Simon & Schuster, 1977).

2. Martin E. P. Seligman. *The Optimistic Child: A Proven Program to Safeguard Children Against Depression and Build Lifelong Resilience*. Boston: Houghton Mifflin, 2007.

3. Laura A. Pratt, Debra J. Brody e Qiuping Gu, "Antidepressant Use in Persons Aged 12 and Over: United States, 2005-2008", National Center for Health Statistics Data Brief nº 76, out. 2011.

4. Citado em T. M. Luhrmann, "Is the World More Depressed?". *New York Times*, 24 mar. 2014.

5. David M. Cutler, Edward L. Glaeser e Karen E. Norberg, "Explaining the Rise in Youth Suicide", em: Jonathan Gruber (Org.), *Risky Behavior Among Youths: An Economic Analysis*. Chicago: University of Chicago Press, pp. 219-70, 2001.

6. Sabrina Tavernise, "US. Suicide Rate Surges to a 30-Year High". *New York Times*, 22 abr. 2016. Atualmente, o índice de suicídios é de 13 a cada 100 mil indivíduos. Para contextualizar, o índice de suicídios atingiu o ápice nos Estados Unidos em 1932, durante a Grande Depressão (22,1 para cada 100 mil), e o ponto mais baixo, em 2000 (10,4 para cada 100 mil). Ver também "CDC: US Suicide Rate Hits 25-Year High". *Associated Press*, 8 out. 2014; Feijun Luo et al., "Impact of Business Cycles on US Suicide Rates, 1928-2007". *American Journal of Public Health*, v. 101, n. 6, pp. 1139-46, 2011; e Tony Dokoupil, "Why Suicide Has Become an Epidemic — And What We Can Do to Help". *Newsweek*, 23 maio 2013.

7. "Suicide: Facts at a Glance", Centers for Disease Control, disponível em: <cdc.gov/violenceprevention/pdf/suicide_factsheet-a.pdf>. Acesso em: 29 mar. 2017.

8. A Organização Mundial de Saúde estima que mais de 800 mil pessoas se matam todos os anos. Ver "Suicide Data", disponível em: <who.int/mental_health/prevention/suicide/suicideprevent/en/>. Acesso em: 29 mar. 2017.

9. Shigehiro Oishi e Ed Diener, "Residents of Poor Nations Have a Greater Sense of Meaning in Life than Residents of Wealthy Nations. *Psychological Science*, v. 25, n. 2, pp. 422-30, 2014.

10. O índice de suicídios vem da OMS, "Suicide Rates Data by Country", disponível em: <http://apps.who.int/gho/data/node.main.MHSUICIDE?lang=en>. Acesso em: 29 mar. 2017.

11. Maia Szalavitz, "Why the Happiest States Have the Highest Suicide Rates". *Time*, 25 abr. 2011.

12. Esses dados são de um estudo financiado pelo Centro de Controle de Doenças dos Estados Unidos [CDC], baseado em uma amostra nacionalmente representativa dos adultos

americanos. Os pesquisadores descobriram que um quarto dos americanos discordavam veementemente, discordavam moderadamente ou eram indiferentes à declaração: "Tenho uma boa noção do que dá sentido à vida". E 40% discordavam veementemente, discordavam moderadamente ou eram indiferentes à declaração: "Descobri um objetivo de vida satisfatório". Ver Rosemarie Kobau et al., "Well-Being Assessment: An Evaluation of Well-Being Scales for Public Health and Population Estimates of Well-Being among US Adults". *Applied Psychology: Health and Well-Being*, v. 2, n. 3, pp. 272-97, 2010.

13. Huston Smith, *As religiões do mundo*. Trad. de Merle Scoss. São Paulo: Editora Cultrix, 1999.

14. Para obter informações sobre a vida de Tolstói, me baseei nas seguintes fontes: Leo Tolstoy, *Confession*, tradução para o inglês de David Patterson (Nova York: W. W. Norton & Company, 1983); Rosamund Bartlett, *Tolstói, a biografia*. Trad. de Renato Marques (São Paulo: Globo, 2013); A. N. Wilson, *Tolstoy* (Nova York: W. W. Norton & Company, 1988); e Gary Saul Morson, verbete "Leo Tolstoy" em Britannica.com.

15. Em sua biografia de Tolstói, Wilson adverte que temos de ler a avaliação reflexiva que Tolstói faz de sua vida em *Confissão* com certa cautela. É óbvio que Tolstói lutava com questões de sentido e moralidade antes do colapso nervoso — porém, é igualmente óbvio que ele de fato teve algum tipo de crise referente ao sentido a essa altura de sua vida.

16. Para saber da história e das ideias de Camus, me baseei principalmente em: Robert Zaretsky, *A Life Worth Living: Albert Camus and the Quest for Meaning* (Cambridge, Massachusetts: Belknap Press, 2013); Olivier Todd, *Albert Camus: A Life* (Nova York: Carroll & Graf, 2000); e Albert Camus, *O mito de Sísifo*. Trad. de Ari Roitman (Rio de Janeiro: Record, 2004).

17. Conforme destacou Terry Eagleton, citado em Zaretsky, *A Life Worth Living*.

18. Jean-Paul Sartre, *Existentialism and Human Emotions*. Nova York: Citadel, p. 49, 1987.

19. Antoine de Saint-Exupéry, *O pequeno príncipe*. Trad. de Denise Bottmann. Barueri: Novo Século Editora, 2015. As citações são apresentadas fora de ordem. Primeiro o príncipe e a raposa se conhecem, e o príncipe domestica a raposa enquanto ela lhe ensina por que domesticar algo é importante. Em seguida, diz ao príncipe que, se ele retornar às rosas, verá por que a rosa original era especial. Quando o príncipe volta, a raposa lhe diz que ele é para sempre responsável pelos laços que cria. Mas na verdade ele já havia aprendido a lição quando viu as rosas.

20. Michael I. Norton, Daniel Mochon e Dan Ariely, "The 'IKEA Effect': When Labor Leads to Love". *Journal of Consumer Psychology*, v. 22, n. 3, 2012, pp. 453-60, 2012.

21. Gene Smiley, "Great Depression", em: *Concise Encyclopedia of Economics*, disponível em: <econlib.org/library/Enc/GreatDepression.html>. Acesso em: 29 mar. 2017.

22. Luo et al., "Impact of Business Cycles on US Suicide Rates, 1928-2007".

23. A ligação entre desemprego e suicídio já está bem estabelecida. Para alguns exemplos de pesquisas sobre o assunto, ver Glyn Lewis e Andy Sloggett, "Suicide, Deprivation, and Unemployment: Record Linkage Study". *British Medical Journal*, v. 317, n. 7168, pp. 1283-6, 1998; Stephen Platt, "Unemployment and Suicidal Behaviour: A Review of the Literature". *Social Science & Medicine*, v. 19, n. 2, pp. 93-115, 1984; e A. Milner, A. Page e A. D. Lamontagne, "Cause and Effect in Studies on Unemployment, Mental Health and Suicide: A Meta-analytic and Conceptual Review". *Psychological Medicine*, v. 44, n. 5, pp. 909-17, 2014.

24. David Friend e os editores da revista *Life*, *The Meaning of Life: Reflections in Words and Pictures on Why We Are Here*. Boston: Little, Brown and Company, 1991.

2. PERTENCIMENTO [pp. 46-69]

1. Visitei Tangier duas vezes: em 27 de maio de 2013 e em 15-16 de novembro de 2014. A narrativa condensa essas duas experiências em uma só. Entrevistei Edward Pruitt em 8 de setembro de 2015. Também contei com as seguintes fontes para escrever sobre Tangier: Kirk Mariner, *God's Island: The History of Tangier*. New Church, Virgínia: Miona Publications, 1999; Kate Kilpatrick, "Treasured Island". *Aljazeera America*, 11 maio 2014; "As Bones of Tangier Island's Past Resurface, Chesapeake Bay Islanders Fret about Their Future". *Associated Press*, 23 abr. 2013; e Harold G. Wheatley, "This Is My Island, Tangier". *National Geographic*, nov. 1973.

2. Nathaniel M. Lambert et al., "To Belong Is to Matter: Sense of Belonging Enhances Meaning in Life". *Personality and Social Psychology Bulletin*, v. 39, n. 11, pp. 1418-27, 2013.

3. Roy F. Baumeister e Mark R. Leary, "The Need to Belong: Desire for Interpersonal Attachments as a Fundamental Human Motivation". *Psychological Bulletin*, v. 117, n. 3, pp. 497-529, 1995.

4. O material dessa parte vem de: Deborah Blum, *Love at Goon Park: Harry Harlow and the Science of Affection*. Nova York: Basic Books, pp. 31-60, 2011; Robert Karen, *Becoming Attached: First Relationships and How They Shape Our Capacity to Love*. Oxford: Oxford University Press, pp. 13-25, 1998; e vídeo de René Spitz, *Grief: A Peril in Infancy*, 1947, disponível em: <canal-u.tv/video/cerimes/absence_maternelle_et_traumatisme_de_l_enfance.10347>. Acesso em: 27 mar. 2017. Para saber mais a respeito de *Psychological Care of In-*

fant and Child, de John Watson, ver Ann Hulbert, "He Was an Author Only a Mother Could Love". *Los Angeles Times*, 11 maio 2003.

5. Um punhado de médicos e psicólogos reconhecia a necessidade que as crianças tinham de cuidados sob o aspecto emocional. Um deles foi Harry Bakwin, chefe da unidade pediátrica do Bellevue Hospital, em Nova York, na década de 1930, onde instituiu certas mudanças que teriam consequências drásticas na saúde das crianças que ele tratava. Pôs placas incentivando o afeto — "Não entre neste berçário sem pegar um bebê no colo", lia-se em uma delas (ver Karen, *Becoming Attached*, p. 20) — e sob sua liderança "as enfermeiras foram incentivadas a agir como mães e a afagar os bebês, e a pegá-los no colo e brincar com eles, e os pais eram convidados a fazer visitas. Os resultados dessa mudança de política foram enormes: apesar do aumento da possibilidade de infecções, a taxa de mortalidade dos bebês de menos de um ano caiu bruscamente, de 30-5% para menos de 10%", segundo citação de Frank C. P. van der Horst e René van der Veer, "Loneliness in Infancy: Harry Harlow, John Bowlby and Issues of Separation". *Integrative Psychological and Behavioral Science*, v. 42, n. 4, pp. 325-35, 2008. As ideias que Bakwin defendia levariam anos para se popularizar. O fato de isso ter acontecido se deve em grande medida a René Spitz.

6. Ver René A. Spitz, "Hospitalism: An Inquiry into the Genesis of Psychiatric Conditions in Early Childhood". *The Psychoanalytic Study of the Child*, v. 1, pp. 53-74, 1944; e René A. Spitz, "Hospitalism: A Follow-up Report". *The Psychoanalytic Study of the Child* 2, pp. 113-7, 1946. Conforme explica Karen em *Becoming Attached*, a metodologia de Spitz nesse estudo era falha, bem como a metodologia da maioria das pesquisas psicológicas da época — mas pesquisas posteriores, feitas por gente como John Bowlby e Harry Harlow, confirmaram os efeitos negativos da falta de cuidados e afeto sobre os pequenos.

7. Você pode assistir ao vídeo de partir o coração em: <canal-u.tv/video/cerimes/absence_maternelle_et_traumatisme_de_l_enfance.10347>. Acesso em: 29 mar. 2017.

8. John T. Cacioppo e William Patrick, *Loneliness: Human Nature and the Need for Social Connection*. Nova York: W. W. Norton & Company, 2008.

9. Ibid., p. 5.

10. "Loneliness among Older Adults: A National Survey of Adults 45+", relatório preparado por Knowledge Networks and Insight Policy Research para *AARP: The Magazine*, set. 2010.

11. Perguntaram com quantas pessoas os entrevistados haviam discutido assuntos importantes nos últimos seis meses. Miller McPherson, Lynn Smith-Lovin e Matthew E. Brashears, "Social Isolation in America: Changes in Core Discussion Networks over Two Decades". *American Sociological Review*, v. 71, n. 3, pp. 353-75, 2006. Os pesquisadores acreditam que

talvez os dados superestimassem o crescimento do isolamento social, mas, ainda que fosse o caso, mais tarde eles descobriram um "aumento de 70% no isolamento social entre 1985 e 2004", citado em: McPherson, Smith-Lovin e Brashears, "Models and Marginals: Using Survey Evidence to Study Social Networks". *American Sociological Review*, v. 74, n. 4, pp. 670-81, 2009. Alguns pesquisadores questionaram o grau de isolamento descoberto por McPherson e seus colegas, mas as fontes, de modo geral, concordam que a sociabilidade está em queda. Ver Robert D. Putnam, *Bowling Alone: The Collapse and Revival of American Community*. Nova York: Simon & Schuster, 2000.

12. Ver Nathaniel M. Lambert et al., "Family as a Salient Source of Meaning in Young Adulthood". *The Journal of Positive Psychology*, v. 5, n. 5, pp. 367-76, 2010; Peter Ebersole, "Types and Depth of Written Life Meanings", em: Paul T. P. Wong e Prem S. Fry (Orgs.), *The Human Quest for Meaning: A Handbook of Psychological Research and Clinical Applications*. Mahwah: Lawrence Erlbaum Associates, Publishers, 1998; e Dominique Louis Debats, "Sources of Meaning: An Investigation of Significant Commitments in Life". *Journal of Humanistic Psychology* 39, n. 4, pp. 30-57, 1999.

13. Ver Tyler F. Stillman et al., "Alone and Without Purpose: Life Loses Meaning Following Social Exclusion". *Journal of Experimental Social Psychology*, v. 45, n. 4, pp. 686-94, 2009.

14. Émile Durkheim, *O suicídio: estudo de sociologia*. Trad. de Monica Stahel. São Paulo: Editora WMF Martins Fontes, 2011.

15. Oishi e Diener, "Residents of Poor Nations Have a Greater Sense of Meaning in Life than Residents of Wealthy Nations".

16. O efeito da religião sobre o sentido foi tão forte que, no caso de alguns países, a tendência geral do estudo — os países mais ricos têm índices mais baixos de sentido — foi a oposta. Alguns países ricos, como os Emirados Árabes Unidos, tiveram números relativamente altos, e alguns países pobres, como o Haiti, tiveram números relativamente baixos, com base no quão religiosos seus habitantes declararam ser. Ainda assim, se olharmos duas pessoas igualmente religiosas vivendo em dois países diferentes, quem vive no mais pobre terá maior probabilidade de informar graus mais altos de sentido na vida do que quem vive em um país rico, e vice-versa, devido aos outros fatores sociais mencionados.

17. Jean M. Twenge et al., "Birth Cohort Increases in Psychopathology among Young Americans, 1938-2007: A Cross-Temporal Meta-analysis of the MMPI", *Clinical Psychology Review*, v. 30, n. 2, pp. 145-54, 2010.

18. Richard Eckersley e Keith Dear, "Cultural Correlates of Youth Suicide". *Social Science & Medicine*, v. 55, n. 11, pp. 1891-1904, 2002. A ligação entre individualismo e suicídio juvenil é maior entre homens do que entre mulheres.

19. Putnam, *Bowling Alone*, p. 283.

20. Mona Chalabi, "How Many Times Does the Average Person Move?", *FiveThirtyEight*, 29 jan. 2015.

21. Carl Bialik, "Seven Careers in a Lifetime? Think Twice, Researchers Say", *Wall Street Journal*, 4 set. 2010.

22. 26 de setembro de 2015.

23. A informação contida nessa parte foi tirada de inúmeras entrevistas que fiz durante o evento em Cleveland, inclusive com Howard Fein e o homem a quem dou o nome de James (que me pediu para não revelar seu nome ou dar informações que possam identificá-lo). No outono de 2015, também fiz diversas entrevistas com os membros da Sociedade em Ann Arbor, dentre os quais Kay Jarrell, em 11 de setembro de 2015, e Carol e Matt Lagemann, em 21 de setembro de 2015. Entrevistei Kat Dyer, que mora na região de Chicago, por telefone, no dia 16 de setembro de 2015, e Diana Paxson, uma das fundadoras da Sociedade, em 23 de setembro de 2015.

24. Ver Roy F. Baumeister e Brad J. Bushman, *Social Psychology and Human Nature: Brief Version*. Belmont, Califórnia: Thomson Wadsworth, 2008, capítulo 10.

25. Ibid.; e Angela J. Bahns, Kate M. Pickett e Christian S. Crandall, "Social Ecology of Similarity: Big Schools, Small Schools and Social Relationships". *Group Processes & Intergroup Relations*, v. 15, n. 1, pp. 119-31, 2012. Também há outros fatores que determinam a formação de amizades, como a atitude de falar abertamente com os outros. Ver Karen Karbo, "Friendship: The Laws of Attraction". *Psychology Today*, 1° nov. 2006.

26. A maioria dos pares, em todo caso. Um membro da Sociedade do Anacronismo Criativo me contou a história de uma pessoa que era sempre grosseira com os outros participantes. O membro acabou sendo expulso da organização.

27. Informações sobre conexões de alta qualidade obtidas em Jane E. Dutton, *Energize Your Workplace: How to Create and Sustain High-Quality Connections at Work* (San Francisco: Jossey-Bass, 2003); Jane E. Dutton e Emily D. Heaphy, "The Power of High-Quality Connections", em: Kim S. Cameron, Jane E. Dutton e Robert E. Quinn (Orgs.), *Positive Organizational Scholarship: Foundations of a New Discipline* (San Francisco: Berrett-Koehler, pp. 263-78, 2003); e entrevista da autora com Jane Dutton em 2 abr. 2014. A obra de Dutton enfoca as conexões de alta qualidade no trabalho, mas elas também podem ocorrer fora desse ambiente.

28. Jonathan, meu amigo e colega de classe no programa de psicologia positiva da Penn, contou essa história em aula num dia de 2013. Depois, em 18 de outubro de 2015, o entrevistei a respeito dela.

29. Ver Stillman et al., "Alone and Without Purpose"; e Jean M. Twenge et al., "Social Exclusion and the Deconstructed State: Time Perception, Meaninglessness, Lethargy, Lack of Emotion, and Self-Awareness". *Journal of Personality and Social Psychology*, v. 85, n. 3, pp. 409-23, 2003; e Kristin L. Sommer et al., "When Silence Speaks Louder than Words: Explorations into the Intrapsychic and Interpersonal Consequences of Social Ostracism". *Basic and Applied Social Psychology*, v. 23, n. 4, pp. 225-43, 2001.

30. Twenge et al., "Social Exclusion and the Deconstructed State".

31. Stillman et al., "Alone and Without Purpose".

32. Kipling D. Williams, *Ostracism: The Power of Silence*. Nova York: The Guilford Press, 2001. Apesar de que, conforme Williams ressaltou em um e-mail de 1º de abril de 2016, quando uma pessoa se sente motivada e com razão ao repelir alguém, atuar como rejeitador pode ser fortalecedor.

33. Jane E. Dutton, Gelaye Debebe e Amy Wrzesniewski, "Being Valued and Devalued at Work: A Social Valuing Perspective", em: Beth A. Bechky e Kimberly D. Elsbach (Orgs.), *Qualitative Organizational Research: Best Papers from the Davis Conference on Qualitative Research*, v. 3. Charlotte, Carolina do Norte: Information Age Publishing, 2016.

34. Esse estudo mediu em específico o "ser valorizado socialmente". Dutton traça uma distinção entre pertencer e ser valorizado, argumentando que o primeiro termo se refere à sensação de fazer parte do grupo, e o segundo diz respeito à sensação de ter valor. Minha definição de pertencimento inclui ambos os conceitos: você tem a sensação de pertencimento não só quando sente que faz parte do grupo ou de uma relação, mas também quando o tratamento dos outros lhe dá a sensação de ter importância e ser estimado.

35. Ver também Amy Wrzesniewski e Jane E. Dutton, "Crafting a Job: Revisioning Employees as Active Crafters of Their Work". *Academy of Management Review*, v. 26, n. 2, pp. 179-201, 2001.

36. Essa informação foi tirada do documentário da PBS *The Buddha*, um filme de David Grubin, exibido em 8 de abril de 2010; e Sister Vajirā e Francis Story, *Last Days of the Buddha: Mahāaparinibbāna Sutta* (Kandy, Sri Lanka: Buddhist Publication Society, 2007). Observe que nas citações troquei "Nibhana" por "Nirvana".

3. PROPÓSITO [pp. 70-88]

1. Entrevista com a autora, 8 out. 2015.

2. Além da entrevista com Ashley, as informações contidas nessa parte vêm da entrevista da autora com Scott Carter, diretor de Ciências Biológicas do Zoológico de Detroit, em 8 de

outubro de 2015; uma entrevista da autora com Ron Kagan, diretor executivo e presidente do Zoológico de Detroit, em 7 de outubro de 2015; e Vicki Croke, *The Modern Ark: The Story of Zoos: Past, Present, and Future* (Nova York: Simon & Schuster, 2014).

3. Stuart J. Bunderson e Jeffery A. Thompson, "The Call of the Wild: Zookeepers, Callings, and the Double-Edged Sword of Deeply Meaningful Work", *Administrative Science Quarterly*, v. 54, n. 1, pp. 32-57, 2009.

4. William Damon, Jenni Menon e Kendall Cotton Bronk, "The Development of Purpose during Adolescence". *Applied Developmental Science*, v. 7, n. 3, pp. 119-28, 2005. Os autores também mencionam uma terceira dimensão: "ao contrário do sentido por si (que pode ser ou não guiado por um fim definido), o objetivo é sempre guiado por uma realização rumo à qual alguém avança" (p. 121). Na minha opinião, a primeira dimensão do objetivo — o fato de ser uma meta de longo prazo — já implica essa terceira dimensão.

5. Eva H. Telzer et al., "Mexican American Adolescents' Family Obligation Values and Behaviors: Links to Internalizing Symptoms across Time and Context". *Developmental Psychology*, v. 51, n. 1, pp. 75-86, 2015.

6. O seguinte artigo investiga a ligação entre metas, objetivo e ter uma vida com sentido: Robert A. Emmons, "Personal Goals, Life Meaning, and Virtue: Wellsprings of a Positive Life", em: Cory L. M. Keyes e Jonathan Haidt (Orgs.), *Flourishing: Positive Psychology and the Life Well-Lived* (Washington, DC: American Psychological Association, 2003, pp. 105-28). Ver também David S. Yeager e Matthew J. Bundick, "The Role of Purposeful Work Goals in Promoting Meaning in Life and in Schoolwork during Adolescence". *Journal of Adolescent Research*, v. 24, n. 4, pp. 423-52, 2009.

7. Nesse estudo, levar uma vida com sentido foi associado à satisfação com a vida. Os pesquisadores mediram o sentido perguntando aos participantes questões relacionadas a objetivos, como "Minha vida serve a um objetivo maior" e "Tenho a responsabilidade de tornar o mundo um lugar melhor": Peterson et al., "Orientations to Happiness and Life Satisfaction: The Full Life versus the Empty Life", p. 31.

8. Todd B. Kashdan e Patrick E. McKnight, "Origins of Purpose in Life: Refining Our Understanding of a Life Well Lived". *Psychological Topics*, v. 18, n. 2, pp. 303-13, 2009.

9. Ele descreve o estudo em: William Damon, *The Path to Purpose: How Young People Find Their Calling in Life*. Nova York: Simon & Schuster, 2009.

10. David S. Yeager et al., "Boring but Important: A Self-Transcendent Purpose for Learning Fosters Academic Self-Regulation". *Journal of Personality and Social Psychology*, v. 107, n. 4, pp. 559-80, 2014.

11. Martha L. Sayles, "Adolescents' Purpose in Life and Engagement in Risky Behaviors: Differences by Gender and Ethnicity" (Tese de Doutorado), ProQuest Information

& Learning, 1995, citada em: Damon et al., "The Development of Purpose During Adolescence".

12. Damon, *The Path to Purpose*, p. 60. Baseando-se na análise de 2006 de uma onda de dados inicial, Damon e os colegas descobriram que apenas 20% dos jovens entrevistados tinham objetivos. Vinte e cinco por cento não expressaram basicamente sentido nenhum, enquanto os participantes restantes ou eram "sonhadores", que tinham aspirações, mas não sabiam como atingi-las, ou "diletantes", que tentavam vários objetivos, mas não tinham uma visão clara de suas motivações.

13. Ibid.

14. Esse artigo mostra que a maioria das taxas de criminalidade subiu da década de 1980 até meados da década de 1990: Patrick A. Langan e Matthew R. Durose, "The Remarkable Drop in Crime in New York City". Pesquisa apresentada na International Conference on Crime de 2003 (3-5 dez.), Roma, Itália. Obtido em: 10 mar. 2016. Disponível em: <scribd.com/doc/322928/Langan-rel>. Acesso em: 29 mar. 2017.

15. Nas palavras do ex-comissário de polícia Howard Safir: "Historicamente, o Lower East Side teve um monte de gangues das drogas entrincheiradas". *New York Times*, 7 ago. 1997.

16. Quando perguntei a Coss em que medida ele vivenciou ou participou de atos violentos, ele declarou: "eu nunca fui violento, mas a violência fazia parte. As pessoas me roubavam, me amarravam, invadiam minhas casas".

17. Segundo o site do governo da cidade de Nova York, foi um "Caso de Relevo" de 2009.

18. Do site da Defy Ventures: <defyventures.org>. Acesso em: 29 mar. 2017.

19. Ver, por exemplo, a literatura acerca das "metas autoconcordantes" ou metas que se alinham aos nossos valores e identidade: Kennon M. Sheldon e Andrew J. Elliot, "Goal Striving, Need Satisfaction, and Longitudinal Well-Being: The Self-Concordance Model". *Journal of Personality and Social Psychology*, v. 76, n. 3, pp. 482-97, 1999; e Kennon M. Sheldon e Linda Houser-Marko, "Self-Concordance, Goal Attainment, and the Pursuit of Happiness: Can There Be an Upward Spiral?". *Journal of Personality and Social Psychology*, v. 80, n. 1, pp. 152-65, 2001.

20. Ver Erik H. Erikson, *Childhood and Society* (Nova York: W. W. Norton & Company, 1993); e *Identity: Youth and Crisis* (Nova York: W. W. Norton & Company, 1968). Sou grata a William Damon e a Dan McAdams por me ajudarem a entender as ideias de Erikson sobre identidade.

21. Erikson, *Childhood and Society*, p. 268.

22. Essa parte foi fundamentada por entrevistas da autora com os pesquisadores Joshua Hicks em 17 fev. 2015 e Rebecca Schlegel em 9 out. 2015.

23. Rebecca J. Schlegel et al., "Thine Own Self: True Self-Concept Accessibility and Meaning in Life". *Journal of Personality and Social Psychology*, v. 96, n. 2, pp. 473-90, estudo 3, 2009. Para saber mais a respeito do vínculo do autoconhecimento com o sentido na vida, ver também Rebecca J. Schlegel et al., "Feeling Like You Know Who You Are: Perceived True Self-Knowledge and Meaning in Life". *Personality and Social Psychology Bulletin*, v. 37, n. 6, pp. 745-56, 2011.

24. O self verdadeiro, dizem os pesquisadores, é "definido como aquelas características que temos e gostaríamos de exprimir socialmente, mas nem sempre podemos, por qualquer motivo que seja... esses traços que conseguimos demonstrar na presença das pessoas mais próximas". Seguindo uma convenção (bem confusa), psicólogos referem-se ao self inautêntico como o "self real" e o descrevem como "aquelas características que temos e com frequência temos a possibilidade de exprimir aos outros em ambientes sociais". Também dão a isso o nome de "self público". A ideia é que "as pessoas só se sentem confortáveis em expor seus selfs verdadeiros perto das pessoas mais próximas e os mantêm ocultos durante boa parte das atividades cotidianas". Schlegel et al., "Thine Own Self", p. 475.

25. No grupo de controle, os estudantes viam lampejos do que haviam listado para descrever o "self real". Os que eram supridos com o self real, em vez do self verdadeiro, não consideraram suas vidas mais cheias de sentido após a tarefa.

26. Existem diversos testes que podemos fazer para definir nossos pontos fortes, dentre eles o Gallup StrengthsFinder e o VIA Survey of Character Strengths. Para saber mais sobre cada um deles, ver Tom Rath, *StrengthsFinder 2.0* (Nova York: Simon & Schuster, 2007); e Peterson e Seligman, *Character Strengths and Virtues: A Handbook and Classification*.

27. De acordo com Ryan Niemiec, do VIA Institute of Character, seus pontos fortes não o enquadram em carreiras específicas. O fator mais importante acerca dos pontos fortes é que se pode usá-los em diversos ambientes de trabalho (e fora deles também).

28. Ver Claudia Harzer e Willibald Ruch, "When the Job Is a Calling: The Role of Applying One's Signature Strengths at Work". *The Journal of Positive Psychology*, v. 7, n. 5, pp. 362-37, 2012; e Philippe Dubreuil, Jacques Forest e François Courcy, "From Strengths Use to Work Performance: The Role of Harmonious Passion, Subjective Vitality, and Concentration". *The Journal of Positive Psychology*, v. 9, n. 4, pp. 335-49, 2014.

29. Sheldon e Elliot, "Goal Striving, Need Satisfaction, and Longitudinal Well-Being: The Self-Concordance Model". Ver também Sheldon e Houser-Marko, "Self-Concordance, Goal Attainment, and the Pursuit of Happiness".

30. Entrevistas feitas pela autora em 6 mar. 2013 e 16 out. 2015.

31. Immanuel Kant, *Groundwork of the Metaphysics of Morals*. Org. e trad. para o inglês de Mary Gregor e Jens Timmermann. Cambridge: Cambridge University Press, 2012, p. 35. Fui inspirada a apresentar esse argumento a respeito de Kant após a leitura do seguinte artigo: Gordon Marino, "A Life Beyond 'Do What You Love'",(*New York Times*, 17 maio 2014).

32. Frederick Buechner, *Wishful Thinking: A Seeker's ABC*. Nova York: HarperCollins, 1993, p. 119. Buechner, um teólogo, tem uma compreensão teísta da vocação. Ele escreve: "O tipo de serviço que Deus geralmente o chama a prestar é o que (a) você mais precisa prestar e (b) o mundo mais precisa que seja prestado... O lugar para onde Deus chama é o lugar onde sua alegria mais profunda e a fome mais profunda do mundo se encontram". De fato, a ideia de vocação tem origem religiosa, conforme discutido em Bunderson e Thompson, "The Call of the Wild". Hoje em dia, pesquisadores que estudam a vocação reconhecem as raízes religiosas desse conceito, porém a definem secularmente. Ver Amy Wrzesniewski et al., "Jobs, Careers, and Callings: People's Relations to Their Work". *Journal of Research in Personality*, v. 31, n. 1, pp. 21-33, 1997.

33. Segundo o Bureau of Labor Statistics em nota à imprensa de março de 2015, disponível em: <bls.gov/news.release/pdf/ocwage.pdf>. Acesso em: 29 mar. 2017.

34. Entrevista em 18 abr. 2014.

35. Citação de Ryan D. Duffy e Bryan J. Dik, "Research on Calling: What Have We Learned and Where Are We Going?". *Journal of Vocational Behavior*, v. 83, n. 3, pp. 428-36, 2013.

36. Adam Grant, "Three Lies About Meaningful Work". *Huffington Post*, 6 maio 2015. Ver também Stephen E. Humphrey, Jennifer D. Nahrgang e Frederick P. Morgeson, "Integrating Motivational, Social, and Contextual Work Design Features: A Meta-analytic Summary and Theoretical Extension of the Work Design Literature". *Journal of Applied Psychology*, v. 92, n. 5, pp. 1332-56, 2007.

37. A pesquisa foi conduzida pela organização PayScale em 2013, e a lista resultante dos empregos mais cheios de sentido está disponível em: <payscale.com/data-packages/most-and-least-meaningful-jobs/full-list>. Acesso em: 29 mar 2017.

38. Adam M. Grant et al., "Impact and the Art of Motivation Maintenance: The Effects of Contact with Beneficiaries on Persistence Behavior". *Organizational Behavior and Human Decision Processes*, v. 103, n. 1, pp. 53-67, 2007.

39. Jochen I. Menges et al., "When Job Performance Is All Relative: How Family Motivation Energizes Effort and Compensates for Intrinsic Motivation", *Academy of Management Journal* (publicado on-line, 25 fev. 2016).

40. S. Katherine Nelson et al., "In Defense of Parenthood: Children Are Associated with More Joy than Misery". *Psychological Science*, v. 24, n. 1, pp. 3-10, 2013.

41. Para uma síntese da pesquisa sobre parentalidade e infelicidade, ver Lyubomirsky, *Os mitos da felicidade*. "Apesar de os indícios serem misturados", escreve Lyubomirksy, "inúmeros estudos que simplesmente comparam os níveis de felicidade e satisfação de quem tem filhos e quem não os tem, de todas as idades e situações, revela que os pais são menos felizes." Para um bom resumo do vínculo complexo entre a parentalidade e o bem-estar, recomendo S. Katherine Nelson, Kostadin Kushlev e Sonja Lyubomirsky, "The Pains and Pleasures of Parenting: When, Why, and How Is Parenthood Associated with More or Less Well-Being?". *Psychological Bulletin*, v. 140, n. 3, pp. 846-95, 2014.

42. Ver, por exemplo, Nelson et al., "In Defense of Parenthood: Children Are Associated with More Joy than Misery"; e Debra Umberson e Walter R. Gove, "Parenthood and Psychological Well-Being Theory, Measurement, and Stage in the Family Life Course". *Journal of Family Issues*, v. 10, n. 4, pp. 440-62, 1989.

43. Entrevista da autora com Eleanor Brenner, 30 set. 2015.

44. George Eliot, *Middlemarch*. Rio de Janeiro: Record, 2008.

45. A história é narrada em Carolyn Tate, *Conscious Marketing: How to Create an Awesome Business with a New Approach to Marketing* (Milton, Austrália: Wrightbooks, p. 44, 2015).

46. Bryan J. Dik e Ryan D. Duffy, *Make Your Job a Calling: How the Psychology of Vocation Can Change Your Life at Work*. Conshohocken, Pensilvânia: Templeton Foundation Press, p. 4, 2012.

47. Agradeço ao meu amigo Luis Pineda por essa história.

4. NARRATIVA [pp. 89-110]

1. Erik contou sua história na boate The Players, no evento do Moth em 9 de dezembro de 2014. Essa informação vem de tal relato e de entrevista com a autora em 26 de agosto de 2015.

2. Dados sobre The Moth, sua origem e como descobre e expõe narrativas extraídas da entrevista de Green feita pela autora em 26 de agosto de 2015; entrevista de Catherine Burns com a autora em 18 de novembro de 2014; o site da organização, themoth.org; e Catherine Burns (Org.), *The Moth* (Nova York: Hyperion, 2013).

3. A história de Jeffery está disponível em *The Moth*: <themoth.org/stories/under-the-influence>. Acesso em: 29 mar. 2017. Os detalhes da história vieram desse registro on-line e das informações que ele nos mandou em diversos e-mails de 2013 e 2014.

4. Mary Catherine Bateson, *Composing a Life*. Nova York: Grove Press, 2001, p. 1.

5. Lembre-se de que, na Introdução, a coerência foi incluída na definição de sentido. Ver Michael F. Steger, "Meaning in Life: A Unified Model", e Roy F. Baumeister, *Meanings of Life*. Baumeister compara o sentido da vida de alguém ao sentido de uma frase: quanto maior a coerência, maior o sentido que tem. Ver também Aaron Antonovsky, "The Structure and Properties of the Sense of Coherence Scale". *Social Science & Medicine*, v. 36, n. 6, pp. 725-33, 1993.

6. Para obter mais informações sobre nossa forte tendência a criar sentido e sua relação com ele, ver Steven J. Heine, Travis Proulx e Kathleen D. Vohs, "The Meaning Maintenance Model: On the Coherence of Social Motivations". *Personality and Social Psychology Review*, v. 10, n. 2, pp. 88-110, 2006; Jerome S. Bruner e Leo Postman, "On the Perception of Incongruity: A Paradigm". *Journal of Personality*, v. 18, n. 2, pp. 206-23, 1949; e Samantha J. Heintzelman, Jason Trent e Laura A. King, "Encounters with Objective Coherence and the Experience of Meaning in Life". *Psychological Science*, publicado on-line, 25 abr. 2013.

7. Bateson, *Composing a Life*, p. 34.

8. Dan P. McAdams, "The Psychology of Life Stories". *Review of General Psychology*, v. 5, n. 2, pp. 100-22, 2001.

9. Entrevista em 14 set. 2015.

10. Informações acerca da pesquisa de McAdams sobre identidade narrativa, histórias de redenção e sentido extraídas de Dan P. McAdams, "The Psychology of Life Stories"; *The Redemptive Self: Stories Americans Live* (Nova York: Oxford University Press, 2005); "The Redemptive Self: Generativity and the Stories Americans Live By". *Research in Human Development*, v. 3, n. 2-3, pp. 81-100, 2006; Jack J. Bauer, Dan P. McAdams e Jennifer L. Pals, "Narrative Identity and Eudaimonic Well-Being". *Journal of Happiness Studies*, v. 9, n. 1, pp. 81-104, 2008; e entrevista feita pela autora em 20 de maio de 2014, além de conversas subsequentes por e-mail em 2014 e 2015.

11. Conforme escreve Jonathan Gottschall em *The Storytelling Animal: How Stories Make Us Human*. Nova York: Mariner Books, 2012, p. 161.

12. Conforme ressalta Gottschall em *The Storytelling Animal*.

13. Michele Crossley, *Introducing Narrative Psychology*. Buckingham, Reino Unido: Open University Press, 2000, p. 57; citado em Gottschall, *The Storytelling Animal*, p. 175.

14. Conforme destaca Gottschall em *The Storytelling Animal*. Ver também Jonathan Shedler, "The Efficacy of Psychodynamic Psychotherapy". *American Psychologist*, v. 65, n. 2, pp. 98-109, 2010.

15. Para saber mais sobre o que Timothy Wilson, da Universidade de Virginia, denominou "edição de história", ver Timothy Wilson, *Redirect: Changing the Stories We Live By* (Nova York: Back Bay Books, 2015).

16. Adam Grant e Jane Dutton, "Beneficiary or Benefactor: Are People More Prosocial When They Reflect on Receiving or Giving?". *Psychological Science*, v. 23, n. 9, pp. 1033-9, 2012.

17. E-mail de Jane Dutton em 28 jan. 2016.

18. Laura J. Kray et al., "From What Might Have Been to What Must Have Been: Counterfactual Thinking Creates Meaning". *Journal of Personality and Social Psychology*, v. 98, n. 1, pp. 106-18, 2010. Concentro-me no raciocínio contrafatual a respeito de acontecimentos positivos no meu resumo desse artigo, mas os pesquisadores também esquadrinharam acontecimentos negativos.

19. Informações sobre a história de Carlos extraídas de Carlos Eire, *À espera de neve em Havana*. Trad. de Cássio de Arantes Leite (São Paulo: Biblioteca Azul, 2012); e entrevista com o autor em 9 out. 2015.

20. As informações sobre o trabalho de King foram extraídas de Laura A. King e Joshua A. Hicks, "Whatever Happened to 'What Might Have Been'? Regrets, Happiness, and Maturity". *American Psychologist*, v. 62, n. 7, pp. 625-36, 2007; Laura A. King, "The Hard Road to the Good Life: The Happy, Mature Person". *Journal of Humanistic Psychology*, v. 41, n. 1, pp. 51-72, 2001; e entrevista com a autora em 2 abr. 2014.

21. Para mulheres divorciadas, escreve King, "a elaboração do possível self perdido se relacionava com o desenvolvimento atual do ego correlacionado ao tempo transcorrido desde o divórcio". King e Hicks, "Whatever Happened to 'What Might Have Been'?", p. 630.

22. Yann Martel, *As aventuras de Pi*. Rio de Janeiro: Nova Fronteira, 2012.

23. Don Kuiken e Ruby Sharma, "Effects of Loss and Trauma on Sublime Disquietude during Literary Reading". *Scientific Study of Literature*, v. 3, n. 2, pp. 240-65, 2013.

24. David S. Miall e Don Kuiken, "A Feeling for Fiction: Becoming What We Behold". *Poetics*, v. 30, n. 4, pp. 221-41, 2002.

25. Burns, *The Moth*, XIII.

5. TRANSCENDÊNCIA [pp. 111-33]

1. Visitei o Observatório McDonald duas vezes para escrever essa parte. A descrição da abertura, da minha viagem até o observatório e a entrevista com William Cochran são da viagem que fiz em 18 e 19 de março de 2013, quando também entrevistei o diretor do observatório, Tom Barnes. A festa estrelada é da segunda viagem, em 29 de julho de 2014.

2. "The Oligocene Period", University of California Museum of Paleontology. Disponível em: <ucmp.berkeley.edu/tertiary/oligocene.php>. Acesso em: 29 mar. 2017.

3. Caso tenha interesse em contribuir para a empreitada, você também pode analisar os dados das luzes estelares em busca de provas de trânsitos planetários. O site de cientistas cidadãos planethunters.org permite que voluntários esmiúcem os dados supridos pela sonda Kepler à procura de exoplanetas.

4. Segundo Mircea Eliade, *O sagrado e o profano: a essência das religiões*. Trad. de Rogério Fernandes. São Paulo: Martins Fontes, 1992.

5. George H. Gallup Jr., "Religious Awakenings Bolster Americans' Faith", 14 jan. 2003 Disponível em: <gallup.com/poll/7582/religious-awakenings-bolster-americans-faith.aspx>. Acesso em: 29 mar. 2017.

6. Ver Roland R. Griffiths et al., "Psilocybin Can Occasion Mystical-Type Experiences Having Substantial and Sustained Personal Meaning and Spiritual Significance". *Psychopharmacology*, v. 187, n. 3, pp. 268-83, 2006; Roland R. Griffiths et al., "Mystical-Type Experiences Occasioned by Psilocybin Mediate the Attribution of Personal Meaning and Spiritual Significance 14 Months Later". *Journal of Psychopharmacology*, v. 22, n. 6, pp. 621-32, 2008; e Rick Doblin, "Pahnke's 'Good Friday Experiment': A Long-Term Follow-Up and Methodological Critique". *The Journal of Transpersonal Psychology*, v. 23, n. 1, pp. 1-28, 1991.

7. William James, *The Varieties of Religious Experience* (Londres: Longmans, Green, and Co, 1905), acesso on-line pelo Google Books; e Dmitri Tymoczko, "The Nitrous Oxide Philosopher", *The Atlantic*, maio 1996. Embora James alegue em *Varieties* que sua "natureza impede" que aprecie estados místicos "quase totalmente" e que "só pode falar deles de segunda mão" (379), as experiências com óxido nitroso parecem ser a exceção. Poucos parágrafos depois, ele lhe confere uma "relevância metafísica" (388).

8. Doblin, "Pahnke's 'Good Friday Experiment'".

9. David B. Yaden et al., "The Varieties of Self-Transcendent Experience" (em revisão).

10. Dacher Keltner and Jonathan Haidt, "Approaching Awe, a Moral, Spiritual, and Aesthetic Emotion". *Cognition and Emotion*, v. 17, n. 2, pp. 297-314, 2003.

11. Citado em Jesse Prinz, "How Wonder Works". *Aeon*, 21 jun. 2013.

12. Michelle N. Shiota, Dacher Keltner e Amanda Mossman, "The Nature of Awe: Elicitors, Appraisals, and Effects on Self-Concept". *Cognition and Emotion*, v. 21, n. 5, pp. 944--63, 2007.

13. Citado em Andrew Newberg e Eugene d'Aquili, *Why God Won't Go Away: Brain Science and the Biology of Belief*. Nova York: Ballantine Books, 2002, p. 2.

14. Citação de Newberg e d'Aquili, *Why God Won't Go Away*, p. 7.

15. Entrevista em 2 set. 2015.

16. Jon Kabat-Zinn, *Wherever You Go, There You Are*. Nova York: Hyperion, 1994, p. 4.

17. Andrew Newberg et al., "The Measurement of Regional Cerebral Blood Flow during the Complex Cognitive Task of Meditation: A Preliminary SPECT Study". *Psychiatry Research: Neuroimaging*, v. 106, n. 2, pp. 113-22, 2001. Ver também Andrew Newberg et al., "Cerebral Blood Flow during Meditative Prayer: Preliminary Findings and Methodological Issues". *Perceptual and Motor Skills*, v. 97, n. 2, pp. 625-30, 2003. O material dessa parte também vem da entrevista com Newberg em 25 de abril de 2013.

18. Andrew Newberg e Mark Robert Waldman, *How Enlightenment Changes Your Brain: The New Science of Transformation*. Nova York: Avery, 2016.

19. Entrevista em 17 jul. 2014.

20. Informação sobre o começo da história da exploração espacial obtida através do site da Nasa e de minha conversa com Ashby.

21. James H. Billington (prefácio), *Respectfully Quoted: A Dictionary of Quotations: Compiled by the Library of Congress*. Nova York: Dover Publications, 2010, p. 328.

22. Peter Suedfeld, Katya Legkaia e Jelena Brcic, "Changes in the Hierarchy of Value References Associated with Flying in Space". *Journal of Personality*, v. 78, n. 5, pp. 1411-36, 2010. Ver também David B. Yaden et al. "The Overview Effect: Awe and Self-Transcendent Experience in Space Flight". *Psychology of Consciousness*, no prelo.

23. "Edgar Mitchell's Strange Voyage", *People*, v. 1, n. 6, 8 abr. 1974.

24. Ron Garan, *The Orbital Perspective: Lessons in Seeing the Big Picture from a Journey of 71 Million Miles*. Oakland, Califórnia: Berrett-Koehler, 2015.

25. "Edgar Mitchell's Strange Voyage", *People*, v. 1, n. 6, 8 abr. 1974.

26. Essa citação aparece na biografia dele, no site da Mosaic Renewables.

27. Os dados biográficos de Muir foram extraídos de Donald Worster, *A Passion for Nature: The Life of John Muir* (Nova York: Oxford University Press, 2008); e John Muir, *The Story of My Boyhood and Youth* (Boston: Houghton Mifflin, 1913), retirado do Google Books.

28. James Brannon, "Radical Transcendentalism: Emerson, Muir and the Experience of Nature". *John Muir Newsletter*, v. 16, n. 1, inverno 2006, obtido através do site do Sierra Club.

29. David Mikics (Org.), *The Annotated Emerson*. Cambridge, Massachusetts: Belknap Press, 2012.

30. Ralph Waldo Emerson e Waldo Emerson Forbes (Orgs.). *Journals of Ralph Waldo Emerson with Annotations: 1824-1832*. Boston: Houghton Mifflin, 1909, p. 381.

31. Robert D. Richardson, *Emerson: The Mind on Fire*. Berkeley: University of California Press, p. 228, 1995.

32. Paul Piff et al., "Awe, the Small Self, and Prosocial Behavior". *Journal of Personality and Social Psychology*, v. 108, n. 6, estudo 5, pp. 883-99, 2015.

33. Mark Leary, *The Curse of the Self: Self-Awareness, Egotism, and the Quality of Human Life*. Nova York: Oxford University Press, 2004, p. 86.

34. Entrevista em 18 jun. 2014.

35. Peter T. Furst, *Flesh of the Gods: The Ritual Use of Hallucinogens*. Prospect Heights, Illinois: Waveland Press, 1990.

36. Boa parte das informações dos parágrafos seguintes foi obtida de uma entrevista com Griffiths em 28 fev. 2013. Ver também Roland R. Griffiths e Charles S. Grob, "Hallucinogens as Medicine". *Scientific American*, v. 303, n. 6, pp. 76-79, 2010.

37. Viagens alucinógenas não são as únicas experiências transcendentais que podem dar errado. A meditação também é capaz de fazer com que as pessoas mergulhem no terror. Ver Tomas Rocha, "The Dark Knight of the Soul". *The Atlantic*, 25 jun. 2014.

38. Informações sobre Leary de Timothy Leary, *Flashbacks: A Personal and Cultural History of an Era* (Nova York: G. P. Putnam's Sons, 1990); e Robert Greenfield, *Timothy Leary: A Biography* (Orlando: Harcourt, 2006).

39. Citado em Laura Mansnerus, "Timothy Leary, Pied Piper of Psychodelic 60's, Dies at 75". *New York Times*, 1º jun. 1996.

40. A pesquisa sobre líderes religiosos ainda não foi publicada, mas, para as descobertas sobre os três outros grupos, ver Griffiths et al., "Psilocybin Can Occasion Mystical-Type Experiences Having Substantial and Sustained Personal Meaning and Spiritual Significance"; Charles S. Grob et al., "Pilot Study of Psilocybin Treatment for Anxiety in Patients with Advanced-Stage Cancer". *Archives of General Psychiatry*, v. 68, n. 1, pp. 71-78, 2011; e Matthew W. Johnson et al., "Pilot Study of the 5-HT2AR Agonist Psilocybin in the Treatment of Tobacco Addiction". *Journal of Psychopharmacology*, v. 28, n. 11, pp. 983-92, 2014.

41. No momento em que escrevo, Griffiths e seus colegas preparavam-se para apresentar a periódicos acadêmicos o estudo que contou com a participação de Janeen, na tentativa de publicá-lo. Eles já publicaram um estudo sobre os efeitos da experiência mística induzida por psilocibina em pacientes com câncer terminal, demonstrando que ela reduz a ansiedade: Grob et al., "Pilot Study of Psilocybin Treatment for Anxiety in Patients with Advanced-Stage Cancer".

42. Thich Nhat Hanh, *No Death, No Fear: Comforting Wisdom for Life*. Nova York: Riverhead Books, 2002, p. 25.

6. CRESCIMENTO [pp. 134-57]

1. Compareci ao Dinner Party com Sarah, Raúl, Christine e Sandy em 19 de outubro de 2014. Os presentes solicitaram que eu os mantivesse no anonimato dando-lhes outros

nomes e, em certos casos, alterando fatos de suas vidas que serviriam para identificá-los. Informações sobre o Dinner Party como movimento e organização, além de sua fundação, foram obtidas por entrevista com Lennon Flowers e Dara Kosberg no dia 7 de maio de 2014.

2. "Pesquisadores estimam que cerca de 75% das pessoas passam por uma experiência traumática na vida", escreve Jim Rendon em *Upside: The New Science of Post-Traumatic Growth* (Nova York: Touchstone, 2015, p. 27).

3. Ronnie Janoff-Bulman, *Shattered Assumptions: Towards a New Psychology of Trauma*. Nova York: Free Press, 1992.

4. Bons panoramas dessa pesquisa são Rendon, *Upside*; e Stephen Joseph, *What Doesn't Kill Us: The New Psychology of Posttraumatic Growth* (Nova York: Basic Books, 2011).

5. Joseph, *What Doesn't Kill Us*. Joseph menciona nesse livro algumas exceções que confirmam a regra, como a obra de Viktor Frankl (que abordo na conclusão). Ver também o capítulo 1 de Richard G. Tedeschi, Crystal L. Park e Lawrence G. Calhoun (Orgs.), *Post-traumatic Growth: Positive Changes in the Aftermath of Crisis*. Mahwah: Routledge, 1998.

6. Matthew J. Friedman, "PTSD History and Overview" no site da Veterans Administration, disponnível em: <ptsd.va.gov/professional/PTSD-overview/ptsd-overview.asp>. Acesso em: 29 mar. 2017.

7. Entrevistas feitas pela autora em 30 maio 2014 e 27 jan. 2015.

8. Robert Jay Lifton, "Americans as Survivors". *New England Journal of Medicine*, v. 352, n. 22, pp. 2263-5, 2005.

9. Essa tendência também já foi chamada de "altruísmo nascido do sofrimento", conforme destaca Kelly McGonigal em *O lado bom do estresse* (Rio de Janeiro: Réptil Editora, 2016).

10. Exemplos de missão do sobrevivente extraídos de Lifton, "Americans as Survivors", e Lauren Eskreis-Winkler, Elizabeth P. Shulman e Angela L. Duckworth, "Survivor Mission: Do Those Who Survive Have a Drive to Thrive at Work?". *The Journal of Positive Psychology*, v. 9, n. 3, pp. 209-18, 2014.

11. McGonigal resume essa série de pesquisas no capítulo 5 de *O lado bom do estresse*.

12. Rendon, *Upside*.

13. Baseando-se em suas pesquisas e no conhecimento que tem da área, o psicólogo Richard Tedeschi mencionou esse cálculo em um e-mail endereçado a mim em 27 de janeiro de 2015.

14. De acordo com a Associação Americana de Psicologia, "quase 8% dos adultos americanos passarão pelo transtorno de estresse pós-traumático em algum momento da vida", disponível em: <apa.org/research/action/ptsd.aspx>. Acesso em: 29 mar. 2017.

15. As informações sobre crescimento do estresse pós-traumático vieram principalmente da entrevista com Richard Tedeschi em 28 de janeiro de 2015. Ver também Richard G. Tedeschi e Lawrence G. Calhoun, "Post-traumatic Growth: Conceptual Foundations and Empirical Evidence". *Psychological Inquiry*, v. 15, n. 1, pp. 1-18, 2004.

16. Citação extraída de Shelley Levitt, "The Science of Post-Traumatic Growth". *Live Happy*, 24 fev. 2014.

17. Shelley E. Taylor, "Adjustment to Threatening Events: A Theory of Cognitive Adaptation". *American Psychologist*, v. 38, n. 11, pp. 1161-73, 1983.

18. Tedeschi e Calhoun, "Post-traumatic Growth: Conceptual Foundations and Empirical Evidence", p. 6.

19. Lawrence G. Calhoun e Richard G. Tedeschi, *The Handbook of Posttraumatic Growth: Research and Practice*. Nova York: Psychology Press, 2006.

20. Ibid., p. 5.

21. Janoff-Bulman, *Shattered Assumptions*.

22. Ibid.

23. Ibid.

24. Suzanne Danhauer, da Wake Forest School of Medicine, citada em Rendon, *Upside*, p. 77.

25. Informações sobre escrita expressiva e a obra de Pennebaker foram obtidas em entrevista em 22 de dezembro de 2014; Anna Graybeal, Janel D. Sexton e James W. Pennebaker, "The Role of Story-Making in Disclosure Writing: The Psychometrics of Narrative". *Psychology and Health*, v. 17, n. 5, pp. 571-81, 2002; James W. Pennebaker e Janel D. Seagal, "Forming a Story: The Health Benefits of Narrative". *Journal of Clinical Psychology*, v. 55, n. 10, pp. 1243-54, 1999; e James W. Pennebaker, *Writing to Heal: A Guided Journal for Recovering from Trauma and Emotional Upheaval* (Oakland, Califórnia: New Harbinger Publisher, 2004).

26. Vicki S. Helgeson, Kerry A. Reynolds e Patricia L. Tomich, "A Meta-analytic Review of Benefit Finding and Growth". *Journal of Consulting and Clinical Psychology*, v. 74, n. 5, p. 797, 2006.

27. Viktor Frankl, *Em busca de sentido*. Petrópolis, RJ: Editora Vozes, 2015.

28. Anne M. Krantz e James W. Pennebaker, "Expressive Dance, Writing, Trauma, and Health: When Words Have a Body", em: Ilene Serlin (Org.), *Whole Person Healthcare*, v. 3. Westport, Connecticut: Praeger, 2007, pp. 201-29.

29. A história de Shibvon e todas as citações pertinentes aparecem no capítulo 2 de Gina O'Connell Higgins, *Resilient Adults: Overcoming a Cruel Past* (San Francisco: Jossey-

-Bass, 1994, pp. 25-43). A fim de proteger a privacidade da moça, Higgins usou um pseudônimo, "Shibvon", e mudou detalhes da história que poderiam trair sua identidade. Os outros aspectos da história, explica Higgins, são narrados factualmente.

30. Para um bom resumo das pesquisas sobre o impacto psicológico e físico das adversidades na infância, ver Donna Jackson Nakazawa, *Childhood Disrupted: How Your Biography Becomes Your Biology, and How You Can Heal* (Nova York: Atria Books, 2015).

31. Essas descobertas fundamentadas em pesquisas foram sintetizadas em "Child Maltreatment: Consequences", no site do CDC, disponível em: <cdc.gov/violenceprevention/childmaltreatment/consequences.html>. Acesso em: 29 mar. 2017.

32. As informações desse parágrafo foram extraídos de Ann S. Masten, "Ordinary Magic: Resilience Processes in Development". *American Psychologist*, v. 56, n. 3, pp. 227-38, 2001; e de conversas por e-mail com Masten em março de 2016.

33. Para os próximos parágrafos sobre os fatores que explicam a resiliência, bem como as citações de prisioneiros de guerra, ver Steven M. Southwick e Dennis S. Charney, *Resilience: The Science of Mastering Life's Greatest Challenges* (Cambridge: Cambridge University Press, 2012).

34. "Toxic Stress", Harvard University's Center for the Developing Child. Disponível em: <developingchild.harvard.edu/science/key-concepts/toxic-stress/>. Acesso em: 29 mar. 2017.

35. Era nesse lugar que um jovem John McCain fazia sermões. Ver Jill Zuckman, "John McCain and the POW Church Riot". *Chicago Tribune*, 15 ago. 2008; e Karl Rove, "Getting to Know John McCain". *Wall Street Journal*, 30 abr. 2008.

36. McGonigal, *O lado bom do estresse*.

37. A influência das experiências na primeira infância sobre a nossa reação ao estresse é abordada por McGonigal, ibid. Ver também Linda L. Carpenter et al., "Association Between Plasma IL-6 Response to Acute Stress and Early-Life Adversity in Healthy Adults". *Neuropsychopharmacology*, v. 35, n. 13, pp. 2617-23, 2010; e Pilyoung Kim et al., "Effects of Childhood Poverty and Chronic Stress on Emotion Regulatory Brain Function in Adulthood". *Proceedings of the National Academy of Sciences*, v. 110, n. 46, pp. 18442-7, 2013.

38. "The Science of Resilience and How It Can Be Learned". *The Diane Rehm Show*, National Public Radio, 24 ago. 2015.

39. Michele M. Tugade e Barbara L. Fredrickson, "Resilient Individuals Use Positive Emotions to Bounce Back from Negative Emotional Experiences". *Journal of Personality and Social Psychology*, v. 86, n. 2, pp. 320-33, 2004.

40. Descrição desse estudo de Gregory M. Walton e Geoffrey L. Cohen, "A Brief Social-Belonging Intervention Improves Academic and Health Outcomes of Minority Students". *Science*, v. 331, n. 6023, pp. 1447-51, 2011; e conversas por e-mail com Walton em março de 2016.

41. James L. Abelson et al., "Brief Cognitive Intervention Can Modulate Neuroendocrine Stress Responses to the Trier Social Stress Test: Buffering Effects of a Compassionate Goal Orientation". *Psychoneuroendocrinology*, v. 44, pp. 60-70, 2014. Também troquei e-mails com Abelson acerca do estudo entre 16 e 18 de março de 2016.

42. Yeager et al., "Boring but Important: A Self-Transcendent Purpose for Learning Fosters Academic Self-Regulation".

43. McGonigal, *O lado bom do estresse*.

44. Harold Kushner, *Quando coisas ruins acontecem às pessoas boas*. Barueri: Editora Nobel, 2010.

45. Segundo me contaram, o finado psicólogo Christopher Peterson, da Universidade do Michigan, costumava dizer que a resiliência é a habilidade de "sofrer bem".

7. CULTURAS DE SENTIDO [pp. 158-80]

1. Visitei a catedral para assistir à missa e às Completas em 4 de outubro de 2015. Obtive mais detalhes sobre a igreja e as Completas em uma entrevista com Jason Anderson em 5 de outubro de 2015; e Kenneth V. Peterson, *Prayer as Night Falls: Experiencing Compline* (Brewster, Massachusetts: Paraclete Press, 2013). Anderson é o diretor do coro das Completas na St. Mark's, e Peterson é membro do coro. Se quiser saber do culto, verifique o site do coro: <complinechoir.org>. Acesso em: 29 mar. 2017.

2. As Completas são oferecidas, por exemplo, na St. Andrew's Episcopal Church de Ann Arbor, Michigan; na Christ Church de New Haven, Connecticut; na St. David's Episcopal Church de Austin, Texas; e na Trinity Church, em Nova York.

3. Peterson, *Prayer as Night Falls*, p. 9.

4. Paul Piff e Dacher Keltner, "Why Do We Experience Awe?". *New York Times*, 22 maio 2015.

5. Gene Weingarten, "Pearls Before Breakfast: Can One of the Nation's Great Musicians Cut through the Fog of a DC Rush Hour? Let's Find Out". *Washington Post Magazine*, 8 abr. 2007.

6. Gregg Easterbrook, *The Progress Paradox: How Life Gets Better While People Feel Worse*, p. 250.

7. Ver Putnam, *Bowling Alone: The Collapse and Revival of American Community*; e Stefano Bartolini, Ennio Bilancini e Maurizio Pugno, "Did the Decline in Social Connections Depress Americans' Happiness?". *Social Indicators Research*, v. 110, n. 3, pp. 1033-59, 2013.

8. Easterbrook, *The Progress Paradox*, p. 211.

9. Ronald Inglehart, *Culture Shift in Advanced Industrial Society*. Princeton: Princeton University Press, 1990.

10. Robert William Fogel, *The Fourth Great Awakening and the Future of Egalitarianism*. Chicago: University of Chicago Press, 2000.

11. Damon, *The Path to Purpose: How Young People Find Their Calling in Life*.

12. Fui ao DreamCon e entrevistei Kanya Balakrishna, bem como diversos alunos do ensino médio, no dia 13 de dezembro de 2014. As informações sobre o The Future Project vieram dessas entrevistas e dos e-mails subsequentes trocados com Balakrishna e outras pessoas da organização. Ver também The Future Project para saber dos resultados das pesquisas feitas sobre o programa em: <thefutureproject.org>. Acesso em: 29 mar. 2017

13. Gabriel Bauchat Grant, "Exploring the Possibility of an Age of Purpose", disponível em: <papers.ssrn.com/sol3/papers.cfm?abstract_id=2618863>. Acesso em: 29 mar. 2017.

14. Entrevista com John Jacobs em 12 de junho de 2014; e Bert e John Jacobs, *Life Is Good: How to Live with Purpose and Enjoy the Ride* (Washington, DC: National Geographic Society, 2015).

15. Segundo Charles Veysey, Diretor de Otimismo da Life Is Good Kids Foundation, em 2 mar. 2016.

16. Entrevistas que a autora fez separadamente com os três em 3 nov. 2015.

17. Aaron Hurst, *The Purpose Economy: How Your Desire for Impact, Personal Growth and Community Is Changing the World*. Boise: Elevate, 2014, pp. 28-9. Também entrevistei Hurst em 3 de junho de 2014.

18. John Mackey e Raj Sisodia, *Conscious Capitalism: Liberating the Heroic Spirit of Business*. Boston: Harvard Business Review Press, 2014; ver o apêndice A para o "caso de capitalismo consciente nos negócios", pp. 275-89.

19. Rajendra S. Sisodia, David B. Wolfe e Jagdish N. Sheth, *Firms of Endearment: How World-Class Companies Profit from Passion and Purpose*. Upper Saddle River: Wharton School Publishing, 2007, p. 4.

20. Amy Adkins, "Majority of U.S. Employees Not Engaged Despite Gains in 2014". *Gallup*, 28 jan. 2015.

21. Julianne Pepitone, "U.S. Job Satisfaction Hits 22-Year Low", CNNMoney, 5 jan. 2010.

22. Para engajamento e maior probabilidade de permanência, ver Tony Schwartz e Christine Porath, "Why You Hate Work". *New York Times*, 30 maio 2014. Para maior produtividade, ver a pesquisa de Adam Grant abordada no capítulo 3; e Adam M. Grant, "Does Intrinsic Motivation Fuel the Prosocial Fire? Motivational Synergy in Predicting Persistence, Performance, and Productivity". *Journal of Applied Psychology*, v. 93, n. 1, pp. 48-58, 2008.

23. Adam M. Grant, "The Significance of Task Significance: Job Performance Effects, Relational Mechanisms, and Boundary Conditions". *Journal of Applied Psychology*, v. 93, n. 1, pp. 108-24, 2008.

24. Teresa Amabile e Steven Kramer, "How Leaders Kill Meaning at Work". *McKinsey Quarterly*, jan. 2012.

25. Ver Catherine Hawes, "Elder Abuse in Residential Long-Term Care Settings: What Is Known and What Information Is Needed?", em: Richard J. Bonnie e Robert B. Wallace (Orgs.), *Elder Mistreatment: Abuse, Neglect, and Exploitation in an Aging America* (Washington, DC: National Academies Press, 2003); Claudia Cooper, Amber Selwood e Gill Livingston, "The Prevalence of Elder Abuse and Neglect: A Systematic Review". *Age and Ageing*, v. 37, n. 2, pp. 151-60, 2008; e o National Center on Elder Abuse, que coleta as pesquisas sobre abuso de idosos e negligência, no site: <ncea.aoa.gov/>. Acesso em: 29 mar. 2017.

26. Os estudos citados nesse parágrafo são sintetizados em uma revisão das pesquisas sobre o abuso de idosos em centros de assistência a longo prazo: Hawes, "Elder Abuse in Residential Long-Term Care Settings".

27. Ellen Langer e Judith Rodin, "The Effects of Choice and Enhanced Personal Responsibility for the Aged: A Field Experiment in an Institutional Setting". *Journal of Personality and Social Psychology*, v. 34, pp. 191-8, 1976. Para o estudo sequencial, ver Judith Rodin e Ellen J. Langer, "Long-Term Effects of a Control-Relevant Intervention with the Institutionalized Aged". *Journal of Personality and Social Psychology*, v. 35, n. 12, pp. 897-902, 1977. Esse estudo também é descrito em Ellen Langer, *Counterclockwise: Mindful Health and the Power of Possibility*. Nova York: Ballantine Books, 2009. Além do manuseio das plantas, as pessoas do grupo do experimento ficavam responsáveis pelas próprias agendas e pelo próprio bem-estar, enquanto os do grupo de controle eram informados de que a equipe do asilo era a responsável por eles.

28. Patricia A. Boyle et al., "Purpose in Life Is Associated with Mortality among Community-Dwelling Older Persons". *Psychosomatic Medicine*, v. 71, n. 5, pp. 574-9, 2009.

29. Neal Krause, "Meaning in Life and Mortality". *The Journals of Gerontology Series B: Psychological Sciences and Social Sciences*, v. 64, n. 4, pp. 517-27, 2009.

30. Michael Steger, "Is It Time to Consider Meaning in Life as a Public Policy Priority?". *Ewha Journal of Social Sciences*, v. 30, n. 2, pp. 53-78, 2014.

31. Gary J. Lewis, Ryota Kanai, Geraint Ree e Timothy C. Bates, "Neural Correlates of the 'Good Life': Eudaimonic Well-Being Is Associated with Insular Cortex Volume". *Social Cognitive and Affective Neuroscience*, v. 9, n. 5, pp. 615-8, 2014.

32. Patricia A. Boyle et al., "Effect of a Purpose in Life on Risk of Incident Alzheimer Disease and Mild Cognitive Impairment in Community-Dwelling Older Persons". *Archives of General Psychiatry*, v. 67, n. 3, pp. 304-10, 2010.

33. Eric S. Kim et al., "Purpose in Life and Reduced Incidence of Stroke in Older Adults: 'The Health and Retirement Study'". *Journal of Psychosomatic Research*, v. 74, n. 5, pp. 427-32, 2013.

34. Eric S. Kim et al., "Purpose in Life and Reduced Risk of Myocardial Infarction Among Older US Adults with Coronary Heart Disease: A Two-Year Follow-Up". *Journal of Behavioral Medicine*, v. 36, n. 2, pp. 124-33, 2013.

35. Toshimasa Sone et al., "Sense of Life Worth Living (Ikigai) and Mortality in Japan: Ohsaki Study". *Psychosomatic Medicine*, v. 70, n. 6, pp. 709-15, 2008.

36. Michael Steger sugeriu isso na palestra que fez em uma conferência em Vancouver em julho de 2014.

37. Para saber mais sobre pesquisas acerca da ligação entre sentido e hábitos saudáveis, ver Kristin J. Homan e Chris J. Boyatzis, "Religiosity, Sense of Meaning, and Health Behavior in Older Adults". *The International Journal for the Psychology of Religion*, v. 20, n. 3, pp. 173-86, 2010; László Brassai, Bettina F. Piko e Michael F. Steger, "Meaning in Life: Is It a Protective Factor for Adolescents' Psychological Health?". *International Journal of Behavioral Medicine*, v. 18, n. 1, pp. 44-51, 2011; e Carole K. Holahan e Rie Suzuki, "Motivational Factors in Health Promoting Behavior in Later Aging". *Activities, Adaptation & Aging*, v. 30, n. 1, pp. 47-60, 2006.

38. Eric S. Kim, Victor J. Strecher e Carol D. Ryff, "Purpose in Life and Use of Preventive Health Care Services". *Proceedings of the National Academy of Sciences*, v. 111, n. 46, pp. 16331-6, 2014.

39. De uma aula que tive com Steger em maio de 2015.

40. "Ageing and Health", Organização Mundial de Saúde, disponível em: <nt/mediacentre/factsheets/fs404/en/>. Acesso em: 29 mar. 2017.

41. "Rising Demand for Long-Term Services and Supports for Elderly People", Congressional Budget Office, 26 jun. 2013.

42. Maclen Stanley, "The Pernicious Decline in Purpose in Life with Old Age". *Psychology Today*, 15 abr. 2014.

43. Entrevista feita pela autora em 10 dez. 2014.

44. Blaise Pascal, *Pensamentos*. Obtido através do Projeto Gutenberg.

45. Os exemplos são do site do Encore.

46. "Global Age-Friendly Cities: A Guide", um relatório da Organização Mundial de Saúde, 2007, disponível em: <who.int/ageing/publications/Global_age_friendly_cities_Guide_English.pdf>. Acesso em: 29 mar. 2017.

47. As informações sobre a iniciativa de transformar Nova York em uma "cidade amiga dos idosos" veio da entrevista com Lindsay Goldman; e do site <agefriendlynyc.com> (acesso

em: 29 mar. 2017), que contém inúmeros artigos sobre a iniciativa, inclusive "Toward an Age-Friendly New York City: A Findings Report" (New York Academy of Medicine, 2008) e "Age Friendly NYC: Enhancing Our City's Livability for Older New Yorkers" (Nova York, 2009); e Hari Sreenivasan, "Age Friendly New York City Helps Seniors Stay Active in the Big Apple", PBS NewsHour, 4 set. 2013.

48. O programa "Experience Corps" existe em várias cidades dos Estados Unidos, e pesquisadores já estudaram o impacto que causam nos estudantes e adultos envolvidos. Ver "Research Studies", AARP Foundation, Experience Corps, em: <aarp.org/experience-corps/our-impact/experience-corps-research-studies.html>. Acesso em: 29 mar. 2017.

49. Para obter mais informações sobre Isay e a StoryCorps, me baseei na entrevista que fiz com Dave Isay em 6 de outubro de 2015; e Dave Isay (Org.), *Listening Is an Act of Love: A Celebration of American Life from the StoryCorps Project* (Nova York: Penguin Books, 2007).

50. Ver Greg J. Stephens, Lauren J. Silbert e Uri Hasson, "Speaker-Listener Neural Coupling Underlies Successful Communication". *Proceedings of the National Academy of Sciences*, v. 107, n. 32, pp. 14425-30, 2010; e Harvey Max Chochinov et al., "Dignity Therapy: A Novel Psychotherapeutic Intervention for Patients Near the End of Life". *Journal of Clinical Oncology*, v. 23, n. 24, pp. 5520-25, 2005.

51. Ver Kathleen D. Vohs, Nicole L. Mead e Miranda R. Goode, "Merely Activating the Concept of Money Changes Personal and Interpersonal Behavior". *Current Directions in Psychological Science*, v. 17, n. 3, pp. 208-12, 2008; e Todd B. Kashdan e William E. Breen, "Materialism and Diminished Well-Being: Experiential Avoidance as a Mediating Mechanism". *Journal of Social and Clinical Psychology*, v. 26, n. 5, pp. 521-39, 2007.

52. Entrevista feita pela autora, tanto dentro como fora da cabine, em 24 de outubro de 2015.

CONCLUSÃO [pp. 181-91]

1. Entrevista em 30 de maio de 2014; e William Breitbart, "It's Beautiful". *Palliative and Supportive Care*, v. 9, n. 3, pp. 331-3, 2011.

2. Citação em Melinda Beck, "A New View, After Diagnosis". *Wall Street Journal*, 15 jul 2009. Essa e várias outras citações foram extraídas do artigo de Beck.

3. Dennis McLellan, "Dr. Jack Kevorkian Dies at 83; 'Dr. Death' Was Advocate, Practitioner of Physician-Assisted Suicide". *Los Angeles Times*, 4 jun. 2011.

4. Marlise Simons, "Dutch Becoming First Nation to Legalize Assisted Suicide". *New York Times*, 29 nov. 2000.

5. Ian Lovett, "California Legislature Approves Assisted Suicide". *New York Times*, 11 set. 2015.

6. Saskia Gauthier et al., "Suicide Tourism: A Pilot Study on the Swiss Phenomenon". *Journal of Medical Ethics*, v. 41, n. 8, pp. 611-17, 2015.

7. Colleen S. McClain, Barry Rosenfeld e William Breitbart, "Effect of Spiritual Well--Being on End-of-Life Despair in Terminally-Ill Cancer Patients". *The Lancet*, v. 361, n. 9369, pp. 1603-7, 2003; e William Breitbart et al., "Depression, Hopelessness, and Desire for Hastened Death in Terminally Ill Patients with Cancer". *JAMA*, v. 284, n. 22, pp. 2907-11, 2000.

8. Para uma descrição de cada etapa, ver William Breitbart e Allison Applebaum, "Meaning-Centered Group Psychotherapy", em Maggie Watson e David W. Kissane (Orgs.), *Handbook of Psychotherapy in Cancer Care* (Chichester: John Wiley & Sons, 2011).

9. Citação de Beck, "A New View, after Diagnosis".

10. Ibid.

11. William Breitbart et al., "Meaning-Centered Group Psychotherapy for Patients with Advanced Cancer: A Pilot Randomized Controlled Trial". *Psycho-Oncology*, v. 19, n. 1, pp. 21-8, 2010; William Breitbart et al., "Pilot Randomized Controlled Trial of Individual Meaning-Centered Psychotherapy for Patients with Advanced Cancer". *Journal of Clinical Oncology*, v. 30, n. 12, pp. 1304-9, 2012; e William Breitbart et al., "Meaning-Centered Group Psychotherapy: An Effective Intervention for Improving Psychological Well-Being in Patients with Advanced Cancer". *Journal of Clinical Oncology*, v. 33, n. 7, pp. 749-54, 2015.

12. Citação de Beck, "A New View, after Diagnosis".

13. Ibid.

14. Uma versão do teste do leito de morte é descrita em Peterson e Seligman, *Character Strengths and Virtues: A Handbook and Classification*.

15. Bronnie Ware, *Antes de partir*. Trad. de Chico Lopes. Rio de Janeiro: Geração Editorial, 2012.

16. Me baseei nas seguintes fontes acerca da história de Frankl: Viktor Frankl, *Em busca de sentido*; Frankl, *Recollections: An Autobiography* (Cambridge, Massachusetts: Basic Books, 2000); Anna Redsand, *Viktor Frankl: A Life Worth Living* (Nova York: Clarion Books, 2006); e Haddon Klingberg Jr., *When Love Calls Out to Us: The Love and Lifework of Viktor and Elly Frankl* (Nova York: Doubleday, 2002).

Índice remissivo

ESTA OBRA FOI COMPOSTA PELA ABREU'S SYSTEM EM INES LIGHT
E IMPRESSA EM OFSETE PELA LIS GRÁFICA SOBRE PAPEL PÓLEN SOFT DA SUZANO
PAPEL E CELULOSE PARA A EDITORA SCHWARCZ EM JULHO DE 2017

A marca FSC® é a garantia de que a madeira utilizada na fabricação do papel deste livro provém de florestas que foram gerenciadas de maneira ambientalmente correta, socialmente justa e economicamente viável, além de outras fontes de origem controlada.